现代服务管理研究丛书

YUEBEI SHAOSHU MINZU DIQU
NONGHU LÜYOU FUPIN
GANZHI YANJIU

粤北少数民族地区
农户旅游扶贫感知研究

曹梦甜 张伟强 桂拉旦 ◎著

中国财经出版传媒集团

经济科学出版社
Economic Science Press

前言

农村贫困研究一直是世界各国重点关注的热点问题，尤其是在发展中国家和地区广泛存在，反贫困是全球各国政府都面临的主要难题之一。本书首先分析了中国农村减贫发展总体性特征和发展阶段性特征，旅游业本身所具有的特点和优势使其对扶贫具有良好的适宜性，扶贫效果显著。20世纪六七十年代以来，国内外旅游学界较系统地研究了旅游的经济影响，这为旅游扶贫提供了理论依据，并且为评估旅游扶贫的效果奠定了基础。20世纪80年代以来，旅游业作为反贫困的一种方式，受到国内外旅游学界和业界的学者密切关注。学者们在研究旅游扶贫的目标、对象、功能、模式及效益评估等内容之后，认为旅游业作为扶贫的途径具有很大的潜力。然而，当前关于旅游扶贫的研究还存在以下问题：研究的深度不够，缺乏理论建树，旅游扶贫的对象、目标不够明确，对扶贫的负面影响认识不足，对扶贫的艰巨性和长期性未给予足够的重视等。

中国少数民族地区发展乡村旅游是当地农户脱贫的重要路径之一，但因环境破坏、外来文化冲击和农户生计等问题，其可持续发展能力普遍下降。而农户作为旅游扶贫的参与主体，与旅游扶贫效应的产生有密切联系，当地农户对旅游扶贫效应的微观感知状况关系到他们对本地发展乡村旅游的态度、后续的参与行为和权利义务。因此，农户对本地旅游扶贫的微观感知不仅对推动少数民族地区农户收入增加、社会稳定和可持续发展等有重要意义，还有助于实现国民经济的持续健康发展。通过对前人的研究进行归纳和梳理，旅游扶贫涉及社会经济的各个方面，理论和实践也应当是高度综合的，如循环累积因果理论、利益相关者理论、乘数理论和可持续发展理论等。在对旅游扶贫理论进行归纳和演绎的基础上，以广东省连南瑶族自治县为例，参照国内外现有的研究框架，利用问卷调查法和计量经济模型，测度当地农户生计资本，构建农户旅游扶贫感知的测量指标体系，利用分层线性模型来分析提取当地农户在个人、家庭与农村社区的旅游扶贫感知关键影响因素，剖析农户旅游扶贫感知效应机制，深入探讨了当地农户对旅游扶贫效应的感知和参与行为，分析粤北少数民族地区旅游扶贫系统协调机制与可持续发展的路径，并得出以下研究结论。

第一，选取的粤北少数民族地区连南瑶族自治县典型样本村总体上来说农户生计资本缺乏，需要进一步提升农户的生计多样性，降低其生计脆弱性。

第二，通过对当地农户在个人、家庭与所在村庄的旅游扶贫感知关键影响因素的识别可知，农户层面的核心因素是农户本人年龄、本人是否从事旅游业、本人月收入、是否有家庭成员和亲友参与旅游业、家庭住房现值、家庭耐用消费品现值和家庭年收入。所在村庄的核心因素为是否为贫困村、是否为纯瑶族村、距离乡镇集市远近和距离景区远近。除距景区远近指标为负向效应外，其余指标都为正向效应。在对农户个人、家庭和所在村庄层面的同时测度和跨层面的相互作用分析方面，本人受教育年限、是否有家庭成员参与旅游业、是否有亲友参与旅游业、家庭耐用消费品现值、家庭劳动力最大受教育年限共五个指标对旅游扶贫感知的影响归功于农村社区层面，余下其他指标对旅游扶贫感知的影响归功于农户个人与家庭层面。

第三，总体上看，当地农户旅游扶贫的总体感知是认为本村发展乡村旅游扶贫正向效应更高，农户对发展乡村旅游满意度较高。其中，女性对日常生活的环境感知比男性更加敏感，男性则在旅游扶贫中参与的能力比女性更强。年轻的农户对旅游扶贫的参与意愿和参与能力强于老年农户。受教育程度越高，农户对旅游扶贫正向效应的感知越强，参与能力也越高。月收入越高的农户旅游扶贫感知的正向效应越高，参与意愿越强烈，参与能力也越高。社区支持感的公平性显著，积极推动农户从事旅游业。农户旅游扶贫的正向效应感知激发了农户参与旅游扶贫的积极性，促进乡村旅游业的蓬勃发展对当地的减贫作用较大。农户旅游扶贫的负向效应感知一定程度上被社区支持感所消解。

第四，进一步提高当地农户的旅游扶贫感知的正向效应，降低其负向效应的影响，促进粤北少数民族地区高质量发展，需从政府、社区与农户三位一体相互结合制定旅游扶贫方案。政府层面，坚持以人为本，完善体制机制和政策保障，创新旅游扶贫模式，多业态融合发展，强化人才和智力支持。社区层面，发挥社区支持作用，充分整合有效资金和各项资源，增加教育投入，搭建旅游就业平台。农户层面，积极鼓励农村农户参与乡村旅游，培训农户的就业技能，参与旅游景区工作，通过发展乡村旅游带动自家的农副土特产品销售，参与乡村旅游经营获取入股分红。此外，距离乡镇集市中心远近和距离景区远近直接影响农户的旅游扶贫感知，应通过加快高速公路与旅游景区连接线的建设，尤其是不同旅游景区之间交通网的建设，形成便利、快速和安全的旅游路网。以乡镇集市中心和旅游景区为核心区，加快各类餐饮、住宿和商贸配套设施建设，使得当地农户切实地享受到旅游扶贫带来的效益。

目 录 / *Contents*

第 1 章

绪 论

1.1 中国农村减贫卓有成效

众所周知，贫困始终是阻碍人类生存和发展的世界性难题，联合国早在 1945 年成立时就把"消灭贫困"庄严地写进了《联合国宪章》。全球几乎所有国家都存在着相当比例的贫困人口，反贫困也由此成为世界各国政府促进经济社会持续协调发展、维护社会稳定和削减各项风险冲击的重要战略选择。贫困和反贫困是我国改革和发展路径选择的起点和动力来源。中国是世界上人口最多的发展中国家，发展基础差、底子薄，区域不平衡现象突出，城乡差距大。特别是农村贫困人口数量多，贫困程度深，解决贫困问题面临的难度较大。因此，我国的减贫在很大意义上就是解决农村的贫困问题。我国贫困地区主要集中分布在生态环境恶劣、地理位置偏僻、公共服务和公共设施不足的农村地区，尤其是山区少数民族农村地区。这些地区由于经济基础薄弱，区域差异、城乡差异等不平衡发展现象十分突出，贫困农户家庭本身生计资产单薄，同时还面临着自然灾害、市场波动、政策变化和重大疾病等多重风险，使其陷入长期的贫困—脱贫—返贫—再脱贫—再返贫的恶性循环中。可见，脆弱性贫困已成为制约中国少数民族地区经济可持续发展和当地农户生活水平提高的主要问题。

20 世纪 80 年代中期以来，中国政府开始有组织、有计划、大规模地开展农村扶贫开发，先后制定实施了一系列政策来有针对性地缓解贫困，如《国家八七扶贫攻坚计划》《中国农村扶贫开发纲要（2001—2010 年）》

《中国农村扶贫开发纲要（2011—2020 年)》等减贫规划。扶贫主体十分多元化，从中央到地方自上而下各级政府、相关部门和广泛的社会组织、民间机构乃至普通民众均积极参与减贫事业，充分整合了政策、资金、物资和人力等各方面的资源，运用产业发展、劳动就业、异地安置、生态补偿和福利保障等措施来完善贫困地区的基础配套设施，通过进一步发展经济，提高贫困地区的教育水平，保护传统文化和生计策略的多元化等，从而提高贫困人口在面临风险冲击时的应对能力，缓解贫困。

在世界减贫进程中，中国作为世界上减贫人口最多的国家，对全球减贫贡献率超过 70%，成为全球最早实现联合国千年发展目标中减贫目标的发展中国家。[①] 我国的经济发展过程与贫困人口规模减小过程基本同步进行，经济发展也是贫困人口数量下降的主要因素。根据 2015 年 10 月世界银行发布的《消除绝对贫困、共享繁荣——进展与政策》报告，国际贫困标准线提升至一人一天 1.9 美元，基于此线，从 1981 年末到 2015 年末，我国贫困发生率累计下降 87.6%，年均下降 2.6%，同期全球贫困发生率累计下降 32.2%，年均下降 0.9%。由此可见，我国无论是在减贫速度上，还是贫困发生率的降低程度上均大大快于全球减贫的平均水平。同时，中国实现自身减贫的过程中也积极帮助其他发展中国家减贫。截至 2015 年 10 月，中国已经向全球 166 个国家和国际组织提供了近 4000 亿元人民币援助，派遣60 多万援助人员，积极向 69 个国家提供医疗援助，并先后为 120 多个发展中国家落实联合国千年发展减贫目标提供帮助。[②] 并且积极推进"一带一路"倡议，让国际减贫合作成果惠及更多国家和人民。世界银行在 2018 年发布的《中国系统性国别诊断》报告中，称"中国在快速经济增长和减少贫困方面取得了'史无前例的成就'"。目前，中国已实现数亿人脱贫，减贫卓有成效，中国的减贫经验可以为其他发展中国家提供有益参考。

1.1.1 中国农村减贫发展总体性特征

1. 国家绝对贫困标准持续攀升，农村贫困人口大幅减少

从中国历年来国家公布的绝对贫困标准线变化上来看，中国国家扶

---

①② 张翼. 新中国成立 70 周年成就系列报告显示——贫困人口大幅减少成为世界提供中国方案［EB/OL］. 中华人民共和国中央人民政府网站，2019 – 08 – 13.

贫标准线一直处于动态提升的状态。1978年，改革开放之初，我国农村生产力低下，农民生活水平普遍很低，处于绝对贫困时期。绝对贫困标准线从1986年的206元，提高到2009年的1196元，在2009年以前上调较为缓慢，而后呈现提高较快的态势。改革开放40多年来，我国聚焦农村地区扶贫开发，先后实施了"国家八七扶贫攻坚计划"和两个为期10年的"中国农村扶贫开发纲要"，农村率先进行了经济制度改革，农村居民收入水平持续提高，生活水平显著改善，农村贫困深度继续大幅度减轻，贫困人口大幅度减少，我国农村从普遍贫困走向整体消除绝对贫困。由图1-1可见，2013～2018年，中国的贫困人口数量随着绝对贫困标准线的变化呈现出波动下降的态势。根据2019年8月国家统计局数据显示，按现行农村贫困标准，2013～2018年我国农村减贫人数分别为1650万人、1232万人、1442万人、1240万人、1289万人、1386万人，我国农村已经累计减贫人口数量达到8239万人，其中，年均减贫规模为1373万人，累计减贫幅度达到83.2%。中国农村的贫困发生率也从2012年末的10.2%下降到2018年末的1.7%。[①] 由此可见，在贫困人口数量消除方面取得良好的扶贫效果。

（万人）

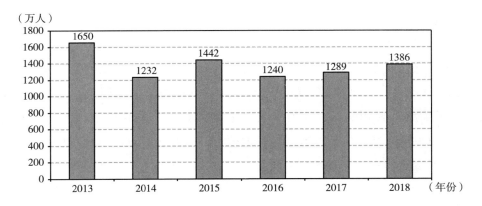

图1-1 2013～2018年中国农村减贫人数

　　资料来源：扶贫开发持续强力推进 脱贫攻坚取得历史性重大成就——新中国成立70周年经济社会发展成就系列报告之十五［EB/OL］. 国家统计局网站，2019-08-12.

---

　　① 扶贫开发持续强力推进 脱贫攻坚取得历史性重大成就——新中国成立70周年经济社会发展成就系列报告之十五［EB/OL］. 国家统计局网站，2019-08-12.

2. 中国贫困区域性贫困发生率降低显著

（1）东、中、西部区域减贫状况。从总体上看，我国扶贫工作的决定性进展始于党的十八大以来，实施精准扶贫措施后，全面脱贫攻坚成绩斐然。由于我国各地区社会经济不断发展，受自然、历史等诸多因素的影响，我国贫困特征具有明显的区域性差异。中、西部地区整体性贫困相对突出，因此，我国聚焦突出贫困区域，加强政策的支持力度，采取东、西部地区进行区域协作的扶贫方式，来实现区域性的整体减贫，效果突出。2018 年末，东部地区的农村贫困人口数量为 147 万人，比 2012 年末减少1220 万人，农村贫困发生率 0.4%，已经基本实现脱贫。中部地区农村贫困人口数量为 597 万人，累计减少 2849 万人，农村贫困发生率 1.8%，累计下降 8.7%。而西部地区农村贫困人口数量由 2012 年末的 5086 万人减少到 2018 年末的 916 万人，累计减少 4170 万人，农村贫困发生率 3.2%。东、中、西部地区贫困人口下降幅度均达到了 80% 以上。[①]

（2）贫困地区、集中连片特困地区、国家扶贫开发工作重点县和民族八省区减贫状况。中国将贫困区域划分为四个部分，主要包括贫困地区、集中连片特困地区、国家扶贫开发工作重点县和民族八省区。其中，贫困地区包括集中连片特困地区和片区外的国家扶贫开发工作重点县，共 832个县。按照集中连片、突出重点、全国统筹、区划完整的原则，在全国共划出 11 个连片特困地区，加上已经实施特殊扶贫政策的西藏、四省藏区（青海藏区、四川藏区、云南藏区、甘肃藏区）、新疆南疆三地州，共 14个片区 680 个县。民族八省区包括内蒙古、广西、贵州、云南、西藏、青海、宁夏、新疆 8 个省区。

由图 1-2 可知，2018 年末，贫困地区农村贫困人口数量比 2012 年末减少 4924 万人，累计减少 81.5%；贫困发生率降至 4.2%，累计下降19.0%，年均下降 3.2%。集中连片特困地区农村贫困人口数量比 2012 年末减少 4132 万人，累计减少 81.5%；贫困发生率降至 4.5%，累计下降

---

① 扶贫开发持续强力推进 脱贫攻坚取得历史性重大成就——新中国成立 70 周年经济社会发展成就系列报告之十五［EB/OL］. 国家统计局网站，2019 - 08 - 12.

19.9%，年均下降 3.3%。592 个国家扶贫开发工作重点县农村贫困人口数量比 2012 年末减少 4190 万人，累计减少 82.1%；贫困发生率降至 4.3%，累计下降 20.1%，年均下降 3.4%。民族八省区农村贫困人口数量比 2012 年末减少 2519 万人，累计减少 80.7%；贫困发生率降至 4.0%，累计下降 17.1%，年均下降 2.9%。各地区的贫困农村贫困人口数量均比 2012 年累计下降 80% 以上。

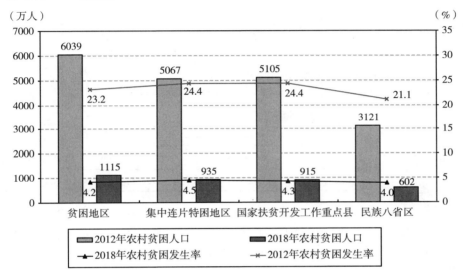

图 1-2　2012 年与 2018 年中国不同区域农村贫困人口数量与农村贫困发生率对比

资料来源：扶贫开发持续强力推进　脱贫攻坚取得历史性重大成就——新中国成立 70 周年经济社会发展成就系列报告之十五［EB/OL］. 国家统计局网站，2019 - 08 - 12.

3. 中国贫困地区农村居民收入与消费水平提高显著

由图 1-3、图 1-4 可知，精准扶贫以来，中国贫困地区的农村居民收入与消费大幅提高，生活水平也有了显著改善。2018 年末，贫困地区农村居民人均可支配收入 10371 元，是 2012 年的 1.99 倍，年均增长 12.1%；比全国农村平均增速快 2.3%。其中，集中连片特困地区 2018 年农村居民人均可支配收入为 10260 元，扣除价格因素，实际水平达到 2012 年的 1.77 倍，年均实际增长 10.0%，比全国农村平均增速快 2.3%。扶贫开发工作重点县 2018 年农村居民人均可支配收入为 10284 元，扣除价格因素，实际水平是 2012 年的 1.81 倍，年均实际增长 10.4%，比全国农村平均增速快 2.7%。2018 年，贫困地区农村居民人均可支配收入是全国农村平均水平的 71.0%，比 2012 年提高了 8.8%，与全国农村平均水平的差距进一步缩小。贫困地区农村居民消费水平不断提升。2018 年，贫困地区农村居民人均消费支出为 8956 元，与 2012 年相比，年均增长 11.4%，扣除价格因素，年均实际增长 9.3%。其中，集中连片特困地区农村居民人均消费

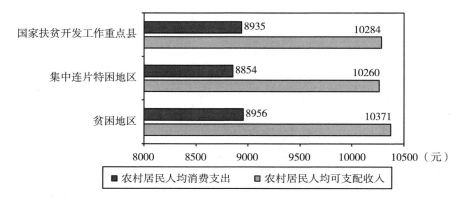

图 1-3　2018 年农村居民人均收入和消费水平

资料来源：扶贫开发持续强力推进　脱贫攻坚取得历史性重大成就——新中国成立 70 周年经济社会发展成就系列报告之十五［EB/OL］. 国家统计局网站，2019-08-12.

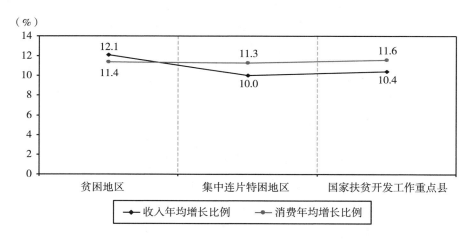

图 1-4　2018 年农村居民人均收入和消费年均增长率

资料来源：扶贫开发持续强力推进　脱贫攻坚取得历史性重大成就——新中国成立 70 周年经济社会发展成就系列报告之十五［EB/OL］. 国家统计局网站，2019-08-12.

支出为 8854 元，年均增长 11.3%，扣除价格因素，年均实际增长 9.3%；扶贫开发工作重点县农村居民人均消费支出为 8935 元，年均增长 11.6%，扣除价格因素，年均实际增长 9.5%。2018 年，贫困地区农村居民人均消费支出是全国农村平均水平的 73.9%，比 2012 年提高了 3.4%。

4. 中国贫困地区农村居民生活条件改善显著

党的十八大以来，各级政府部门继续加大对农村地区，尤其是贫困地区建设的资金投入力度，贫困地区农村居民生活条件和生活环境明显改善，享有的公共服务水平也不断提高，生活质量得到全面改善和提高。截至 2018 年末，贫困地区通电的自然村基本实现全覆盖；通电话、通有线电视信号和通宽带的自然村比例分别达到 99.2%、88.1% 和 81.9%；村内主干道路面经过硬化处理的自然村比例达到 82.6%。①

由图 1 - 5 可知，2018 年，贫困地区居住在钢筋混凝土房、砖瓦房的农户比例为 67.4%，比 2012 年提高 28.2%；居住在土、草房的农户比例为 1.9%，比 2012 年下降了 5.9%；使用卫生厕所的农户比例为 46.1%，

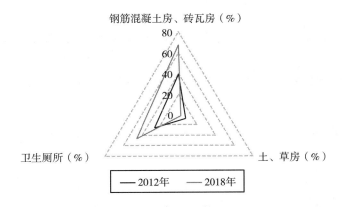

图 1 - 5　2012 年与 2018 年中国贫困地区农户住房条件比例对比

资料来源：扶贫开发持续强力推进　脱贫攻坚取得历史性重大成就——新中国成立 70 周年经济社会发展成就系列报告之十五 ［EB/OL］. 国家统计局网站，2019 - 08 - 12。

---

① 扶贫开发持续强力推进　脱贫攻坚取得历史性重大成就——新中国成立 70 周年经济社会发展成就系列报告之十五 ［EB/OL］. 国家统计局网站，2019 - 08 - 12。

比 2012 年提高 20.4%。由图 1-6 可知，农村每百户拥有电冰箱、洗衣机和彩色电视机等传统耐用消费品分别为 87.1 台、86.9 台和 106.6 台，分别比 2012 年增加 39.6 台、34.6 台和 8.3 台，拥有量持续增加，和全国农村平均水平的差距逐渐缩小；每百户拥有汽车、计算机等现代耐用消费品分别为 19.9 辆、17.1 台，分别是 2012 年的 7.4 倍和 3.2 倍，实现高速增长。由此可见，贫困地区农户无论是住房条件还是家庭耐用消费品拥有情况，均有了很大的提升。

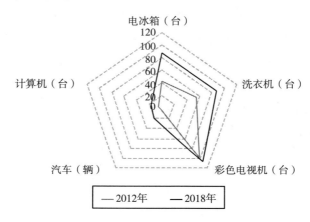

图 1-6　2012 年与 2018 年中国贫困地区农户家庭耐用消费品情况对比

资料来源：扶贫开发持续强力推进　脱贫攻坚取得历史性重大成就——新中国成立 70 周年经济社会发展成就系列报告之十五［EB/OL］. 国家统计局网站，2019-08-12。

1.1.2　中国农村减贫发展阶段性特征

新中国成立以来，我国在农村反贫困工作上制定出台了很多政策法规，也收到较好的效果。我国农村的绝对贫困大规模减缓是从 1978 年开始的，根据国家贫困标准和规模的变化情况，可分为五个阶段，每个阶段的发展均有不同的特征，每个阶段的国家扶贫线都具有不同内涵，20 世纪 80 年代的国家贫困标准线相当于"吃饭线"，是以卡路里计算的。而目前，中国国家扶贫标准已经多维度发展，不仅解决贫困人口的吃饭问题，还要使贫困人口获得教育、医疗、住房和社会保障等诸多方面的公共服务。

1. 第一阶段：1978～1999 年，绝对贫困初步缓解时期

在此阶段，中国农村进行土地所有制的改革，使得农村社会经济迅速发展，农村绝对贫困得到了有效缓解。以 1984 年当时的农村贫困标准 200 元来衡量，我国农村贫困人口从 1978 年末的 2.5 亿人减少到 1985 年末的 1.25 亿人；农村贫困发生率从 1978 年末的 30.7% 下降到 1985 年末的 14.8%。① 1985～1999 年，政府主导的大规模区域型缓解贫困的战略以及专项扶贫措施的开展和实施，1986 年制定的绝对贫困标准为 206 元，该标准以每人每日 2100 大卡热量的最低营养需求为基准。对区域发展不均衡问题，确立以贫困地区为重点，实施有计划有针对性的扶贫开发政策，1994 年，《国家八七扶贫攻坚计划》的实施，农村的绝对贫困状态初步得以缓解，但由于绝对贫困标准不断提高，贫困人口的变动呈现波浪式下降状态。

2. 第二阶段：2000～2007 年，绝对贫困稳步降低时期

自 2000 年以来，农村贫困人口数量减少 4.3 亿人，占改革开放以来农村减贫总规模的 58.4%；贫困发生率下降 46.7%，年均下降 2.7%。② 此前，中国政府设定两个扶贫标准，即绝对贫困标准和低收入标准。2007 年绝对贫困标准为 785 元，2000 年的低收入标准为 865 元，2007 年底低收入标准为 1067 元。国家出台了一系列的扶贫开发指导性文件，投入大量的财政资金，对贫困地区和贫困人口进行专项扶持，农村绝对贫困人口规模呈现稳步降低状态。

3. 第三阶段：2008～2010 年，扶贫任务转变时期

2008～2010 年，国家扶贫标准连续 3 年上调。2008 年，国家将绝对贫困标准和低收入标准合一，统一使用 1067 元作为国家扶贫标准。2009 年，这一标准上调至 1196 元，随着 2010 年居民消费价格指数（CPI）不断上

---

① 大数据"数说"脱贫攻坚重大成就［EB/OL］. 国家乡村振兴局官网，2019 - 08 - 13.
② 扶贫开发成就举世瞩目 脱贫攻坚取得决定性进展——改革开放 40 年经济社会发展成就系列报告之五［EB/OL］. 国家统计局网站，2018 - 09 - 03.

涨，国家扶贫标准再次上调至 1274 元。此时，由于国家将原有的农村低收入人口数量纳入贫困人口数量统计，导致贫困人口数量陡然增加，而后进入逐年减少的阶段。以 2010 年的国家扶贫标准测算，中国当年的贫困发生率从 2000 年的 10.2% 下降到 2.8%，提前五年实现贫困人口减半的联合国千年发展目标，而在联合国 86 个自定标准的国家贫困发生率平均达37.4%。① 与此同时，扶贫开发形势也发生了重大变化。《中国农村扶贫开发纲要（2001—2010 年）》中指出，我国扶贫开发已经从以解决温饱问题为主要任务的阶段转入巩固温饱成果、加快脱贫致富、改善生态环境、提高发展能力、缩小发展差距的新阶段。

4. 第四阶段：2011～2013 年，减贫事业新时期

2011 年，中共中央、国务院出台《中国农村扶贫开发纲要（2011—2020 年）》，国家将农村居民家庭人均纯收入 2300 元/年（2010 年不变价）作为新的国家扶贫标准，这一标准比 2010 年提高了 81%。按照这一新标准的测算，农村绝对贫困人口规模迅速扩大，规模达到 12238 万人，此时的农村贫困人口比例随之扩大约 19%，中国进入了农村扶贫工作的新时期。因此，2012 年党的十八大以来，动员全党全国全社会力量，打响脱贫攻坚战，中国的减贫事业进入了一个全新的阶段。2012 年末，我国农村贫困人口 9899 万人，比 1985 年末减少 5.6 亿多人，下降了 85.0%；农村贫困发生率下降到 10.2%，比 1985 年末下降了 68.1%。②

5. 第五阶段：2014～2018 年，全方位精准扶贫时期

从 2014 年开始，农村扶贫开发全方位转入精准扶贫和精准脱贫模式。目前，我国正在推进实施精准扶贫十大工程，进入脱贫攻坚阶段，向全面建成小康社会迈进。2015 年，国家的扶贫标准上调至 2800 元，2016 年达到 3000 元。"十三五"规划实施以来，国家为了实现 2020 年

---

① 任沁沁，罗鑫，王建华. 中国贫困线上调接近世行名义标准［EB/OL］. 中国法院网，2011 - 11 - 30.

② 扶贫开发持续强力推进 脱贫攻坚取得历史性重大成就——新中国成立 70 周年经济社会发展成就系列报告之十五［EB/OL］. 国家统计局网站，2019 - 08 - 12.

全面小康的社会目标，出台了一系列的扶贫政策，例如精准扶贫、对贫困户建档立卡等大力开展贫困村和贫困户脱贫致富的相关工作。截至2018 年末，全国农村贫困人口明显减少，贫困发生率持续下降，贫困地区农村居民收入加快增长，与全国农村平均水平的差距进一步缩小。我国农村已累计减贫 8239 万人，年均减贫 1373 万人，累计减贫幅度达到83.2%，贫困发生率为 1.7%。贫困地区农村居民人均可支配收入达到10371 元，年均增长 12.1%。①

1.1.3 中国旅游扶贫蓬勃发展

1. 中国旅游扶贫效果显著

自 20 世纪 80 年代以来，旅游扶贫（pro-poor tourism，PPT），这种特殊形式的"旅游需求"兴起，有助于减少贫困（DFID，1999）。近年来，旅游业可持续发展，可利用不发达国家和发展中国家优质的旅游资源，带动当地贫困人口就地参与旅游经营服务，从而实现脱贫。旅游扶贫是在具有一定旅游资源条件、区位优势和市场基础的贫困地区，通过开发旅游带动整个地区经济发展、贫困群众脱贫致富的一种产业扶贫开发方式。旅游扶贫也是产业扶贫和精准扶贫的重要组成部分。20 世纪 80 年代前期和中期，我国的贫困地区大多处于连片山区，多为老、少、边、穷地区，虽然，距离中心城区路程较远，但是，距离重点旅游线路景区较近。这些地区由于地理位置偏远、交通不便、社会发展程度较低，自然景观与文化风俗受外界干扰和影响较小，造成了我国贫困区与旅游资源富集区在地理空间上的重叠度高（肖胜和，1997）。

我国既是农业古国，也是农业大国，农村人口众多、旅游资源丰富，发展乡村旅游具有独特的人力优势和资源优势。根据国务院关于印发《"十三五"脱贫攻坚规划》的通知指出，截至 2015 年底，我国还有 14 个集中连片特困地区、832 个贫困县和 12.8 万个贫困村，建档立卡贫困人口

---

① 扶贫开发持续强力推进　脱贫攻坚取得历史性重大成就——新中国成立 70 周年经济社会发展成就系列报告之十五［EB/OL］. 国家统计局网站，2019 - 08 - 12。

5630 万人。其中，832 个贫困县主要分布在国家生态功能区内，近 300 个县属于国家主体功能区的限制开发县。同时，我国现有的 1392 个 5A 和 4A 级旅游风景名胜区中，大约 60% 以上分布在中、西部地区，70% 以上的景区周边集中分布着大量的原生态贫困村，生态旅游资源丰富，自然保护区数量占全国自然保护区数量的 80% 以上。12.8 万个建档立卡贫困村中，约有 1/3 的村庄有发展旅游产业的潜力和条件。① 这些村庄中大约有一半的贫困人口可以通过参与旅游产业实现脱贫致富，这无疑为旅游扶贫提供了重要的资源基础。因此，通过乡村旅游来带动贫困地区经济的发展是切实可行的。在有非常优质旅游资源和良好生态环境的贫困山区农村，选择开发利用当地旅游资源，兴办旅游业的扶贫路径，可以很快取得脱贫致富的效果，并产生积极的社会影响（江晓云，2004；蔡运龙，2006；黎筱筱和马秋芳，2006）。我国中央和地方政府稳步推进乡村旅游的发展，采取先试点、后推广的办法，建设一批和旅游扶贫产业特点相适应的和旅游群体的诉求或者说最低的诉求相适应的基础设施，实现旅游反贫困的效果（刘斐和骆丽梅，2018）。

20 世纪 80 年代后期，"七五"计划将旅游业正式纳入国民经济和社会发展计划，一批贫穷落后，但拥有较高质量旅游资源的地区得到了国家和地方计划内资金的大力扶持，开始有计划地进行当地旅游资源开发建设的工作。旅游扶贫经过 30 余年的发展，对于改善贫困地区的经济、社会、文化和环境等综合效益起到了显著的拉动作用。2012 年 7 月，国家旅游局与国务院扶贫办确定了合作工作机制（李刚和徐虹，2006）。旅游业凭借其在提供就业、可进入性、带动产业以及增加收入等方面的优势，已经成为欠发达地区脱贫的重要途径和有效手段，这已经成为一种实业界的普遍共识（曾瑜皙和杨晓霞，2014）。在中国的反贫困事业发展过程中，休闲农业和乡村旅游一直是精准扶贫的重要路径。全国旅游行业通过规划帮扶、咨询帮扶和教育培训帮扶等智力扶贫工程，资金帮扶、投资帮扶及合资合作帮扶等产业扶贫工程，帮助许多贫困落后的乡村地区走上了旅游脱贫之

---

① 姜蕾. 旅游扶贫成为贫困地区新的经济增长点 [EB/OL]. 中国社会科学网，2015 - 07 - 23.

路。通过发展休闲农业和乡村旅游，很多贫困地区的农田、荒山、水域、房舍、农作物、乡村环境等生产和生活资源被多功能和高效地利用起来。众多农民通过自营、租赁、流转、合作和入股等方式，将这些资源转化成了资本，又将资本转化成了高附加值的产品和服务，实现了乡村资源的多元化利用，促进了乡村地区本来以第一产业为主导的传统农业经济，开始向以旅游业为主导的第三产业的现代服务经济转型发展，让原本缺乏活力的乡村地区自身具有造血功能和自我发展能力，推动贫困地区的旅游减贫。

据统计，2014 年，全国拥有农家乐约 200 万家，特色村镇约 10 万个以上，乡村旅游人数约 12 亿人次，占全部旅游人数的 1/3，乡村旅游收入更是突破了 3200 亿元。① "十二五" 期间（不含 2015 年），全国通过发展乡村旅游带动了 10% 以上贫困人口脱贫，旅游脱贫人数达 1000 万人以上。"十三五" 时期，全国通过发展旅游将带动 17% 的贫困人口实现脱贫。预计 2015～2020 年，全国通过发展旅游将带动约 1200 万贫困人口脱贫。② 预计到 2020 年，在全国会形成 15 万个乡村旅游特色村，300 万家乡村旅游经营户，乡村旅游年接待游客将超过 20 亿人次，收入将超过 1 万亿元，受益农民达 5000 万人，每年带动 200 万贫困农民通过乡村旅游脱贫致富。由此可见，旅游发展对特定贫困地区和贫困人群的脱贫做出了难以替代的贡献。

2. 中国旅游扶贫政策解析

由于中国旅游扶贫的实践建设的相关工作中，大体上是采取政府自上而下的主导模式，因此，对我国旅游扶贫政策解析显得尤为重要。政策层面上，我国将旅游扶贫上升为国家战略，通过各级政府和相关部门制定一系列的旅游扶贫政策和发展规划、建立旅游扶贫试验区、异地安置和生态补偿等措施，调度和整合全社会资源进行脱贫攻坚，这也为旅游扶贫提供了有力的政策和制度保障。

---

① 2014 年三成游客选择乡村旅游 ［EB/OL］. 人民网，2015 – 02 – 03.
② 钱春弦. 预计 "十三五" 期间我国 17% 贫困人口将实现旅游脱贫 ［EB/OL］. 中华人民共和国中央人民政府官网，2015 – 07 – 10.

早在 1996 年，国家旅游和扶贫相关部门就已经成立了专门的组织来研究乡村旅游扶贫模式，以此来加强对旅游扶贫的科学指导，进而帮助贫困地区旅游景区建设，增强贫困地区旅游企业的竞争力，进一步发挥旅游在扶贫中的作用（周建华和沈国琪，2016）。2011 年，《中国农村扶贫开发纲要（2011—2020 年）》首次公布了乡村旅游扶贫作为产业扶贫重要的内容。2013 年 8 月，国家旅游局与国务院扶贫办共同出台了《关于联合开展"旅游扶贫试验区"工作的指导意见》。2014 年，国务院出台的《关于促进旅游业改革发展的若干意见》进一步指出了乡村旅游业发展在促进我国中西部协调发展中，带动了中西部贫困地区脱贫致富，并且促进了我国经济的平衡增长及生态环境改善方面具有重大意义。同年，国家旅游局会同国家发展和改革委员会等 7 个部门启动了乡村旅游的富民工程，联合下发了《关于实施美丽乡村旅游富民工程推进旅游扶贫工作的通知》。由此可见，乡村旅游扶贫也已经成为我国扶贫的重要方式之一。自 2015 年，全国乡村旅游与旅游扶贫推进会开展，全国乡村旅游扶贫工作势头良好，成效显著，潜力巨大，已成为我国脱贫攻坚的生力军。2016 年 1 月，国家旅游局专门成立了国家乡村旅游扶贫工程的观测中心，通过观测数据显示乡村旅游扶贫效应十分明显，成果突出。其中，经济效应方面，2015 年乡村旅游扶贫使得农民人均年收入比例增加 39.4%，264 万人实现脱贫。社会效应方面，乡村旅游就业贡献度比例达到 35.1%，乡村旅游贫困人口就业贡献度比例达到 75.1%。生态效应方面，工程观测点的农村集体环保投入占农村集体公共支出比例的 24.4%，保洁人力投入增加，乡村卫生条件持续改善。[①] 旅游扶贫在促进乡村地区社会经济发展和生态环境保护的同时，也提高了贫困人口的整体素质、改善了他们的生活水平，成为乡村地区脱贫致富的中坚力量（银马华等，2018）。

自 2015 年以来，国务院、国家旅游局、国家发展改革委、国土资源部、农业部、住房和城乡建设部和财政部等多个部门陆续发布或者联合发布了一系列的乡村旅游扶贫政策，主要内容涵盖了乡村旅游、休闲农业、田园综合体、农业 PPP、经济金融、教育科技和民族医疗等诸多方面，分

---

① 全国乡村旅游扶贫观测报告 ［EB/OL］. 搜狐网，2016 – 08 – 22.

别涉及儿童、残疾人和农民工等多种人群，为乡村扶贫旅游提供了全面的支持和社会保障（见表 1 – 1）。

表 1 – 1　　　　　　2014～2017 年中国乡村旅游扶贫相关政策要点

公布时间	出台部门	政策文件	要点内容
2014 年 8 月	国务院	《关于促进旅游业改革发展的若干意见》	大力发展乡村旅游。依托当地区位条件、资源特色和市场需求，挖掘文化内涵，发挥生态优势，突出乡村特点，开发一批形式多样、特色鲜明的乡村旅游产品。推动乡村旅游与新型城镇化有机结合，合理利用民族村寨、古村古镇，发展有历史记忆、地域特色、民族特点的旅游小镇，建设一批特色景观旅游名镇名村。加强规划引导，提高组织化程度，规范乡村旅游开发建设，保持传统乡村风貌。加强乡村旅游精准扶贫，扎实推进乡村旅游富民工程，带动贫困地区脱贫致富。统筹利用惠农资金加强卫生、环保、道路等基础设施建设，完善乡村旅游服务体系。加强乡村旅游从业人员培训，鼓励旅游专业毕业生、专业志愿者、艺术和科技工作者驻村帮扶，为乡村旅游发展提供智力支持
2015 年 8 月	农业部、国家发展改革委、国土资源部、住房城乡建设部、水利部、文化部、中国人民银行、国家税务总局、国家林业局、国家文物局、国务院扶贫办	《关于积极开发农业多种功能大力促进休闲农业发展的通知》	明确用地政策。在实行最严格的耕地保护制度的前提下，对农民就业增收带动作用大、发展前景好的休闲农业项目用地，各地要将其列入土地利用总体规划和年度计划优先安排。支持农民发展农家乐，闲置宅基地整理结余的建设用地可用于休闲农业。鼓励利用村内的集体建设用地发展休闲农业，支持有条件的农村开展城乡建设用地增减挂钩试点，发展休闲农业。鼓励利用"四荒地"（荒山、荒沟、荒丘、荒滩）发展休闲农业，对中西部少数民族地区和集中连片特困地区利用"四荒地"发展休闲农业，其建设用地指标给予倾斜。加快制定乡村居民利用自有住宅或者其他条件依法从事旅游经营的管理办法

续表

公布时间	出台部门	政策文件	要点内容
2015 年 11 月	国土资源部、住房和城乡建设部、国家旅游局	《国土资源部住房和城乡建设部国家旅游局关于支持旅游业发展用地政策的意见》	明确旅游新业态用地政策。引导乡村旅游规范发展。在符合土地利用总体规划、县域乡村建设规划、乡和村庄规划、风景名胜区规划等相关规划的前提下，农村集体经济组织可以依法使用建设用地自办或以土地使用权入股、联营等方式与其他单位和个人共同举办住宿、餐饮、停车场等旅游接待服务企业。依据各省、自治区、直辖市制定的管理办法，城镇和乡村居民可以利用自有住宅或者其他条件依法从事旅游经营。农村集体经济组织以外的单位和个人，可依法通过承包经营流转的方式，使用农民集体所有的农用地、未利用地，从事与旅游相关的种植业、林业、畜牧业和渔业生产。支持通过开展城乡建设用地增减挂钩试点，优化农村建设用地布局，建设旅游设施
2016 年 1 月	国务院	《关于落实发展新理念加快农业现代化实现全面小康目标的若干意见》	大力发展休闲农业和乡村旅游。依托农村绿水青山、田园风光、乡土文化等资源，大力发展休闲度假、旅游观光、养生养老、创意农业、农耕体验、乡村手工艺等，使之成为繁荣农村、富裕农民的新兴支柱产业。强化规划引导，采取以奖代补、先建后补、财政贴息、设立产业投资基金等方式扶持休闲农业与乡村旅游业发展，着力改善休闲旅游重点村进村道路、宽带、停车场、厕所、垃圾污水处理等基础服务设施。积极扶持农民发展休闲旅游业合作社。引导和支持社会资本开发农民参与度高、受益面广的休闲旅游项目
2016 年 3 月	中国人民银行、发展改革委、财政部、银监会、证监会、保监会、国务院扶贫办	《关于金融助推脱贫攻坚的实施意见》	精准对接脱贫攻坚多元化融资需求：（1）精准对接贫困地区发展规划，找准金融支持的切入点。（2）精准对接特色产业金融服务需求，带动贫困人口脱贫致富。（3）精准对接贫困人口就业就学金融服务需求，增强贫困户自我发展能力。（4）精准对接易地扶贫搬迁金融服务需求，支持贫困人口搬得出、稳得住、能致富。（5）精准对接重点项目和重点地区等领域金融服务需求，夯实贫困地区经济社会发展基础

续表

公布时间	出台部门	政策文件	要点内容
2016 年 4 月	国家旅游局	《全国旅游标准化发展规划（2016－2020）》	工作重点：（1）旅游标准化改革创新工程：创新旅游标准体系；改革旅游标准化管理体制；完善旅游标准化工作机制。（2）旅游标准优化拓展工程：拓展旅游标准领域；优先发展重点标准；优化标准制修订管理；提高标准国际化水平。（3）旅游标准实施推广工程：整合力量协同推进；加大标准宣贯力度；转变标准实施方式；强化企业主体作用；健全监督评估机制。（4）旅游标准化试点示范工程：扩大旅游标准化试点范围；强化旅游标准化试点示范管理；提高旅游标准化试点示范效果。（5）旅游标准化基础优化工程：完善旅游标准化法规制度；加强旅游标准信息化建设；强化旅游标准化科研支撑
2016 年 8 月	国家旅游局、国家发展改革委、国土资源部、环境保护部、住房城乡建设部、交通运输部、水利部、农业部、国家林业局、国务院扶贫办、国家开发银行、中国农业发展银行	《关于印发乡村旅游扶贫工程行动方案的通知》	乡村旅游扶贫工程主要任务：（1）科学编制乡村旅游扶贫规划；（2）加强旅游基础设施建设；（3）大力开发乡村旅游产品；（4）加强旅游宣传营销；（5）加强乡村旅游扶贫人才培训。乡村旅游扶贫八大行动：（1）乡村环境综合整治专项行动；（2）旅游规划扶贫公益专项行动；（3）乡村旅游后备箱和旅游电商推进专项行动；（4）万企万村帮扶专项行动；（5）百万乡村旅游创客专项行动；（6）金融支持旅游扶贫专项行动；（7）扶贫模式创新推广专项行动；（8）旅游扶贫人才素质提升专项行动
2016 年 12 月	国务院	《关于印发"十三五"脱贫攻坚规划的通知》	旅游扶贫：（1）因地制宜发展乡村旅游；（2）大力发展休闲农业；（3）积极发展特色文化旅游。旅游扶贫工程：（1）旅游基础设施提升工程；（2）乡村旅游产品建设工程；（3）休闲农业和乡村旅游提升工程；（4）森林旅游扶贫工程；（5）乡村旅游后备箱工程；（6）乡村旅游扶贫培训宣传工程

续表

公布时间	出台部门	政策文件	要点内容
2016 年 11 月	国务院	《关于深入推进农业供给侧结构性改革 加快培育农业农村发展新动能的若干意见》	大力发展乡村休闲旅游产业。充分发挥乡村各类物质与非物质资源富集的独特优势，利用"旅游＋""生态＋"等模式，推进农业、林业与旅游、教育、文化、康养等产业深度融合。丰富乡村旅游业态和产品，打造各类主题乡村旅游目的地和精品线路，发展富有乡村特色的民宿和养生养老基地。鼓励农村集体经济组织创办乡村旅游合作社，或与社会资本联办乡村旅游企业。多渠道筹集建设资金，大力改善休闲农业、乡村旅游、森林康养公共服务设施条件，在重点村优先实现宽带全覆盖。完善休闲农业、乡村旅游行业标准，建立健全食品安全、消防安全、环境保护等监管规范。支持传统村落保护，维护少数民族特色村寨整体风貌，有条件的地区实行连片保护和适度开发
2017 年 5 月	财政部 农业部	《关于深入推进农业领域和社会资本合作的实施意见》	聚焦重点领域，重点引导和鼓励社会资本参与以下领域农业公共产品和服务供给：（1）农业绿色发展；（2）高标准农田建设；（3）现代农业产业园；（4）田园综合体，支持有条件的乡村建设以农民合作社为主要载体、让农民充分参与和受益，集循环农业、创意农业、农事体验于一体的田园综合体；（5）农产品物流与交易平台；（6）"互联网＋"现代农业
2017 年 5 月	农业部	《关于推动落实休闲农业和乡村旅游发展政策的通知》	在用地政策上，要落实城乡建设用地增减挂钩试点，农村集体经济建设用地自办、入股等方式经营休闲农业的政策。在财政政策上，要鼓励各地整合财政资金，将中央有关乡村建设资金向休闲农业集聚区倾斜。在金融政策上，要创新担保方式，搭建银企对接平台，鼓励担保机构加大对休闲农业和乡村旅游的支持力度，帮助经营主体解决融资难题。在公共服务上，要从规划引导入手，积极推进"多规合一"，将休闲农业和乡村旅游开发纳入城乡发展大系统中，打造产业带和产业群。在品牌创建上，要按照"3＋1＋X"的品牌培育体系，在面上继续创建全国休闲农业和乡村旅游示范县（市、区），在点上继续推介中国美丽休闲乡村，在线上重点开展休闲农业和乡村旅游精品景点线路推介，吸引城乡居民到乡村休闲消费。在宣传推介上，要按照"统筹谋划、上下联动、均衡有序"的思路，加大宣传推介，创新推介方式，在节假日和重要农事节庆节点，有组织、有计划地开展休闲农业和乡村旅游精品景点宣传推介，扩大产业的影响力

续表

公布时间	出台部门	政策文件	要点内容
2017 年 5 月	农业部 中国农业发展银行	《关于政策性金融支持农村一二三产业融合发展的通知》	1. 充分认识政策性金融支持农村产业融合发展的重要意义。2. 进一步明确政策性金融支持农村一二三产业融合发展的目标任务。3. 准确把握政策性金融支持农村产业融合发展的重点范围。（1）支持标准化原料基地建设，增强农村产业融合发展保障力；（2）支持农业科技创新，提升农村产业融合发展驱动力；（3）支持优势农产品加工企业，发挥农村产业融合发展带动力；（4）支持农村流通体系建设，构建农村产业融合发展服务力；（5）支持农业多种功能开发，增加农村产业融合发展拓展力。4. 加快健全政策性金融支持农村一二三产业融合发展的推进机制
2018 年 2 月	国家旅游局	《关于进一步做好当前旅游扶贫工作的通知》	重在做好顶层设计，在政策、资金、培训等方面为地方创造条件，总结推广典型经验，强化旅游扶贫宣传，加强脱贫效果监管。各省级旅游部门负责本辖区内的旅游扶贫工作，制定旅游扶贫工作要点，协调动员各方力量，完善扶贫保障举措，做到承上启下，促进工作落地。各市县级旅游部门重在推进旅游扶贫项目建设，在地方党委政府领导下，从本地实际出发，着力完善旅游扶贫受益机制，推动各项政策措施落地生根

综上所述，党的十八大以来，全国旅游系统组织，认真落实中共中央脱贫攻坚的决策部署，旅游扶贫工作取得了扎实成效，旅游扶贫工作机制基本建立，政策体系日益完善，旅游产品业态不断丰富，旅游扶贫的社会影响持续扩大。全国旅游系统通过科学的顶层设计，以深度贫困地区脱贫攻坚为重点，进一步提高旅游脱贫的质量和成效，形成旅游扶贫大格局。实践证明，旅游精准扶贫凭借其强劲的造血功能和巨大的带动作用，已经成为中国减贫事业的重要力量，不仅是中国精准扶贫和脱贫攻坚的"金钥匙"，也为世界减贫事业提供了有益的经验。

3. 旅游与扶贫深度融合助力乡村振兴

（1）旅游对扶贫具有良好的适宜性。旅游与扶贫的深度融合，成为具有一定旅游资源的贫困地区减少贫困人口规模和降低生计风险的一种十分有效的方式。无论是上述对旅游扶贫的效果分析，还是对旅游扶贫的政策解析中，我们不难看出旅游业对于扶贫具有良好的适宜性，主要表现在以下五个方面。第一，地理空间上适宜性高。贫困地区的自然景观破坏小，民俗文化景观原真性高，物质文化遗产和非物质文化遗产保存完好，旅游资源数量多，质量好，这为开展旅游扶贫提供了最基本的资源条件，贫困地区与旅游资源富集地区的重叠程度高，因此，地理空间上的适宜性高。第二，环境保护适宜性高。通常情况下，工业发展对环境的污染程度以及生态的破坏程度远大于旅游业，一定程度上旅游业能积极地促进生态环境可持续的发展。第三，保护传统文化适宜性高。旅游业的发展一定意义上有利于贫困地区的文物保护和传统文化的传承。第四，提高居民素质适宜性高。贫困地区在进行旅游开发时，必定会创造众多就业岗位，贫困人口可以经过旅游业相关岗位的实践培训，参与旅游服务的各个岗位中去，可以解决剩余劳动力的就业问题。同时，旅游开发也会催生诸如民宿、餐饮和手工业等发展，让部分劳动力可以进行自主创业，缓解就业压力，维护社会稳定。旅游业还有利于提高贫困地区居民文化教育水平，开拓视野，可以增加参与旅游业居民的劳动技能培养的机会。第五，提高居民生活质量适宜性高。由于旅游商品的生产、交换和消费在旅游地同时发生，可以带来当地居民收入的增高，为当地居民提供更多的就业机会，改善生计脆弱性，同时，发展旅游业可以激发当地居民的文化自豪感，增强他们对自身文化的认同。旅游业会带来贫困地区由"封闭"向"开放"转变，贫困地区的人口流动，大量外来的人口流入和本地劳工的流出，拓展了社交活动，新的文化与观念冲击促使本地居民的生活观念和文化观念的转变有利于较科学的生产、生活方式的形成。贫困地区多位于偏远地区，交通不便，居民生活环境较差，而旅游扶贫在发展过程中必然会对周围基础设施及环境进行整治，也有利于改善当地的基础设施和公共服务，进一步改善当地居民的生活条件。

（2）"旅游＋扶贫"有利于乡村振兴。"旅游＋扶贫"既是重要的扶贫攻坚之路，也是重要的旅游发展之路。乡村旅游扶贫是一种典型的"造血式"扶贫，具有贫困人口参与面广、扶贫效果快、返贫率低和防止贫困现象代际传递等不可比拟的优势和特点。党的十九大报告提出，要实施乡村振兴战略。要坚持农业农村优先发展，按照产业兴旺、生态宜居、乡风文明、治理有效、生活富裕的总要求，建立健全城乡融合发展体制机制和政策体系，加快推进农业农村现代化。并把乡村旅游作为振兴农村经济的重要举措之一，使乡村旅游也成为贫困地区精准扶贫的重要抓手之一。乡村旅游资源虽占全国旅游资源的 70%，旅游人数却还只占国内旅游总人数的 30%，旅游消费还不到国内旅游消费总额的 20%，乡村旅游成为贫困地区新的经济增长点。[①] 依托当地优美的自然环境，将旅游景区景点、现代农业、民俗文化和餐饮住宿等相关产业有机融合。实践证明，近年来，乡村旅游发展迅猛，成为中国旅游消费中发展最快、潜力最大、带动性最强、受益面最广的领域，旅游助力脱贫攻坚成效明显，有利于乡村振兴。

乡村旅游扶贫的可持续性是一项长期工程。不仅从金钱、物质等方面对贫困地区予以帮助，还从带动地区产业发展、促进贫困人口就业的"造血"扶贫方式上"授人以渔"，让贫困地区人口在脱贫之后仍能获得可持续发展，预防生计脆弱性带来的返贫现象。此外，在旅游扶贫过程中对环境的保护，对当地独特旅游资源、文化等的保护，也有利于贫困地区旅游业的可持续发展。与此同时，旅游扶贫有利于贫困地区的产业升级，助力经济发展。旅游产业在开发过程中因为其强大的联动效应，能够在很大程度上促进贫困地区产业转型，使贫困地区在原有产业基础上进行产业结构的优化调整和升级。此外，旅游产业与文化产业、康养产业以及手工业等的融合发展也会为旅游产业注入新活力，促使旅游扶贫得到更好发展，使贫困地区尽快实现脱贫目标。

1.1.4 粤北少数民族地区贫困与旅游的发展

1. 粤北地区的地理空间界定

粤北指广东省北部地区，粤北地处粤、赣、湘、桂四省（区）的结合部，东北面越过大庾岭是江西省的赣州地区，北面与湖南省郴州市和永州

---

① 旅游扶贫成为贫困地区新的经济增长点［EB/OL］. 人民网，2015－07－23.

市接壤，西面是广西壮族自治区的贺州市，包括韶关市所辖南雄市、始兴县、仁化县、乐昌市、乳源瑶族自治县（以下简称"乳源县"）、曲江区、翁源县、新丰县、浈江区、武江区 10 个县（市、区）和清远市所辖连州市、连南瑶族自治县（以下简称"连南县"）、连山壮族瑶族自治县（以下简称"连山县"）、阳山县、英德市、佛冈县、清新区、清城区 8 个县（市、区）。按经济发展角度划分，粤北地区则包括韶关市、清远市、梅州市、河源市和云浮市。粤北地区山川秀美，有著名的丹霞地貌的命名来源的丹霞山，已经被列为世界自然遗产。

2. 粤北少数民族地区特征

粤北地区主要包括三个少数民族自治县，包括连南县、连山县、乳源县。由表 1－2 可知，从地理位置来看，三个少数民族自治县均是在北纬 24°～26°之间，其中，连南县地处广东省西北部，位于北纬 24°17′～24°56′，东经 112°2′～112°29′之间。连山县地处广东省西北隅，南岭山脉西南麓，位于北纬 24°10′～24°51′，东经 111°55′～112°16′之间。乳源县地处广东省北部、韶关市西北、南岭山脉骑田岭南麓，介于北纬 24°23′～25°33′，东经 112°52′～113°20′。东临韶关市浈江区、武江区，西接清远市阳山县，南连曲江区罗坑镇、英德市波罗镇，北与乐昌市及湖南省郴州市宜章县相接。行政区域总面积 2299 平方公里。从地势地貌特征来看，连南县全县面积 88% 的山区，均是瑶家村寨，有"百里瑶山"之称。连山县境内峰峦林立，溪涧纵横，地势高峻，总面积的 87% 为山地，古有"九山半水半分田"之称。连山县地貌可分为中山区（海拔 1000 米以上）、低山区（海拔 500～1000 米）、丘陵区（海拔 500 米以下），以低山、丘陵为主。整体地势是由北向南和由东向西倾斜，地层稳定，水流四方，地形山水交错。乳源县处在新构造间歇上升地区，地势西北高、东南低，自西向东倾斜，状似子了。县境溶蚀地貌显著，地形切割强烈，山谷生成明显。以纵横划分，西部是海拔 1000～1902 米的山区，是乳源最高地带，中部是海拔 600～1200 米的山区，是次高地带，东北至东南是海拔 300 米以下的丘陵平原地带。山溪小流密布县境西部和北部山区，9 条主要河流纵横县境。

表 1－2   粤北少数民族地区概况

类别	连南县	连山县	乳源县
地理位置	地处广东省西北部，位于北纬 24°17′～24°56′，东经 112°2′～112°29′之间	地处广东省西南隅，南岭山脉西南麓，位于北纬 24°10′～24°51′，东经 111°55′～112°16′之间	地处广东省北部、韶关市西北、南岭山脉骑田岭南麓。北纬 24°28′～25°09′，东经 112°52′～113°28′之间
地貌特征	全县面积 88% 的山区，均是瑶家村寨，有"百里瑶山"之称	全县总面积的 87% 为山地，有"九山半水半分田"之称	全县总面积 2299 平方公里，山区面积 7 成以上，"世界过山瑶之乡"
行政区划	全县划分为三江镇、寨岗镇、大麦山镇、香坪镇、大坪镇、涡水镇和三排镇 7 个镇，71 个村居委会	全县辖吉田镇、太保镇、禾洞镇、永和镇、福堂镇、小三江镇和上帅镇 7 个镇，48 个行政村、4 个居委会	全县辖乳城镇、桂头镇、大桥镇、大布镇、洛阳镇、一六镇、必背镇、游溪镇和东坪镇 9 个镇，115 个村（居）委会，1071 个自然村
主要少数民族分布族群	瑶族、壮族、回族、满族、黎族、彝族、土家族、布依族、朝鲜族等	壮族、瑶族、苗族、满族、回族、侗族、京族、黎族、蒙古族、土家族等	瑶族、畲族、壮族、土家族、满族、蒙古族、回族等
旅游资源类型	自然风光、人文景观和瑶族风情的资源丰富。拥有五星级旅游资源 2 处，四星级 8 处，三星级 7 处，二星级 4 处	文物古迹众多，有古遗址、古建筑、古石刻、古墓葬、古城堡等	生态、民俗、宗教、人文等景观丰富。拥有 1 个国家级湿地公园、2 个国家级森林公园、4 个国家 4A 级旅游景区、3 个国家 3A 级旅游景区

资料来源：连南县、连山县、乳源县政府门户网。

（1）行政区划方面，连南县，全县划分为三江镇、寨岗镇、大麦山镇、香坪镇、大坪镇、涡水镇和三排镇 7 个镇，71 个村居委会。连山县，全县辖吉田镇、太保镇、禾洞镇、永和镇、福堂镇、小三江镇和上帅镇 7 个镇，48 个行政村、4 个居委会。乳源县，全县辖乳城镇、桂头镇、大桥镇、大布镇、洛阳镇、一六镇、必背镇、游溪镇和东坪镇 9 个镇，115 个村（居）委会，1071 个自然村。

（2）主要少数民族族群分布方面，连南县主要有瑶族、壮族、回族、满族、黎族、彝族、土家族、布依族、朝鲜族等。连山县主要有壮族、瑶族、苗族、满族、回族、侗族、京族、黎族、蒙古族、土家族等。乳源县主要有瑶族、畲族、壮族、土家族、满族、蒙古族、回族等。

（3）旅游资源类型方面，连南县自然风光、人文景观和瑶族风情的资源丰富。拥有五星级旅游资源 2 处，分别是耍歌堂和油岭老排；四星级旅游资源 8 处，分别是千年瑶寨、瑶族刺绣、瑶族长鼓舞、瑶族博物馆、篝火晚会、万山朝王、石洋坑温矿泉、野生娃娃鱼保护区；三星级旅游资源 7 处；二星级旅游资源 4 处。连山县文物古迹众多，有古遗址、古建筑、古石刻、古墓葬、古城堡等。拥有连山八景，主要包括"瑶山飞瀑""茅田云海""鹿鸣拥翠""雾山梯田""鹰扬雄关""金子日出""鹅湖秀色""天马腾霄"。乳源县是老挝、泰国、越南等东南亚国家和美国、法国等欧美过山瑶的祖居地之一，被誉为"世界过山瑶之乡"，旅游资源得天独厚，民族风情独特浓郁。境内拥有山川峡谷、飞瀑流泉、森林生态、洞穴奇观、地热温泉、古道风韵、佛教禅宗、水库风光、民族风情等景观。全县拥有南岭国家森林公园、丽宫国际温泉度假区、广东乳源大峡谷、云门寺佛教文化生态保护区、云门山旅游度假区等旅游景区 10 多个，其中，拥有 1 个国家级湿地公园、2 个国家级森林公园、4 个国家 4A 级旅游景区、3 个国家 3A 级旅游景区。瑶族村寨颇具特色，分布在大瑶山深处的山头、山腰、山坑、田峒、山窝之间，高度一般都在海拔 500 米以上，其中，东坪镇的溪背、上寨、中心坑等村寨海拔则达 1000 多米。瑶族村寨一般是以家族为基础，以姓氏宗族聚居而组成的，村落大小不一，最大的瑶寨有 90 多户，最小的村寨只有 2、3 户。乳源瑶族在长期发展过程中，在语言、婚姻、服饰和丧葬等方面形成了自己独特的风俗习惯，"瑶族盘王节""瑶族刺绣""瑶族民歌""乳源瑶族传统服饰"等列入国家、省非物质文化遗产名录，百米瑶绣作品《瑶岭长歌》获上海大世界基尼斯之最，乳源瑶族"十月朝"被评为省群众性文化活动优秀品牌，乳源县被列为广东省瑶族文化生态保护试验区。

3. 粤北少数民族地区贫困状况

广东省内区域与区域之间经济实力相差较大，2017 年，广东省韶关市乳源县是全国性扶贫县，清远市连南县和连山县是省级重点扶贫的特困县。

粤北少数民族地区贫困状况，关于致贫原因方面，贫困类型多样，贫困程度深。连南县主要贫困人口是由于缺劳力、缺资金、因残、因病、自身发展动力不足、因学、缺技术、缺土地、缺水、交通条件落后和因灾等造成。连山县主要是农户生活困难、因病、因残和因学等致贫。乳源县由于单亲、病残、孤寡、缺劳力、缺资金、自身发展动力不足、因学、缺技术和因灾等导致农户贫困脆弱性显著。

脱贫人口数量方面，如图1-7所示，总体上，2016~2018年连南县三年累计脱贫人数最多，为10001人，乳源县次之，为6584人，连山县最少，为3280人。具体来看，2016年，连南县完成2171户5930人的贫困户数据采集录入及建档立卡工作，政府兜底的1331人实现脱贫。连山县帮扶建档立卡的贫困户554户，贫困人口723人实现脱贫。乳源县精准识别建档立卡2835户7172人，通过一系列帮扶，2514名贫困人口实现脱贫。2017年，连南县贫困人口年人均可支配收入达到了8816元，超过6883元的脱贫标准，实现762户2808人的脱贫。连山县1796人实现脱贫，完成三年脱贫任务的73%。乳源县全县有劳动能力贫困人口人均收入达7590元，2927人实现稳定脱贫。2018年，连南县有劳力

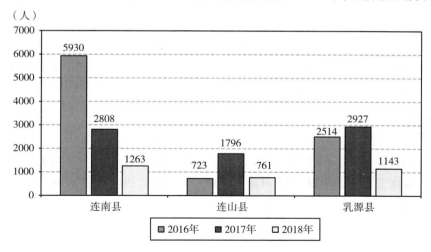

图1-7 2016~2018年粤北少数民族地区帮扶脱贫人数

资料来源：2016~2018年连南县、连山县和乳源县政府工作报告。

贫困户人均可支配收入 12262 元，超过脱贫标准线，实现 358 户 1263 人的脱贫。连山县 200 户 761 人预脱贫，三年累计预脱贫率达 86.9%。乳源县 416 户 1143 人预脱贫户达到"八有"脱贫标准，巩固预脱贫 2144 户 5078 人。

关于扶贫措施方面，截至 2018 年末，连南县建立全面落实脱贫攻坚工作机制，强调"产业、金融和就业"联动发展，多渠道发力脱贫攻坚；大力发展食用菌、蚕桑、茶叶、稻田鱼、有机稻、蔬菜、兰花 7 类主导扶贫产业，建成农业特色产业扶贫项目 21 个，参与的贫困户每人增收超 6300 元；统筹各类帮扶资金 1.1 亿元，建设分布式光伏发电扶贫项目和投入水电站技改，获得股份分红 800 多万元，全县 5380 名贫困人员年人均分红 1600 元；出台就业奖补政策拓宽就业渠道，开展"订单式、定向式"就业扶贫，在荣芳鞋业、鑫发五金等企业设立扶贫车间，安排贫困户就业，解决了 1151 人的就业问题。[1] 结合精准扶贫，进一步完善就业困难人员认定程序，加强分类帮扶和实名制动态管理。有针对性提供岗位推荐、职业技能培训、创业扶持专项服务，确保零就业家庭、最低生活保障家庭等困难家庭实现"动态消零"。加大对困难人员就业援助力度，运用扶贫再贷款优先支持带动建档立卡贫困户就业发展的企业及家庭农场、专业大户、农民专业合作社等经济主体。大力发展"企业扶贫用工"，按其吸收建档立卡贫困劳动力就业情况给予适当补助，所需资金从省、市、县就业专项资金中列支。建立技能精准扶贫对接机制，开展贫困家庭学生入读技校专项帮扶，实施贫困人员职业技能培训补贴制度。[2] 乳源县脱贫攻坚成效显著，累计投入精准扶贫资金 1.98 亿元，实施贫困户帮扶项目 5618 个，产业奖补标准上限提高至 8000 元；实施规模扶贫产业项目 15 个，带动 1502 户贫困户稳定增收；完成贫困户危房改造 321 户；发放扶贫贷款 313 万元；教育补助、医疗救助和无劳动能力贫困户政策性兜底率均达 100%；416 户 1143 人预脱贫户达到"八有"脱贫标准，巩固预脱贫 2144 户 5078 人。[3]

---

[1] 《2018 年连南瑶族自治县政府工作报告》。
[2] 连山壮族瑶族自治县人民政府印发《关于进一步做好就业创业工作的实施意见》的通知。
[3] 《乳源瑶族自治政府工作报告（2019 年 1 月 24 日）》。

4. 粤北少数民族地区旅游发展状况

从旅游地理和经济学角度来看，中国山区少数民族地区是一个呈现经济贫困和旅游资源富集双重性特征的较为突出的地理空间。旅游业以其转化率高、产业链长和吸纳劳动力能力强著称，并且具有能够将资源优势转化为发展优势的产业特性，因此，需要在充分了解粤北少数民族地区旅游发展状况的基础上，深入发展旅游业，为当地农户脱贫致富提供一种合理而可能的选择。

如图 1-8 所示，从 2014~2018 年粤北少数民族地区国内外游客接待数量来看，总体上是稳步提升的。其中，乳源县，全年接待游客数量由 2015 年的 30.98 万人次增长到 2018 年的 508.32 万人次。连南县，全年接待游客数量由 2015 年的 208.00 万人次增长到 2018 年约 309.30 万人次。连山县，全年接待游客数量由 2015 年的 52.50 万人次增长到 2018 年的 121.00 万人次，截至 2018 年，乳源县游客接待数量最大，连南县居中，连山县最小。如图 1-9 所示，从全年接待国内外游客接待数量同比增长率来看，粤北少数民族地区总体呈现出波动的态势，乳源县的游客接待数量实现的同比增长率最大，连山县次之，连南县最小。截至 2018 年，乳源县旅游人次同比增长率为 30.98%，连山县旅游人次同比增长率为 20.88%，连南县旅游人次同比增长率为 10.80%。

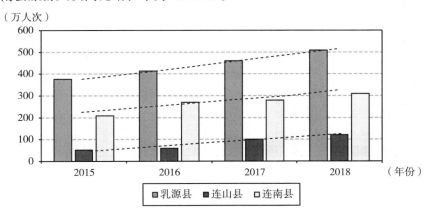

图 1-8　2015~2018 年粤北少数民族地区国内外游客接待数量
资料来源：2015~2018 年连南县、连山县和乳源县政府工作报告。

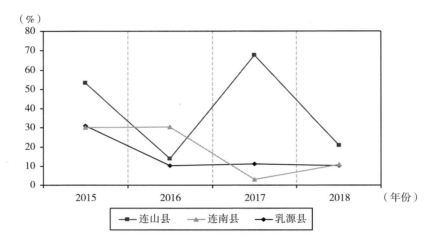

图 1 - 9 2015~2018 年粤北少数民族地区国内外游客接待数量同比增长率

资料来源：2015~2018 年连南县、连山县和乳源县政府工作报告。

由图 1 - 10、图 1 - 11 可知，粤北少数民族地区的旅游综合收入也是逐渐增长，同比增长率处于波动状态，截至 2018 年，乳源县收入最高，连南县居中，连山县最低，同比增长率连山县最高，乳源县次之，连南县最低。乳源县旅游综合收入由 2015 年的 30.98 亿元提高到 2018 年末的 44.36 亿元，2018 年旅游综合收入同比增长 12.8%。连南县旅游综合收入由

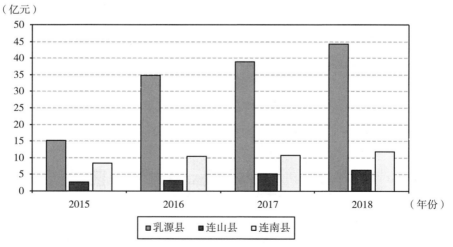

图 1 - 10 2015~2018 年粤北少数民族地区旅游综合收入

资料来源：2015~2018 年连南县、连山县和乳源县政府工作报告。

2015 年的 8.32 亿元提高到 2018 年末的 11.9 亿元，2018 年旅游综合收入同比增长 10.9%。连山县旅游综合收入由 2015 年的 2.74 亿元提高到 2018 年末的 6.38 亿元，2018 年旅游综合收入同比增长 21.52%。

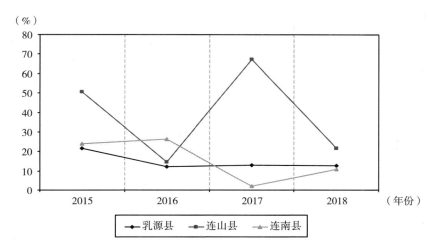

图 1－11　2015～2018 年粤北少数民族地区旅游综合收入同比增长率

资料来源：2015～2018 年连南县、连山县和乳源县政府工作报告。

1.1.5　粤北少数民族地区旅游扶贫面临机遇与挑战

1. 粤北少数民族地区旅游扶贫的机遇

（1）政策扶持力度升级。近年来，我国政府一系列自上而下的决策部署带来重大机遇。第一，党的十八大做出了推进生态文明建设和加大民族地区、贫困地区扶持力度的战略部署。中央经济工作会议确定了"稳中求进"的总基调，继续实施积极的财政政策和稳健的货币政策。广东省委十届二次会议提出要加快实施《粤北地区经济社会发展规划纲要（2011—2015 年）》和《广东省生态保护补偿办法》，这些都为粤北少数民族地区经济和旅游的快速发展提供有力的政策支持和良好的外部环境条件。第二，中央"五位一体"的布局，将生态文明建设提高到更加重要的位置，出台一系列生态政策制度和提高生态补偿资金，粤北少数民族地区作为生态发展的核心区，"特色立县、生态崛起"目标有更好的政策环境。第三，

《中共中央关于全面深化改革若干重大问题的决定》带来的机遇。全面深化各项改革，厘清政府与市场的关系，进一步转变政府职能，释放市场经济活力，促进市场经济健康发展，带动粤北少数民族地区经济和社会加快发展。中央支持少数民族地区经济社会发展的力度增强。中央民族工作会议暨国务院第六次全国民族团结进步表彰大会强调，要从基础设施、扶贫开发、城镇化、生态建设、特色优势产业和基本公共服务均等化等方面加大民族地区扶持力度，进一步增强民族地区自我发展能力，加快民族地区脱贫奔小康步伐。第四，《关于进一步促进粤东西北地区振兴发展的决定》带来的机遇。广东省委、省政府将促进粤东西北地区振兴发展放在更加突出的位置，并明确提出了"三大抓手""两条底线"的目标任务，为粤北少数民族地区加快发展注入新的强劲动力，也给予少数民族地区更多的扶持政策和资金支持。少数民族地区可以充分利用社会各界帮扶资金、人才、技术和市场等资源来加快自身发展，努力实现全面建成小康社会目标。

（2）地理区位优势明显。粤北少数民族地区是粤、湘、桂三省的交界地，具备南融北拓的地理优势。清连高速公路和正在建设的"二广"高速公路，构筑了粤北融入"广州3小时经济圈"的大通道。从粤北少数民族地区自身发展来看，许多重大项目相继建成，特色产业发展基础较为坚实，生态环境质量提高，公共基础设施进一步优化，后发优势逐步显现。人民群众发展的主观意愿十分强烈，形成了快速发展的强大内生性动力。

2. 粤北少数民族地区旅游扶贫的挑战

（1）追求即时效益，旅游扶贫脆弱性显著。粤北少数民族地区生态发展转型效果不太理想，农业产业化水平较低，旅游业资源优势没有充分发挥。急于摆脱贫困状态、急于获得旅游扶贫相关政策的支持，导致一些地区为了加速旅游扶贫工作而选择直接照抄其他地区的成功经验，不考虑自身资源现状，高度模仿和盲目开发，带来的景区同质化问题显著，并且旅游产品单一，缺乏核心竞争力，对游客吸引力不断下降。有的地区在追求即时效益的同时又忽略了旅游扶贫的核心，即当地有适合进行旅游开发的资源，修建一些与当地的自然景观不相和谐甚至具有冲突的建筑，导致了旅游项目的质量差、缺少历史文化底蕴与内涵等现象的发生，既破坏了环境，也使得当地的资源失去了原有的特色。有的地区还为了提高地区收益，不顾环境、设施等的资源承载力，盲目提高客流量，使当地生态环境遭到严重破坏。追求短期的即时经济效益，浪费大量人力、物力和财力，无力承担可持续性的后续运营发展。例如，连南县"千年瑶寨"沿途贫困农户摆小摊售卖瑶族的手工制品，缺乏相应的品牌标识，没有规模效应，很多粗制滥造商品层出不穷。

（2）基础配套不完善，人才资源缺乏显著。在旅游扶贫推进工作开展中，很多地区只注重对旅游项目的开发，而相应的公共基础配套服务设施简陋，导致旅游景区接待能力不足。淡旺季差异化十分显著，一到节假日就人满为患，大大降低了游客体验质量，而工作日则门可罗雀，又增加了旅游景区的维护保养的成本，如何平衡两者之间的关系是亟待解决的重要问题之一。同时，专业人才资源匮乏依然是制约乡村旅游扶贫的重要因素，主要是由于乡村旅游自主经营户主体大多数是由当地的农民组成，从业人员受教育程度主要为初高中毕业，教育程度、市场意识及经营理念等均存在局限性，特别缺乏旅游扶贫带头人以及经营管理和规划、设计、营销和统计等专业技术人才，以致产品与市场脱节，管理粗放，模式单一。虽然有政策鼓励相关经营管理人才参与旅游扶贫，但并不能解决所有贫困地区的问题，且旅游业是服务型行业，对人员素质要求较高，因此，更需要大量专业型人才加入旅游扶贫的开发建设中。

（3）利益相关者利益失衡，积极性缺乏显著。在旅游扶贫过程中，贫困人口、地方政府、旅游开发商和旅游者等利益相关者利益的失衡是一个重点问题。部分贫困户在扶贫过程中自主脱贫意愿不强，在近些年国家的经济支持下，他们不需要付出劳动就能满足生活需求，因此，在进行旅游扶贫时，他们的意愿并不十分强烈。同时，乡村旅游发展社会参与度和市场化发展程度本身不够高，贫困人口从中获益甚微，因此，参与旅游脱贫的积极性相对来说比较不高。有些地区旅游发展单纯依靠政府投入，民间资本、工商资本投资则呈现出明显不足的状态，市场相对缺乏活力，社会力量与群众的主观积极性与能动性还没有被完全激发出来，这样的发展是缺乏内动力与生命力的。

因此，根据粤北少数民族地区旅游扶贫的机遇与挑战进行综合研判，当前，总体上，粤北少数民族地区面临着下行的国内经济形势，保护生态环境、调整产业结构、转变经济发展方式、振兴发展缺乏工业支撑等多方面压力。政策利好的情况下，充分利用整合各方资源，可以通过注重生态发展转型，增加基本公共服务设施的建设，提高农业产业化水平，充分发挥旅游业资源优势，形成主导产业，大力引进人才。

1.2 研究意义、目标与内容

1.2.1 研究意义

1. 旅游扶贫多种方法的融合发展

中国是一个山地大国，山地面积（包括丘陵面积）占全国国土总面积的68.82%，山区人口占全国总人口比例的44.79%，山区是我国区域发展的重要组成部分（陈国阶等，2007）。我国山区多为少数民族和贫困人口集中的地区，全国14个集中连片的贫困地区均分布在山区，相对于平原地区而言，山区社会、经济和文化的发展水平较为低下，生态环境脆弱，人地关系紧张，可持续发展能力较弱。山区农户是山区贫困的"细胞"，因此，微观层面的农户可持续生计研究剖析是解决山区贫困问题的最终落脚点，对少数民族地区农户的可持续生计分析也是揭示其旅游扶贫感知效应影响机制的重要工具。本书运用可持续生计框架（SL框架），通过对粤北少数民族地区样本村农户生计资产的考察，提取旅游扶贫感知关键影响因素，对旅游扶贫效应感知进行测度，分析样本农户对旅游扶贫的参与意愿和参与能力，探索可持续生计下的农户生计策略选择。少数民族地区农户家庭生计资本组合会影响其生计策略（包括就业行业、区位等）的选择，居民的旅游扶贫感知各维度可能也会影响其生计策略的选择。例如，有的农户在旅游扶贫感知效应为正向，则就业行业上可能就会偏向于旅游业，进而影响其就业区位和时间的选择。在这种背景下，农户家庭的生计资本组合及生计策略是否会对其旅游扶贫感知产生影响呢？如果产生影响，它们之间的相互关系会是怎样呢？本书着眼于农户家庭微观尺度，试图将农户自身旅游扶贫感知程度引入生计策略选择研究中，以期给予少数民族地区农户可持续生计研究一个新的诠释视角，对于少数民族贫困山区的乡村振兴和可持续发展具有重要的理论意义。

粤北少数民族地区贫困山区与旅游资源的富集区有很大的空间耦合性。当地农户家庭本身生计资本缺乏，面临着多重自然与社会风险，使其陷入了生计脆弱性状态。同时，该区域地理环境相对封闭，受到的外界文化影响较小，这些少数民族聚居地基本保持较为原始的地貌，古朴的民风、民情与民俗，具有原真性和难以复制性。这些自然景观和民族文化对本民族之外的游客具有极大的吸引力，因此，通过发展旅游业来实现农户生活水平的提高成为当前该区域精准扶贫和人地关系协调的重要抓手。本书从微观少数民族农户自身旅游扶贫感知出发，以人文地理学为基础，融合经济学、社会学、统计学、规划学及旅游学的研究理论和方法，对于推动农户可持续生计的跨学科集成综合研究有着重要的理论意义。此外，将可持续生计分析框架（SL 框架）应用于山区农户旅游扶贫感知研究中，对促进少数民族地区旅游扶贫研究向着综合化发展具有重要的理论意义。

2. 旅游扶贫利于降低粤北少数民族地区农户的贫困脆弱性

粤北少数民族地区经济薄弱、结构单一，社会事业发展滞后，主要以山地为主，生态脆弱，环境恶劣，各类自然灾害严重。人口密集的传统农业区域又造成贫困人口数量众多，成为我国少数民族地区的典型"脸谱"。但是，自然景观独特、文化多元丰富、历史悠久厚重使民族地区极具旅游发展潜力。因此，研究和推进旅游扶贫是农业经济学、旅游学和反贫困理论创新和实践创新的重要内容，是解决"三农"问题，全面建成小康社会的基础条件，也是全面深化改革，推进国家治理现代化的内在要求，是促进少数民族地区发展，帮助少数民族地区贫困农户脱贫致富的现实需要，也事关国家长治久安和中华民族伟大复兴和永续发展，具有重要的现实意义。

粤北少数民族地区属于广东省发达地区的落后地区，地理位置偏僻、交通通达性相对不高，自然环境的恶劣以及受东部经济发达地区的辐射影响较弱，经济发展程度低、效率差，农户相对贫困脆弱性程度高。旅游开发和工程建设活动规模和强度的加剧，也成为该地区诱发灾害的重要因素。在旅游扶贫战略推进中，不仅受到自然资源、灾害发生等客观因素的限制，同时，居民、政府等利益主体对旅游扶贫的感知态度也是关键的影响因素。本书以粤北少数民族地区的连南县为研究案例地，连南县是全国唯一的八排瑶聚居地，是世界经典乐曲《瑶族舞曲》的故乡，是广东省民族风俗保持最完整、民族文化最浓郁、民族特色最鲜明的地方，百里瑶山生态和民族文化旅游资源丰富。目前，该县的农户对旅游扶贫的感知程度是该地区农户生计策略选择旅游就业的重要的因素之一。旅游扶贫同时促进各类旅游业的发展，促进该区域的产业转型和旅游景区开发等经济活动持续发展。本书在该县采用分层和随机抽样方法选取典型村落作为样本村，在典型村落中选取样本农户进行问卷调查，对农户生计资本现状定量测度的基础上，对农户的旅游扶贫感知展开深入研究，最终提炼出样本农户对旅游扶贫感知的关键性影响因素，通过农户旅游扶贫效应机制的剖析，分析样本农户对旅游扶贫的参与意愿和参与能力以及社区支持感，探索粤北少数民族地区旅游扶贫系统协调机制与可持续发展路径。

本研究结果对于连南县各级政府部门对农户生计状况、旅游开发和精准扶贫有比较准确的判断，为粤北少数民族地区乃至全国的边远山区农户生计和旅游扶贫工作的开展提供重要的参考价值和科学的规划决策，有助于推动当前我国的社会主义新农村建设和乡村振兴战略的实施，对促进民族地区和贫困地区的稳定与发展均具有重要的现实意义。

1.2.2 研究目标

在对国内外旅游扶贫感知研究进展进行深入剖析的基础上，通过对粤北少数民族地区典型县域——连南县农户生计资本现状的考察和定量测度，探讨可持续生计下农户旅游扶贫感知的关键影响因素，定量测度宏观旅游扶贫感知效应和微观农户对旅游扶贫的参与意愿、能力和社区支持感，揭示农户生计资本如何影响旅游扶贫感知；阐明农户家庭总收入及生计多样化、农户消费支出和旅游扶贫感知的特点，揭示农户参与旅游扶贫的意愿和能力，从而做出生计策略调整，降低农户生计风险的途径，从而完善农户旅游扶贫感知的研究内容。在定量评估农户生计资本的基础上，厘清旅游扶贫感知与生计资本的量化关系，总结和提炼旅游扶贫系统协调机制和可持续发展路径，为粤北少数民族地区的农户可持续生计与乡村振兴战略的实施提供参考依据。

1.2.3　研究内容

1. 粤北少数民族地区样本农户生计资本状况分析与测度

在对粤北少数民族地区实地考察和问卷调查的基础上，对选取的样本农户的生计资本状况进行定性和定量的分析与测度，主要包括可持续生计框架下的人力资本、社会资本、自然资本、物质资本和金融资本，为构建当地农户旅游扶贫感知的关键影响因子识别和剖析框架奠定基础。

2. 粤北少数民族地区样本农户旅游扶贫感知关键因素识别

通过深入分析粤北少数民族地区样本农户旅游扶贫效应感知现状，用计量经济模型方法，分析不同人口特征，利用分层线性模型定量刻画不同家庭生计资本组合状况和不同生计策略选择下的农户旅游扶贫感知各维度的差异及关键影响因子。

3. 粤北少数民族地区样本农户旅游扶贫感知效应及机制分析

在对粤北少数民族地区样本农户旅游扶贫感知各维度的差异及关键影响因子深入分析的基础上，构建农户旅游扶贫感知效应指标测度体系，包括旅游扶贫经济、文化、社会、环境与人口素质相关的正向效应及负向效应、农户参与旅游扶贫的意愿、参与能力和社区支持感，从而揭示当地农户旅游扶贫感知效应机制，提出粤北少数民族地区农户旅游开发扶贫策略，促进农户可持续性生计发展。

4. 粤北少数民族地区样本农户旅游扶贫生计策略选择与可持续发展路径分析

基于粤北少数民族地区旅游扶贫系统协调机制分析，主要包括旅游扶贫政策与法律系统、旅游资源与产品开发系统、民族村寨与贫困农户参与系统、旅游企业与非政府组织系统，并结合研究的宏观背景、政策扶持等方面，提出农户生计选择的思路与可持续发展路径。

1.3　研究思路与研究方法

1.3.1　研究思路

本书以粤北少数民族地区农户的旅游扶贫感知测度为研究目的，采取文献分析整理—案例地实证分析—归纳总结相关结论的研究思路。首先，通过对旅游扶贫基础理论研究和典型研究区域基础数据系统分析，选取连南瑶族自治县作为研究案例地，获取样本农户，根据连南瑶族自治县的区域特点，构建相应的旅游扶贫感知测度指标体系，遵循典型的样本县—样本乡镇—样本村落—样本农户的顺序，分别抽取样本，对农户自身的生计资本及旅游扶贫感知现状展开剖析。其次，在实地踏勘的资料搜集和深入调研的基础上，对农户生计资本进行定性与定量的评估测度。再次，在可持续生计视角下，利用分层线性模型提取样本农户旅游扶贫感知的关键影响因素，定量测度农户微观层面的旅游扶贫感知，分析刻画其旅游扶贫感知的效应机制，分析农户对旅游扶贫的参与意愿、参与能力和社区支持感等方面。最后，以此来探讨粤北少数民族地区农户生计策略选择、旅游扶贫项目选择和未来有利于贫困人口受益的可持续发展路径。

1.3.2　技术路线

本书的技术路线如图 1-12 所示，可分为拟解决关键问题的提出、问

卷设计与样本选择、理论框架与计量经济模型的建构以及研究结论与政策
建议，共 4 个组成部分。

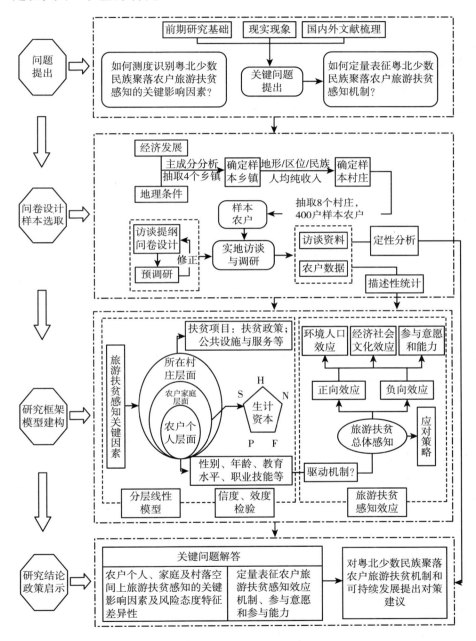

图 1-12　研究技术路线

1. 拟解决关键问题的提出

本书拟解决关键问题主要是基于前期研究、现实现象和文献梳理提出。在前期研究中，许多山区少数民族地区的农户已经意识到旅游扶贫对降低贫困脆弱性，有效抵御会使其陷入贫困状态的风险冲击和改善生计状况具有良好的促进作用，他们在生计策略的选择上会更倾向于发展和参与旅游业，政府在旅游扶贫项目中提供了一些就业发展机会，然而他们自身参与能力达不到相应的标准而无法深度参与旅游业，有些农户只能在景区摆摊售卖小商品，导致农户参与旅游业态度并不积极。此外，由于农户个人、家庭以及现实中居住的不同村落经济发展水平和旅游资源不同，致使他们的旅游扶贫感知具有一定的区别，会导致不同的旅游扶贫参与态度，进而影响到他们的参与行为。

基于此，本书提出研究假设：农户旅游扶贫感知在个人、家庭和村落空间上存在明显的差异，旅游扶贫感知不仅会导致农户不同的旅游扶贫参与态度，而且会影响到他们的参与行为。针对研究假设，我们系统梳理了国内外关于旅游扶贫的概念、旅游扶贫感知影响因素和效应等的研究，我们需要在对农户生计资本状况分析与测度的基础上，分层次重点探究农户个人、家庭以及所在村落影响他们旅游扶贫感知的主要因素。系统探讨旅游扶贫的效应机制，这对于发展当地旅游扶贫有着至关重要的作用。因此，本书提出两个拟解决的关键问题：一是如何测度和识别粤北少数民族地区农户旅游扶贫感知的关键影响因素，二是如何定向表征粤北少数民族地区农户旅游扶贫感知的效应机制。

2. 问卷设计与样本选择

按照上述拟解决的关键问题，本书在宏观上需要研究区域多年的各类统计年鉴、统计公报及区县县志等相关数据。微观上则需要农户个人的基本信息、家庭的生计资本和对当地旅游扶贫感知的数据。为了使选择的样本具有典型性，研究采用较为科学的抽样方法来进行粤北少数民族地区样本农户的确定。通过相似地区的预调，研对先前设计的访谈提纲和调研问卷进行修改，然后，进行调研员的招募和培训、正式调研，以及数据的筛

选、整理、归档和清洗工作，为下一步研究理论框架与计量经济模型建构
做数据分析上的准备。

（1）调研问卷与访谈设计体系。本书问卷和访谈设计体系遵循研究的
理论框架，基于项目研究内容（见图1-13）。一是问卷部分，主要建构旅

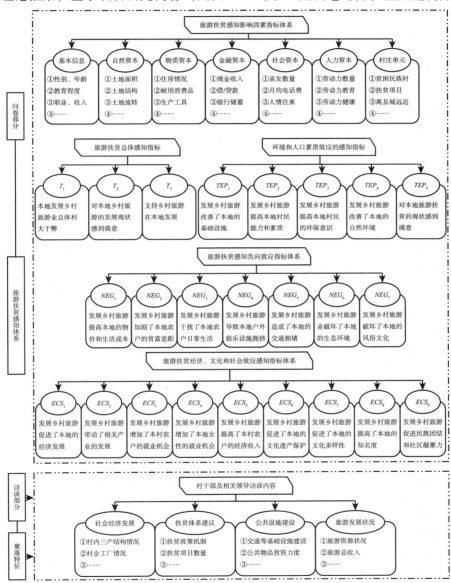

图1-13 粤北少数民族地区样本农户问卷与访谈体系

游扶贫感知影响因素测度体系，包括农户个人、家庭及村庄单元层面的特征。其中，农户个人基本信息主要包括年龄、性别、文化程度、职业、月收入和家庭成员情况等。农户家庭生计资本层面，本书沿用可持续生计分析框架的五大资本，包括自然资本、物质资本、金融资本、社会资本和人力资本，分别下设具体的指标进行测量。村庄单元层面的特征主要选取是否为贫困村、是否有乡村旅游扶贫项目、是否为纯瑶族、距离县城远近和距离旅游景区距离指标进行测度。建构农户旅游扶贫感知效应测度体系，主要包括旅游扶贫总体感知维度、环境和人口素质效应感知维度、旅游扶贫负向效应感知维度、旅游扶贫经济、文化和社会效应感知维度，针对分类维度下设具体指标进行标度，以此为后续获取数据的依据。二是访谈部分，综合考虑粤北少数民族地区空间特征，主要是针对村干部及部分区域领导的访谈，内容包括村域的社会经济发展状况、扶贫体系建设、公共设施建设和旅游发展建设情况，分类设计相应的指标进行标度。

（2）样本农户抽样体系。遴选样本农户需要包含农村社会经济发展条件和地理条件本地差异的典型山区地区（样本村庄），并且要有利于少数民族农户和汉族农户生计状况进行对比的基本原则，选择不同类型的行政村进行调研。如图1-14所示，根据样本区域农村经济社会发展和地理条件本地差异，首先，以区县为单位，构建包括经济发展、社会人口、产业结构、交通条件、海拔高度、地貌类型、资源禀赋、土地利用和自然灾害

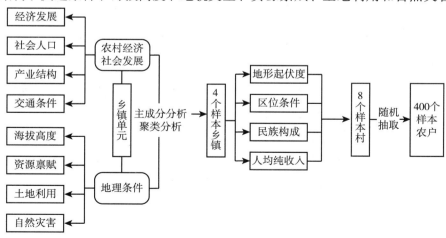

图1-14　粤北少数民族地区样本农户抽样体系

的指标体系，采用主成分分析法来分析各个乡镇差异产生的主要因素，然后再采用聚类分析的方法，将研究区乡镇分为 4 个组，在每个地区类型中随机抽取 1 个样本乡镇，即 4 个样本乡镇。其次，获得的样本乡镇中，以村庄为单位，因为村域层面的统计数据不足，样本村的选取通过上述抽样方式可操作性不高，所以项目将结合地形起伏度、区位条件、民族构成和人均纯收入作为选取典型村庄的核心指标，在每个乡镇中通过分层抽样分别抽取 2 个村庄，即 4×2＝8 样本村庄。最后，运用随机抽样方法，每个典型村庄单元随机选择 50 户进行调研，即 50×8＝400 个样本农户。

3. 研究理论框架与计量经济模型的建构

在提出关键问题和获取实地调研数据后，研究构建旅游扶贫感知体系的理论分析框架。通过质性分析访谈资料，使用分层概率抽样和随机抽样法进行样本农户的获取，在对样本农户生计资本进行测度的基础上，构建旅游扶贫感知影响因素和旅游扶贫效应指标测度体系，运用分层线性模型定量识别研究区域样本农户的旅游扶贫感知影响因素，进而探究旅游扶贫效应机制，分析农户旅游扶贫与生计策略选择的路径。

4. 研究结论与政策启示

在上述研究的基础上，分析研究结果，得出研究结论，从旅游发展管理、扶贫体系建设、旅游扶贫项目开发提供可持续发展机会，以及提高农户旅游扶贫感知、促进农户积极参与旅游扶贫事业、提高农户参与旅游扶贫的能力等方面，为建立我国粤北少数民族地区空间的旅游扶贫长效机制与山区经济可持续发展提供对策建议。

1.3.3　研究方法

1. 参与性农村评估法

参与性农村评估法（PRA）在可持续生计研究中的基本思想是：通过了解农户所在地区的历史、现状、社会、经济、文化等，结合地理学、社会经济学和其他相关学科，发现农户可持续生计面临的问题、约束、机会，关心农户潜在生计需求，最终提出解决问题的办法。在农户生计研究中，PRA 工具包括观察法、半结构访谈、问卷调查、季节历、大事记、小型座谈会、知情人深入访谈、资料回顾和分析等。PRA 的内涵要比问卷、抽样调查和访谈法等丰富得多。本书中，PRA 工具包括观察法、深度访谈、问卷调查、小型座谈会、知情人深入访谈、资料回顾和分析等（见图 1 – 15）。

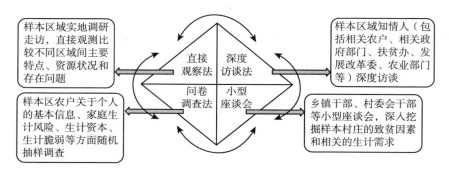

图 1 – 15　参与性农村评估实施过程（PRA）

2. 统计与计量经济分析手段

农户旅游扶贫感知的关键影响因素与效应机制的研究具有复杂性、规律性、动态性、区域性和典型性等特征。近年来，许多研究人员运用统计学和计量经济分析手段对其展开规范化、计量化研究，涌现出大量研究成果，主要包括描述性统计分析法、logistic 回归模型、主成分分析法、因子分析法等的运用。本书在此基础上，选取分层线性模型进行分层交互影响研究基于农户个人、家庭和所在村庄在单位上具有嵌套关系，构建农户—所在村庄的完整二层线性模型，传统的线性模型只能对涉及一层数据的问题进行分析，本书重点探讨农户与村庄二层数据之间的跨层交互作用。使用分层线性模型，较好地处理数据间的相关性、不平衡性及面板数据的缺失问题，截面数据同样适用，使得估计结果更加稳定和精确。主要采用 SPSS 20.0 和 HLM 7.0 软件为数据分析工具，进行描述性统计分析（descriptive analysis）、信度分析（reliability analysis）、因子分析（factor analysis）、T 检验（T – test）、方差分析（one-way ANOVA）和相关性分析（correlate analysis）。

3. "3S" 技术

地理信息系统（GIS）技术不但为空间分析提供了技术支持，同时也能为农户生计的有关分析从定性到定量、从静态到动态、从过程到模式的转化和发展提供条件。遥感技术（RS）、全球定位系统（GPS）可以实时获取农户生计有关的各种数据。近年来，一些地理学领域的研究人员结合社会经济学的有关知识，运用"3S"（RS、GIS、GPS）技术对农户可持续生计与土地利用覆被变化、农村农户点整理的关系进行了相关研究。本书主要利用 ArcGIS 进行空间分析和各类图件的制作。

第 2 章

国内外旅游扶贫研究进展

2.1 旅游扶贫概念框架研究

2.1.1 旅游扶贫概念研究

20 世纪二三十年代，旅游扶贫已经作为旅游的经济效益和影响研究中的重要指标之一，并广泛地为国内外学术界所关注（申葆嘉，1996）。国外的相关研究始于 20 世纪 80 年代，伴随着欠发达地区旅游相关研究的发展，旅游扶贫逐渐成为一个独立的研究领域。1980 年的"旅游绿色日程"和 1992 年联合国里约热内卢首脑会议表明旅游发展的重点包括生态和社会可持续性。1999 年，英国国际开发署（DFID）首次提出面向贫困人口的旅游扶贫（pro-poor tourism，PPT），旨在让贫困人口能够从旅游业的发展中得到尽可能多的经济利益或者工作机会（DFID，1999；Bennett et al.，1999；Meyer，2007）。随后，旅游扶贫 PPT 的概念被许多国际重要的旅游组织和捐助机构所采用。旅游扶贫的主要研究工作由与旅游扶贫相关的合作组织完成，当时的研究区域主要集中在南部非洲（Scheyvens and Momsen，2008）。随着国际组织对旅游扶贫的全力支持与积极推动，可持续性旅游扶贫日益成为旅游研究的热点话题。2002 年，世界旅游组织在约翰内斯堡举行的可持续发展世界首脑会议上提出"可持续旅游减贫"（Sustainable Tourism as an effective tool for Eliminating Poverty，ST – EP）计划，希望通过发展可持续性旅游来提高贫困人口的收入，该计划受到世界银行（WBG）、亚洲开发银行（ADB）等机构的大力支持（Chok et al.，2007）。国外具有代表性的是针对 ST‐EP 和 PPT 在概念上的区别进行分析，实践意义和系统要素进行的系统性理论研究指出，ST‐EP 所提倡的旅游扶贫战略即使是对最不发达国家旅游业发展，也是可以发挥重要积极促进作用的（Dimoska，2008）。旅游扶贫是一种能够促进贫困人口减轻贫困的旅游发展方式，是通过旅游业为贫困人口产生的净效益，强调穷人在旅游扶贫中的收益必须远远大于他们所付出的成本（Schilcher，2007）。旅游扶贫的目标主要包括：（1）经济利益；（2）其他生活利益（自然、社会和文化）；（3）无形的福利（Suntikul et al.，2009）。可见，旅游扶贫的外延较为宽广，因此，旅游规划者、旅游管理人员及政策制定者不能仅仅把提高大多数贫困人口越过贫困线作为旅游扶贫的最终目的，而且需要综合考虑贫困人口在旅游扶贫中经济、自然、社会和文化方面的综合获收益。尽管如此，经济增长仍然是旅游扶贫获得成功的前提与根本目标。从研究尺度来看，国外旅游扶贫研究案例地，大到一个国家，小到一个社区。大中尺度研究以亚非拉等发展中国家为主（Hampton，2005；Zapata et al.，2011；Job and Paesler，2013；Gascon，2015），小尺度研究主要涉及某一旅游地或社区。其中，小尺度的研究多于大中尺度研究，中观尺度的研究相对较少（Rogerson，2002；许振晓等，2009；Lapeyre，2010）。

在国内，关于旅游扶贫的实践探索理论的研究，最早是出现在 20 世纪 90 年代中期，1996 年，中国国家旅游局召开了全国旅游扶贫开发工作座谈会，对贵州、广东和福建等省的旅游扶贫经验加以推广。国务院扶贫办和国家旅游局自 1996 年 10 月起，相继召开旅游扶贫工作会议，在旅游发展重要问题调研提纲中，也把旅游扶贫问题研究选为重要议题之一，对旅游扶贫开发工作进行专题性研究和工作总结。进入 21 世纪，我国旅游扶贫开发又进入了一个新的高潮，西部大开发战略对旅游开发扶贫提出了更高的要求。随着旅游业对扶贫发挥的作用愈加显现，2009 年，国家旅游局正式成为国务院扶贫办领导小组成员单位。

在早期的旅游扶贫研究中，国内学者主要集中在对旅游扶贫概念的拓展方面，政府、社区、贫困人口在旅游扶贫中的作用，旅游扶贫的战略、模式与思路，旅游扶贫的效应，旅游扶贫中存在的问题与对策等方面，研究成果颇为丰富（卢松，2008；罗盛锋和黄燕玲，2015）。一般来说，旅游扶贫是指通过开发贫困地区丰富的旅游资源，兴办旅游经济实体，使旅游业形成区域性支柱产业，促进地方财政发展，实现贫困地区居民的脱贫致富。吴忠军（1996）指出，对经济落后地区的旅游资源进行开发，发展旅游经济实体，把旅游业培育成地区的支柱产业，实现当地百姓和地方财政的脱贫致富。高舜礼（1997）认为，关于旅游扶贫的对象，即是地理空间上的扶贫目标地区，主要是指具有一定旅游发展基础的经济欠发达地区，是相对发达地区的贫困地区，在空间上既包括了国家所界定的贫困地区，也包括了已经脱贫地区但是经济上仍然属于欠发达的地区，目标贫困人口主要是国家公布的绝对贫困线下的人群。郑本法和郑新宇（1999）认为，具有丰富的旅游资源且较为贫困地区，需在保护性开发利用的前提下发展旅游产业，带动相关产业发展，提高地区自我发展能力，走出一条脱贫致富的新路子。谭芳和黄林华（2000）指出，贫困地区应利用其丰富的旅游资源，大力发展旅游业，把资源优势尽快转化为经济优势，进而获得区外的资金、技术和经验，促进产业的调整，增加贫困地区的"造血功能"，从而使其脱贫致富。刘向明和杨智敏（2002）提出了旅游扶贫不是仅限于摆脱"物质的贫困"，更重要的是脱离"观念上的贫困"。贫困人口需要从观念上进行转变，有助于贫困人口自身素质的提高，从而更好地发挥旅游扶贫最大的成效。周歆红（2002）认为，旅游扶贫的目标地区和受惠人口要非常明确，否则会出现旅游扶贫系统的识别机制不精准的问题，并认为，贫困人口如何在旅游发展中获益和增加就业机会是旅游扶贫研究的核心问题。郭清霞（2003）在深入研究湖北旅游扶贫成功范例的基础上，借鉴英国面向贫困人口的旅游扶贫概念，认为旅游扶贫战略的基本特征通常是政府为主导，市场为导向，并以当地居民受益为主要目标，依托当地的特色资源来发展，形成特色旅游产品为支柱产业，以达到脱贫致富，同时要进行环境保护，从而实现地区经济的可持续发展。刘宝巍（2004）以贫困人口为研究对象，认为在旅游资源较为丰富的贫困地区，或者是经济欠发达地区，可以把发展旅游业作为促进当地经济全面进步的一种补充性扶贫手段。马冬梅（2006）提出了在旅游资源丰富的贫困地区或经济欠发达地区，通过开发旅游业来进一步带动相关产业的发展，从而为当地贫困人口创造就业机会，实现脱贫致富的可持续发展。

近年来，旅游扶贫的含义及基础理论的研究主体更加丰富，研究角度更加多样化，主要从产业链视阈下（邓小海等，2014），精准扶贫、民族地区（陈祥碧和唐剑，2016）、休闲产业（戴宏伟，2017）等多个角度诊断问题并提出对策，认为应当有效结合农牧林业与旅游产业，增强贫困人口的参与能力，提高扶贫精准度，并培育核心旅游扶贫企业，加强区域合作，实现内外部的协调发展。邓小海等（2015）还通过对 ST‐EP 与 PPT 在概念上的区别进行了简单的对比分析，通过仔细分析国外的理论成果和成功案例，认为 ST‐EP 扶贫方式的实施有利于中国获取国际资助力量的支持。

综上所述，关于研究学者对旅游扶贫概念表达，真正意义上的旅游扶贫，是发展旅游产业作为扶贫的一种可靠手段和途径，以"扶贫"为宗旨，以反贫困和消除弱势群体的贫困状态为核心目标，以经济效益为基本前提，以贫困区域的综合发展为主要内容，以贫困人口为核心的社会积极变迁为终极目标。旅游开发扶贫的理论依据在于认为旅游业的乘数效应和旅游业本身投资少、见效快。现实基础在于旅游资源比较丰富的贫困地区需要充分利用当地旅游资源，大力发展旅游业，吸引发达地区的人们前来该地旅游和消费，使旅游资源产生效益，使旅游商品的生产、交换和消费在贫困地区同时发生，逐步实现部分财富、经验、技术和产业向贫困地区转移，增加贫困地区的"造血功能"，从而达到减贫效果。然而，旅游业也存在着"漏损效应"，所谓"漏损效应"是一个经济学概念，主要指收入在流转过程中，转移出当地经济系统，从而未能给当地带来实际经济效益的现象（肖剑等，2012）。一般的旅游经济理论认为，旅游漏损是指旅游目的地国、地区或者旅游社团和企业为旅游业发展需要购入外地商品，例如进口商品、劳务或者贷款等导致的外汇流失现象。旅游扶贫中的漏损是指旅游收入在流动扩散中流出贫困地区的经济效应，从外地输入贫困地区商品、资本和劳务等可能带来贫困地区更大的危机，因此，减少旅游收入漏损，增加贫困地区居民的可支配收入也是比较重要的问题。

贫困人口的规模每年随着国家贫困线标准的变化而变化。旅游扶贫的目标不仅仅在于脱贫，还要在脱贫的基础上逐步致富。旅游扶贫最主要的意义是反映旅游业的综合服务功能，既可以扩大旅游业的社会影响力，也可以开拓发展关于"大旅游"的思路，从而为旅游业持续快速发展找到新的增长点，更好地带动经济发展。旅游扶贫的特征是旅游开发的见效周期短，开发式扶贫效果十分显著，具有明显的辐射带动效益。在旅游扶贫过程中，当地农民可以选择多种生计策略组合的方式和路径，降低贫困脆弱性，达到脱贫致富的目标。

2.1.2 旅游扶贫框架研究

1. 旅游扶贫 PPT 框架

旅游扶贫是一种特殊的发展方式，与其他扶贫方式一脉相承，但是在目标导向、适用地区和实施途径上又有所区别。在旅游扶贫的 PPT 框架中，贫穷和贫困人口是核心，它直接关注贫困地区的旅游目的地及其旅游实践的发展，尤其是与贫困人口相关的情况（Ashley et al. , 2001）。旅游扶贫的 PPT 框架是把扩展当地居民的就业机会、肯定贫困人口的收益作为明确目标，这是由于贫困人口通常各类生计资本贫乏，职业技能方面有所欠缺。如何为贫困人口提供不同层次和规模的发展机会？例如，促进贫困人口在旅游咨询、服务、管理、产品制造等相关部门就业，最大限度地利用当地的旅游资源来发展旅游业，并且充分发挥贫困地区的劳动力、商品和服务，以市场为导向，促进贫困人口福利增进。在政府和社会力量的扶持下，通过人才引进、公共基础设施的完善、筹集资金、设置专门的机构等措施进行综合的宏观调控，以此来扩大旅游业与其他产业的关联，创造政策框架与规划背景来解决贫困人口和农户的需求，使得贫困地区的旅游产品具有市场竞争力，获得最大化的收益。旅游扶贫 PPT 框架的主要原则是当地居民全面参与旅游，他们的生活优先权必须在旅游发展中得到反映（Lewis et al. , 2013）。

一些学者以旅游扶贫的过程和机制为核心，构建了旅游扶贫的 PPT 理论研究框架（见图 2 - 1）。其中，降低贫困是旅游扶贫开发的根本目标。

机遇、权利和安全是实现旅游减贫的决定因素。机遇指的是贫困人口必须有参与旅游经济发展的机会，并能利用这些机会去改变他们贫困的命运。权利指的是旅游扶贫能够赋予贫困人口参与政治进程及当地决策的权利，在经济上保障他们更为有效地参与市场。安全是指降低贫困人口受疾病、经济波动、自然灾害等冲击带来影响的一种风险预警机制，具有能够应对这些风险的能力。旅游扶贫利益相关者包括贫困人口、政府、旅游企业、民间社团及捐赠机构等。旅游扶贫的 PPT 框架是一个开放的、综合性的系统，容易受到宏观和微观、外在及内在因素等的影响（Zhao and Ritchie，2007）。通过对旅游扶贫 PPT 的框架分析，可以看出，"旅游业 + 扶贫" 是相互结合的，通过开发旅游业以达到减贫效果，因此，受到旅游业和扶贫两个方面的影响。在判断一个地区通过旅游业发展达到的减贫效果时，既要考虑当地贫困人口减少的数量及其脱贫状况等，即经济上的扶贫，也要考虑消除当地贫困人口贫困落后观念，如参与意识、竞争意识和效益意识等。旅游扶贫是 "扶贫" 在先，其核心内涵是贫困人口的发展，而发展旅游业只是重要抓手，虽然，强调外部力量的重要性，但是，关注重点必须明确，否则贫困人口的发展则有边缘化的风险，旅游扶贫实践中也证明了地区经济增长不等于贫困人口的受益这一状态。

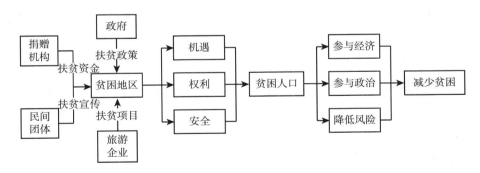

图 2 - 1　基于 PPT 框架的旅游扶贫的研究

2. ST - EP 框架

可持续旅游减贫，即 "ST - EP" 的概念，是由世界旅游组织于 2002 年 8 月在南非的约翰内斯堡可持续发展峰会上提出的，主要强调通过发展旅游业实现贫困地区及贫困人口在经济、社会、生态和文化等方面的整体性可持续发展。ST－EP 的概念一经提出，就迅速得到了国际社会的认可，取代了 PPT 在旅游扶贫工作和理论研究中的用法。随着多个 ST－EP 项目在全球范围内的推进和相应学术研究关注度增强，该话题的学术研究成果逐渐丰富，并形成了一系列理论体系。该理论体系的关键环节包括目标达成标准、三方制度框架、经济效益体现、贫困消除机制和利益主体合作五个方面。由于为项目所在地的贫困人口创造了机会和净收益，ST－EP 是有利于贫困人口可持续性脱贫的战略思维框架，但是，必须关注可持续的旅游业是无法自动地消除贫困。旅游扶贫的项目开展需要制定科学的旅游规划与合理的项目实施方案，其中以消除贫困为主要目标，同时必须保证相应的战略与旅游业发展的总体政策相协调，使得旅游扶贫的利益相关主体之间建立良好的合作关系。只有这样才能使旅游成为消除贫困的有效手段。此外需要重点关注 ST－EP 理论的具体运行机制和细节要求，根据我国旅游扶贫的现实情况，借鉴其运行理念、机理和框架构建等。

部分学者认为，旅游扶贫的 PPT 框架概念疏远了旅游管理人员、投资者和旅游者等相关利益群体的关系（王颖，2006）。因此，他们更倾向于用可持续性旅游扶贫的 ST－EP 框架来替代旅游扶贫 PPT 框架。通过 ST－EP 项目实践经验的分析，提出旅游作用于扶贫系统性的综合研究框架，即 APT 作用模型，为后续研究实践提供了多维度的指导（Zhao and Ritchie，2007）。刘蕊（2010）构建了一套旅游扶贫可持续发展能力评价体系和发展指数普适公式。以旅游业发展为载体，探索旅游扶贫与相关产业联动的扶贫模式，核心是强调实现贫困人口及贫困地区在经济、社会和文化等方面的整体性可持续发展。

由图 2－2 可知，可持续性旅游扶贫的 ST－EP 框架核心是把可持续旅游作为减贫的一种手段，用以解决旅游发展中出现的经济、社会、文化和环境等负面问题。尤其是生态保护方面，贫困地区由于其自然保护区、风景名胜区和国家公园的原始性而珍贵，在可持续旅游的基础上，考虑综合效益的最大化。在保护当地旅游资源的相关措施出台后，或造成部分当地居民丧失原本属于自己使用自然资源的权利，例如，"偷伐、偷猎"等不良行为会造成当地生态环境的破坏和景观质量的下降等，造成社会冲突与经济无序发展等。所以，旅游扶贫需要关心贫困人口的生活状况，解决自然资源与当地居民利益之间的矛盾，科学开发，综合实现经济、社会、人口与自然的和谐发展。可持续性旅游扶贫的 ST - EP 框架强调为旅游扶贫示范项目提供启动资金，加强可持续旅游与减贫之间关系的研究等。通过旅游业来促进当地经济发展仍是其主要目的，这与旅游扶贫的 PPT 框架内涵是一致的。

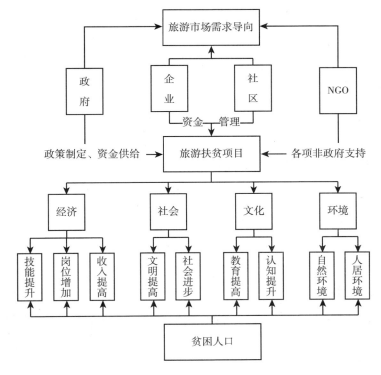

图 2 - 2　基于 ST - EP 框架的旅游扶贫研究

同时，相关学者对于 ST - EP 相关的理论基础、实践模式和相关利益主体作用等内容进行了探讨和论证。研究表明，遗产文化游、农业体验游、自然风光游、社区休闲游等是 ST - EP 旅游扶贫的主要方式。研究方法主要是宏观视角结合微观案例的定性研究。例如，探讨关于旅游业非政府组织与发展中国家减贫的关系（Kennedy and Dornan，2009）；一些学者从哥伦比亚波哥大乌斯梅的案例研究为基础，认为社区旅游扶贫不再被视为以合作和捐赠等方式支持发展的家长式活动（Navas-Camargo and Zwerg-Villegas，2015），并且一个有凝聚力的社区可以帮助达成 ST – EP 的目标（Ruiz et al.，2008）。同时，ST – EP 框架的必要条件是参与管理主体分享某些利益和相关的归属感，为了实现旅游扶贫的精准性，社区内部的 ST – EP 计划总体上由社区成员控制，以避免精英或外部力量的控制（Mtapuri and Giampiccoli，2013），此外，还需要利益相关主体提供更多支持（Guzmán and Cañizares，2009）。可持续旅游减贫的目标精准性既需要内部核心力量支持，也需要具备优秀的外部支持，例如，地理区位优势和变革型领导等优势（Kontogeorgopoulo et al.，2014）。何星和覃建雄（2017）以 ST – EP 模式为研究理论前提，选取秦巴山区为研究对象，从政府、企业、社区、贫困人口分析其旅游扶贫驱动机制。因此，促进全球 ST – EP 成功需要进行多视角的综合考虑。

2.2　旅游扶贫理论研究

旅游扶贫理论研究始于 20 世纪 20 年代和 30 年代的旅游经济影响研究，20 世纪六七十年代以来，国内外旅游学界较系统地研究了旅游的经济影响，这为旅游扶贫（反贫困）提供了理论依据，并且为评估旅游扶贫的效果奠定了基础。80 年代以来，旅游业作为反贫困的一种有效方式，受到国内外旅游学界的密切关注，旅游扶贫实践的推动也已经成为旅游研究的重要分支之一（马亚妮，2014）。人们在研究旅游扶贫的目标、对象、功能、模式和效益评估等内容之后，认为旅游业作为扶贫的途径具有很大的潜力。旅游扶贫涉及经济、社会、生态和人口等各个方面，关于旅游扶贫理论的研究也应该趋于向综合化的方向发展。按照这些理论在旅游扶贫中的功能与作用，可将其分成两类：一类是研究扶贫目的地和贫困人口发展能力的理论，如可持续发展理论，循环累积因果理论和旅游地生命周期理论等；另一类则是研究保障贫困人口权益的理论，如乘数理论、信息不对称理论和收入分配理论等。

2.2.1　可持续发展理论

1987 年，世界环境与发展委员会（WEDC）在《我们共同的未来》中开始提出"可持续发展"（sustainable development）的概念。1992 年，联合国发表了《21 世纪议程》，可持续发展理论成为当今世界发展的主流思想。可持续发展理论的建立和完善，主要是包括经济学、社会学、生态学和系统学，阐明了这四个主要方向的内涵与实质（刘培哲，1996）。可持续发展的核心内涵是经济、社会、资源与环境的相互协调发展，在保证资源和环境永续利用的前提下实现经济和社会的不断发展。贫困地区的旅游扶贫应当有可持续性，必须要坚持旅游可持续发展的原则，实现经济、社会、资源与环境全方位协调的可持续发展（见图 2-3）。

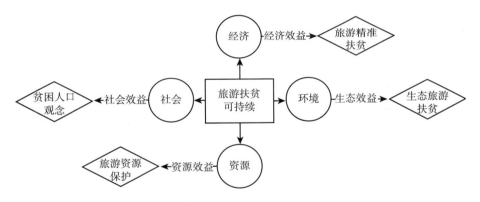

图 2-3　可持续发展理论在旅游扶贫中的应用

第一，经济的可持续发展。经济基础决定上层建筑，转变传统资源配置方式与利益分配方式，是实现贫困地区经济可持续发展的基础。传统的经济发展模式中，扶贫目标定位不精准，以短期环境资源的破坏为代价来换取经济效益持续增长，违背了可持续发展的基本原则。这不仅会侵占当代人和子孙后代的资源存量，环境的恶化带来相应的自然灾害风险的增高，还会加剧贫困人口的脆弱性，遭遇风险冲击时极易返贫。因此，贫困地区经济的可持续发展与生态、社会的可持续发展不可分割，互为一体。同时，在旅游精准扶贫中，要因地制宜，根据实际情况选择适宜地区长期发展的旅游项目开发。坚持公平与效率原则，合理分配实际获得的旅游业发展资金和扶贫基金。通过完善改造和升级贫困地区的基础设施，来改善当地居民的生活环境和旅游环境。政府向旅游企业和参与旅游的居民长期实施财税优惠政策和提供扶贫补助，促使旅游业长期稳定发展。

第二，社会可持续发展。其核心是"以人为本"，即通过旅游扶贫项目的实施来提高贫困人口的教育水平，培养他们从事旅游业的相关职业技能，创造就近就业的条件。培养贫困人口社会意识和观念的进步，充分发挥他们的主观能动性，积极参与旅游扶贫项目，创造美好生活，从而最大限度地消除贫困和预防返贫，以此来带动贫困地区的社会系统持续发展能力不断升级，达到通过贫困人口自身发展来推动贫困地区整体发展的效果。旅游扶贫中需要区分贫困地区的非贫困人口，使得技术和知识与贫困人口相互匹配。

第三，资源的可持续发展。在国家政策推动下，国内很多地方通过旅游扶贫极大地带动了贫困人口实现快速脱贫，但是，由于多方面的因素，导致在旅游扶贫过程中贫困人口不能分享经济利益的现象层出不穷。当地生态破坏与环境遭到污染，外来文化的冲击带来传统文化缺失、旅游管理缺位等问题严重影响了旅游扶贫的效果。因此，如何充分发挥旅游扶贫的持续效益，预防农户进一步返贫，降低贫困风险性，增加农户生计的可持续性是关键。可持续农户生计是生态、社会和经济因素等在一定空间中，具有长期可预见性的变化，是一种动态性的稳定，不断调整和转换特定区域内旅游资源系统的结构和功能产生的利益，为了保证旅游资源持续具有稳定的生产力，需充分发掘当地旅游资源的潜力，实现旅游扶贫效益最大化。因此，贫困地区的旅游业开发必须在旅游资源持续利用的前提下，妥善处理旅游资源开发与保护相互平衡的关系，限制低水平和破坏性的开发和利用。

第四，环境的可持续发展。贫困地区特色自然景观是旅游业发展的重要条件，自然景观的好坏会影响旅游者的观光体验，也与旅游业的收入挂钩，因此，"绿色旅游"和"生态旅游"显得尤为重要。坚持"在发展中保护，在保护中发展"的原则，认识到旅游发展与环境保护是紧密联系的，加强旅游公共基础配套设施建设，科学分析当地的环境容量、自净能力和污染物排放量等，实现环境资源可持续利用。寻找旅游目的地开发与环境承载力相协调，明确两者相辅相成的关系，从而实现一种良性循环。

2.2.2　利益相关者理论

1974 年，弗里曼正式确立利益相关者理论，他在《战略管理：一种利益相关者的方法》一书中指出，利益相关者是指能够影响一个组织目标的实现，或者受到一个组织实现其目标过程影响的人。这一定义正式将社区居民、当地政府以及相关的政治、经济、社会和文化等内涵包含其中，进一步扩大了利益相关者所涉及的范围。其中，具有代表性的研究，一是从利益相关者与企业的投资关系角度出发，认为企业的利益相关者就是在企业进行了投资并承担由此而带来风险的群体（Williams，1995）；二是从公司的角度出发，认为让公司负有责任的人是其利益相关者（Mitchell et al.，1997）。

直到 20 世纪 80 年代，利益相关者理论才被正式引用到旅游业中。在这之前，有的学者已经开始对旅游业中单个的利益主体进行了相关研究。例如，对旅游目的地社区居民和游客之间关系的研究。针对旅游利益相关者研究的兴起是与旅游业的可持续发展密不可分的。因为旅游业的可持续发展需要有以下三个条件：一是要尽量满足旅游者和社区居民之间的各种利益需求；二是旅游业的发展要为当地社区居民和社会产生经济效益；三是需要注重发展机会的平等性，不同利益相关者主体都具有平等地享有旅游资源的权利，任何人都不能以损害其他人的利益来换取自我的发展，这些都是与利益相关者理论的研究内容不谋而合。

关于旅游扶贫的可持续发展，需要厘清贫困群众、政府和企业之间的相互共生关系，坚持以彻底消除贫困为战略总目标，保障贫困群众切实受益。在当地贫困群众的自身素质、旅游业发展和扶贫效益的关系处理方面，需要加强贫困群众的文化教育培训和旅游业专业技术培训，提升贫困人群的发展观念和技术水平，为来当地的旅游者提供更为优质的旅游服务，促使扶贫效果达到最大化。政府的作用和责任在于通过政策引导，依据现行法律管制旅游业的发展，积极优化和更新旅游发展的规划，完善旅游业基础设施建设，增加旅游交通的通达性，营造积极健康的旅游环境等。

针对旅游扶贫而言，由图2-4可知，政府部门，包括从国家、省、地市、县到乡镇的各级政府，是推进旅游扶贫战略实施的主体力量。政府行为自上而下大致可以划分为以下三个层次：一是中央政府的宏观决策；二是地方各级政府的综合管理职能；三是各级旅游主管部门的行业管理职能。在旅游业发展初期，政府主要负责投资基础设施，以拟定旅游扶贫发展战略和规划为工作重心。在旅游业逐步兴起乃至蓬勃发展时期，要进行立法和规范的工作，保证行业良性发展。在旅游业逐步走向成熟时，采用相关措施鼓励企业发展，保护消费者利益，重心工作是协调各方面的关系。投资主体方面，包括外来旅游企业、本地旅游企业和旅游个体户等为贫困人口提供就业岗位和补贴，贫困人口参与政府的旅游扶贫项目，又可以参与投资主体的就业与培训，贫困人口和投资主体都为外来游客提供良好的旅游产品和服务获得外来游客的消费和旅游评价，带来贫困人口的脱贫致富，投资主体的利润增加，外来游客获得满意的旅游体验，政府的旅游扶贫项目获得成功。同时，在旅游扶贫的实践过程中需要充分考虑关于实现社会公平的问题，也就是说，在不损害区域发展能力和非贫困人口基本利益的基础上，贫困人口应当享受旅游业发展带来的主要福利。

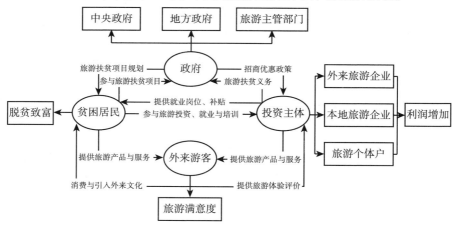

图2-4 旅游扶贫的利益相关者

2.2.3　旅游乘数理论

20 世纪 60 年代，西方经济学家就已经开始致力于将乘数理论从宏观尺度向微观尺度不断发展，用来评价旅游业对目的地经济系统所产生的各项影响（朱汉民，2001）。旅游乘数是指旅游花费在经济系统中导致的直接的、间接的、诱导性变化和最初的直接变化本身的比率。主要包括：（1）交易乘数，主要指单位旅游花费带来区域内营业额增加量；（2）产出乘数，主要指单位旅游花费给整个经济系统带来产出水平的增加量；（3）收入乘数，主要指在特定的时间内，最初的旅游花费在旅游目的地带来的总的累积性收入的倍数；（4）就业乘数，主要指单位旅游花费引起的直接就业、间接就业和诱导就业三者之和与直接就业本身的比值；（5）消费乘数，主要指每增加一个单位的旅游收入带来的对生产资料和消费资料的影响。通过多轮的投入产出分析，乘数理论能够较好地解释旅游业对经济产生的影响。旅游业涉及食、住、行、游、娱和购六个要素，而这六个要素又分别有自身的关联产业以及基础产业。旅游业的发展能直接或间接地带动这些产业的发展，从而对整个国民经济的增长以及产业结构的调整等起到重要的推动作用。

旅游乘数大小主要取决于旅游收入、漏损效应与产业关联度三方面的因素。旅游收入主要受到资源质量、区位和交通条件以及接待能力与环境容量等的影响。由于旅游业本身是资源依赖型产业，因此，旅游资源的质量是影响行业发展的核心决定因素。造成旅游收入漏损的因素主要有旅游目的地自身的经济水平。首先，经济基础方面，若当地经济发展水平低，则产业结构相应也较初级，导致产业关联度不高，旅游业发展所需要的各种物资、产品和服务等都必须从区外输入，旅游收入的漏损效应较高。其次，当地人力资源质量和管理水平方面，若高素质的人力资源缺乏，则需要用高薪从区外输入相关人才，以保证和提高旅游管理与服务的质量，也会造成旅游漏损效应的增加。最后，在出境旅游的规模方面，出境旅游直接导致收入流出目的地，造成收入漏损。旅游业的发展要能够取得较大的经济收益，产生良好的扶贫效果，就需设法增加收入、培育高质量的旅游产业链，从而减少旅游收入的漏损。在旅游扶贫中，乘数理论解释了旅游业对扶贫目的地经济影响大小的原因，指出了扩大旅游业经济影响的途径。旅游扶贫的过程中人才、资金、信息等会由非贫困地区自发而持续地流入贫困地区发挥旅游乘数效应，达到发展经济的目的，成为贫困地区发展的推力（见图 2-5）。

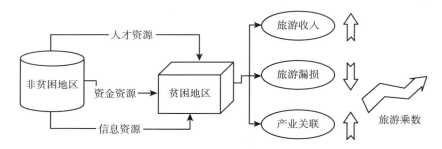

图 2-5　旅游扶贫中的乘数效应

2.2.4　循环累积因果理论

关于贫困恶性循环论，是指不发达区域的贫困主要来源于供给与需求，并且在两个当面进行循环的过程。供给侧主要是低收入会造成比较低的储蓄能力，资本形成不足又会造成低生产率、低产出，从而回到低收入的循环；需求侧主要是低收入带来低购买力，投资引诱不足，造成资本量少，生产率低，进而陷入低收入循环（阎小培等，1994）。由图 2-6 可知，无论是供给侧还是需求侧，两个循环过程最终都是从低收入又回到低收入，可见，低收入则是使不发达区域经济增长处于低水平的停滞状态，从而导致区域长期贫困的核心要素。

卡尔多对发达区域的经济增长研究也进一步说明了循环因果关系的存在。他使用相对效率工资（即货币工资与生产力增长之比）概念分析区域产出率的变化。他认为，相对效率工资决定了区域在全国市场中占有的份额。如果一个区域的相对效率工资越低，那么则该区域产出增长率越高。由于制度相同，全国各地区货币工资水平及其增长率相等。然而，在发达区域因为聚集经济使规模报酬递增，会导致产出增长率上升，使得相对效

图 2 - 6 贫困的恶性循环

率工资下降。与此同时，低相对效率工资又会促使区域产出增长率上升。如此循环往复，发达区域获得更快的经济增长速度。结果表明，在没有外力干预的状况下，发达区域与不发达区域间的差距越来越大，贫困地区继续长期维持贫困。

因此，在没有受到外在力量扰动的情境下，贫困区域会继续长期处于维持贫困的稳定状态。若此时施加一个外力，就会即时打破这种平衡。通常社会经济发展是一个不断演化的过程，受到社会、经济、政治和文化等多维因素的相互影响。其中一个因素发生变化，会诱发其他相关因素随之变化，后者反作用前者变化。社会经济的发展是以循环的方式在动态运行中实现累积的效果。

上述理论的前提就是在没有外力作用下的均衡状态。如果对某一区域的经济施加一定外力，情况就会发生变化。冈纳·谬尔达尔（Gunnar Mydarl）把社会经济发展看成是一个不断演化的过程，认为导致这种演进的技术、社会、经济、政治和文化等方面的因素是相互联系、相互影响和互为因果的。如果这些因素中某一个发生了变化就会引起另一个相关因素也发生变化，后者的变化反过来又推动最初的因素继续变化，从而使经济沿着最初变化所确定的轨迹方向发展。由此可见，社会经济的各个因素之间的关系并不守恒或者趋于均衡，而是以循环的方式在运动，而且不是简单的循环，这种循环具有累积的效果。

例如，从贫困人口的视角出发，他们的经济收入增加了，就会改善他们的营养状况，带来生活质量的提高。生活质量的提高，进而能够使他们的劳动生产率得到提高，劳动生产率的提高意味着又可以进一步增加他们的收入。这样，从贫困人口最初的收入增加，到他们收入的进一步增加，就是一个循环。同样，从区域的角度来说，如果对资本缺乏的贫困区域投入一定比例资金，那么贫困恶性循环就有可能打破，从而可能会促使区域经济增长向着良性循环的方向发展。旅游扶贫核心便是要在区域经济增长中在贫困人口的收入环节施加一个外力干预。例如，投入一笔旅游专项资金等启动要素，从而打破贫困长期维持的均衡，带来贫困人口收入和区域经济的持续增长。

但是，必须认识到循环累积因果原理，其实是一个非常理想状态下的情景，经济能量能够完全地从上一个环节顺利地传递到下一个环节中，并且在这个传递的过程中，不仅没有出现漏损效应，甚至还有放大效应。严格来讲，这种情况在现实中基本是不存在的，因为经济能量在传递的过程中必然会发生损耗。在扶贫实践中也不存在仅仅投入一笔资金，目的地的经济就会持续自动增长。面对市场波动变化，贫困的风险也会随之升高，资金的输入可能并不能改善贫困状况。也就是说，旅游扶贫是个长期而且艰巨的过程，不可能一劳永逸，需要多管齐下，综合治理。

2.2.5 旅游地生命周期理论

旅游地生命周期理论（tourism area life cycle，TALC）是描述旅游目的地系统进行动态演化的基础理论，不仅是旅游理论体系的重要组成部分，也是指导旅游目的地可持续发展实践的重要工具（祁洪玲等，2018）。目前，被旅游研究者公认的旅游地生命周期模型是由巴特勒（Butler）于1980年提出的。他认为，旅游目的地的时空演化形态，主要包括游客接待量随着时间呈现的"S"型变化和旅游要素由核心到外围的扩散变化。演化的路径较为直观，影响力也较大，被广泛应用在旅游管理与规划设计领域中（Butler，2015；Singh，2011）。旅游目的地演化路径通常经过六个阶段性的演变，包括探索阶段—参与阶段—发展阶段—巩固阶段—停滞阶段—衰落或者复苏阶段（陈广汉，1995）。余书炜（1997）总结了周期理论包含的五项内容：（1）基础命题是旅游地会经历一个由起步经盛而衰的演进过程，即生命周期过程；（2）对周期的释因；（3）对生命周期各阶段划分与描述；（4）对生命周期各阶段的特征描述；（5）对周期理论用途的阐述（Ritchie，2000）。

在旅游目的地演变发展的不同阶段中，旅游者的需求、旅游产品的供给数量、旅游产品的内涵、外来资本和当地环境等旅游目的地的系统要素，会随着旅游业的发展呈现出规律性的变化。在旅游目的地内部因素和发展环境外部因素的综合作用下，会使得旅游目的地具体的演化形态各有不同。影响旅游目的地演化的基本要素主要包括宏观环境因素、需求因素、竞争者状况和旅游目的地条件组合四类。其中，宏观环境因素包括社会、经济发展状况、自然环境、政治、法律环境和技术条件等；需求因素包括需求的总量和需求的变化（杨效忠和陆林，2004；Butler，2006）。竞争者则包括同类型的旅游地、其他类型的旅游地、潜在的旅游资源和上下游的旅游企业等（徐致云和陆林，2006）。旅游目的地自身条件包括历史、经济、社会条件、旅游地承载力、地理区位、基础设施、旅游资源质量、当地政府、居民和投资者作用等（Pratt，2011；Kozak and Martin，2012）。诸要素对旅游地发展的方向和时间影响各异，在其他外在影响要素不变的情况下，有时某个单一要素会产生决定性的影响。例如，摩尔和怀特霍尔（Moore and Whitehall，2005）发现政府的政策改变会明显地影响旅游地发展，因此，旅游目的地的演化会出现各种差异和不确定性的特征。旅游目的地演化的方向，即旅游发展的规律到后期会出现游客吸引力的下降，尤其是在旅游目的地发展突破承载力的阈值后，衰退则难以避免。尽管不同的旅游目的地，由于自身旅游资源条件不同，每个阶段维持的时间长短性不一，但基本都是沿着这个周期演化发展。旅游目的地管理的难题主要是演化周期到达稳固期和停滞期阶段时，如何使得旅游地吸引力持续保持和更新。由于旅游扶贫的艰巨性和长期性，因此，在旅游目的地演化过程中，需要通过人为的管理和干预尽可能地复兴或者延长发展阶段、巩固阶段和停滞阶段的时长，防止旅游目的地过早向衰落阶段过渡，而丧失持续发展能力，使旅游目的地的旅游业能够不断地为贫困区域经济发展和贫困人口收入增加提供动力。

一些经济落后的地区因"旅游吸引力"保持较好，存在所谓的"后发优势"，会将旅游业作为经济发展的"救命稻草"，大力进行招商引资和政府投资。但是，旅游业发展的实践表明，旅游需求的弹性是非常大的，容易受到各种外界因素的影响，因此，旅游业是十分"敏感"的产业，无论旅游地处于哪个发展阶段，旅游市场的"震荡"都非常容易发生。与需求弹性相对应的，则是旅游供给的刚性大，旅游投资又多为沉没成本，因此，将旅游业作为主导产业或者支柱产业，地区发展可能会面临着很大的不确定性。尤其以优惠的条件引入外来资本，非常容易破坏当地旅游参与主体的"多样性"，对很多地区尤其是落后地区而言，应该"大力"还是"适度"投资旅游产业，是否需要控制旅游投资节奏，注意与区域实际的社会经济发展水平协调至关重要。与此同时，旅游目的地发展突破承载力极限，环境恶化、旅游核心吸引力遭到破坏是导致衰退的核心机制。中国一直视旅游业为朝阳产业，但人口老龄化、经济放缓和环境恶化等诸多因素给旅游业发展带来更多不确定性，因此，必须早早预防旅游目的地"衰退"问题。这些措施包括引进扶贫资金、完善旅游设施、开发新的旅游产品和旅游目的地形象更新等。

2.2.6 信息不对称理论

信息不对称是微观信息经济学研究的核心内容，最初用来说明在不完全信息市场上，相关信息在交易双方的不对称分布对市场交易行为的影响，以及由此而产生的市场运行效率问题。信息不对称在社会的各个领域广泛存在。目前，该理论中的信息主体经过一些经济学家的发展，也已从最初的市场交易双方扩展至有利益关联的双方。信息获得的主体之间的关系有以下几种：个人与个人，个人与机构、组织，机构组织与机构、组织等。信息主体之间由于信息拥有量的不同，导致拥有信息量多的一方可以拥有获得额外非正常收益的机会，而拥有信息量少的一方的利益则会受到损害。在旅游业中，信息不对称现象也是普遍存在的。信息不对称的双方既可以是旅游目的地经营管理者（政府及其官员）与旅游者，也可以是旅游目的地经营管理者与当地居民，抑或是景区贫困人口与非贫困人口，并且旅游目的地经营管理者与景区及其周边贫困人口之间，旅游者与当地居民之间等一系列关系中都存在着信息不对称的现象。

一般来说，在旅游扶贫的实践工作中，信息不对称实质上涉及的是权力的分配、委托与制衡问题。政府及其官员与民众间存在信息不对称现象，而政府与贫困人口的信息不对称是旅游扶贫研究中的重要问题。从理论上说，政府是公共意志和公共利益的代表人。然而，公共选择理论认为，政府也是"经济人"，政府之所以能够存在于社会中，是因为政府拥有强大社会基础，为了换取社会力量的支持，政府就必须为支持它的社会力量服务。作为社会的弱势群体，贫困人口获取信息的能力和机会都非常有限，此时造成的信息显著不对称程度尤为明显。在旅游扶贫这一实践中，政府作为主导者，拥有这方面的完全信息。而贫困人口处在被动地位，对旅游扶贫实际运行的过程与结果的信息知之甚少。作为"经济人"，政府及其官员不可避免追逐集团或个人的私利，因而，在旅游扶贫实践中可能会产生"委托代理"失灵现象。这种"委托代理"失灵现象一般具体会表现为以下三种情景。

情景一，旅游扶贫资金被过度挪用，贪污腐败现象频繁。由于贫困人口并不了解旅游扶贫资金使用的方向，对资金的使用没有直接的影响力和决策权，导致扶贫资金的使用并未对贫困民众有所帮助的风险加大。因为，若是这笔资金用于其他见效快的项目，如工业项目，或者干脆用来直接补偿当地的财政赤字，那么对于当地政府和官员来说，可能会获得更大或者说更直接的收益。那么，旅游扶贫资金被过度挪用的可能性就存在，如果没有针对扶贫资金使用的建立比较有效的约束机制，那么这种可能性将变成现实，并且会长期存在。虽然，按照相关规定来说，旅游扶贫资金是专款专用，现实中并无有效的机制保障这一政策得到执行。旅游扶贫资金被贪污、在工程承包转让中的不透明交易、寻租行为等因素仍然会造成扶贫资金流失。

情景二，垄断资源的经营权、管理权，获得超额部门利益，大多数贫困人口无法直接参与经营管理，也并无获得利益分配的机会。在现有的产权制度下，农村人口只以集体的形式拥有耕地和少量的林地，而大部分的资源为国家所有。就旅游资源而言，其中绝大部分都为国家所有，各级政府代表国家行使所有权和经营权，并且享有完全收益权，旅游景区周边及当地的居民几乎完全是被排除在旅游业的经营管理之外，而只能获得极少的补贴。在这种条件下，政府拥有对旅游资源经营管理的绝对优先权和收益权，也就是说，它拥有旅游资源开发利用的完全信息；而当地居民尤其是贫困人口则只拥有非常有限的信息，造成政府与贫困人口间的信息极端不对称。因此，无论是政府直接经营开发旅游资源，还是将旅游资源有偿转让给其他经济实体经营开发，贫困人口都无法从旅游业获得基于产权的直接收益。

情景三，垄断劳务供给，贫困人口无法获得就业机会。在政府主导型的开发模式中，政府独占各种资源的所有权，同时垄断经营、管理权和收益权，旅游业中劳务供给的支配权也由相关政府机关，如旅游局或者其他地方政府的旅游办公室所掌握。通常情况下，贫困人口较难从旅游业中得到就业机会。此外，在旅游扶贫中贫困人口与非贫困人口之间也存在明显的信息不对称现象。相关研究表明，人际交往中需要花费相当多的经济和时间成本，俗称"人情往来"。因此，个人的社会交际范围大小与经济收入呈明显的正相关关系，即收入越高，个人社会交际圈越大；收入越低，则个人社会交际圈越小。人际交往中还具有显著的选择性倾向。通常来说，个人社会交际的主要对象是与自身收入和社会地位相似的群体，呈现出明显的社会阶层性。收入和社会地位差异越大的社会阶层则发生交集的机会越小。这些都会导致并加剧非贫困人口与贫困人口间信息不对称。由于这种信息不对称，非贫困人口可能会从旅游业中获得更多的参与经营、就业的机会，因此，从中获得更多的收益。而贫困人口由于信息缺失，基本上被排除在旅游业之外，从中获益甚少。

综上所述，从旅游扶贫的角度改善信息不对称主要路径是先了解信息不对称的状况，探析造成这种状况的根本原因和直接原因，再去寻求改善信息不对称的政策和制度。

2.3　旅游扶贫效应研究

2.3.1　旅游扶贫效应研究的主要内容

旅游扶贫不仅在提升地区宏观的经济、社会、文化和生态等综合效益方面发挥着重要作用，而且在微观层面的旅游扶贫效应感知也发挥了积极作用（郝冰冰等，2017；党红艳和金媛媛，2017）。因此，国内众多学者均对旅游扶贫效应展开了多方面的研究，但是，宏观层面依旧占主导地位，贫困人口净收益、扶贫权力、社区参与等微观研究相对薄弱。例如，周歆红（2002）很早便提出旅游扶贫效应是旅游扶贫对地区经济、环境、社会和文化的影响，以及评估贫困人口通过旅游开发获得的利益和代价。张伟（2005）等认为，旅游扶贫效应主要体现在消除贫困方面的作用及其带来的负面影响。肖建红和肖江南（2014）等则认为，旅游扶贫效应主要体现在对于区域的宏观经济效应和对于贫困人口的微观经济效应两个方面。因此，本书的旅游扶贫效应包括对区域社会、经济、文化和生态等综合影响的宏观效应和对贫困人口收益、旅游扶贫效应感知、社区参与等的微观效应，无论是宏观效应，还是微观效应，既有正向效应，也有负向效应。

近年来，随着我国旅游扶贫实践的不断深入，旅游扶贫效应评估研究也日益成为旅游研究的主要内容之一，旅游扶贫效应评估是指运用科学评价方法，客观衡量和评判旅游扶贫效应程度。评估视角由最初宏观视角的旅游目的地扶贫效应拓展到微观视角的贫困人口旅游扶贫效应研究。从宏观上来看，我国旅游扶贫效应评估由侧重经济效应发展为经济、社会、文化和生态绩效的综合化评估，对于正面效应和负面效应做到了兼顾（何红等，2014）。从微观上来看，贫困人口旅游收益、扶贫权力以及旅游扶贫感知成为新的研究趋向（邢慧斌，2015）。这与国外关于旅游扶贫 PPT 效应评估研究的趋向基本相同。

总体上看，目前宏观旅游扶贫效应评估仍占主导地位，而微观贫困人口的旅游扶贫效应评估相对边缘化，研究基础相对薄弱（马创，2005；

陈友莲，2011；冯旭芳等，2011）。即使微观层面的居民感知研究所测度的指标也大体为旅游扶贫的宏观效应，但是，旅游区宏观扶贫效应显著并不等于贫困人口可以从中获得较大收益，反而有可能会代价大于收益（雷慧平，2008）。其实，从本质上看，贫困人口才是旅游扶贫的重点和主体，他们的收益和发展机会应当成为旅游扶贫研究的重点。许多学者也开始意识到对关于微观层面旅游扶贫对贫困人口的影响并进行评估，是旅游扶贫实践中较为重要的体现（张伟等，2005）。因此，旅游扶贫研究视角现在已经逐渐从贫困地区回归到贫困人口。未来的研究方向会持续增加对贫困人口的关注，尤其是收益、权力评估以及他们的参与意愿与参与能力方面的实证研究。

1. 旅游扶贫效应的评估研究

（1）旅游扶贫效应的评估对象研究。从评估对象的角度，国内外旅游扶贫效应主要从贫困地区整体扶贫效应和对贫困人口的影响两个方面，来进行综合绩效评估和相关指标因子分析（郭舒，2015）。

第一，贫困地区整体旅游扶贫效应。贫困地区整体旅游扶贫效应，主要是分析一个地区内由旅游所带来的综合影响，这也是旅游扶贫首先必须关注的焦点。国外对旅游的经济影响研究始于 20 世纪 60 年代，此时研究的重点主要集中在其对当地经济的正面影响方面。大多数学者所做的研究都得出了旅游业对当地经济发展具有明显促进作用的结论（Knetsch，1963；Poirier，1997；Athieson and Wall，1982）。旅游业是典型的劳动密集型产业，有很高的劳动资本比例，一定量的投资即能形成较大的就业需求，可以很大程度上带动贫困人口的就业（Smith，1993）。同时，旅游业的发展有利于增加国家的外汇储备，并且可以部分地取代面临危机的传统出口产业。也有些学者认为，旅游业对目的地经济会产生不良影响（Deaden and Harron，1994）。例如，旅游业发展可能会导致通货膨胀、增加国民经济的不稳定性等。英国国际发展局资助的旅游扶贫相关研究也认为，尽管旅游业在全球发展中出现了很多问题，但仍然被认为在发展经济和消除贫困方面大有潜力可挖，如果对其发展方向和策略进行有效调整，就有可能在反贫困和创造发展机会上发挥更大的作用（DFID，1999）。而在国外，旅游扶贫效应研究波动幅度大小还与全球性重大事件具有一定的相关性。旅游扶贫效应转折点出现在 2008 年，这与当年全球金融危机的发生具有不容忽视的联系，这源于旅游业具有驱动经济恢复和较快提升贫困人口收入的特殊性。

国内关于旅游扶贫效应的研究约滞后 20～30 年，楚义芳（1992）在《旅游的空间经济分析》一书中首先较为详细地引述了部分国家旅游经济效应的相关研究成果。李江帆和李美云（1999）对国内 19 个省份的旅游直接产出增加值进行了测算。左冰（2001）计算了我国的旅游产出乘数、国内旅游就业乘数、国际旅游就业乘数、我国旅游综合就业乘数以及云南省旅游就业乘数。罗明义（2001）对旅游业税收贡献的分类测算方法进行了探讨。李江帆等（2001）对广东省的旅游乘数效应进行了较为深入的研究，认为旅游业具有很强的产业关联性、消费互补性和产业影响力。由于我国旅游扶贫的实践中，大体上采取政府自上而下的主导模式，大多数学者都是主要从经济、社会、文化和生态效应四个方面进行相关研究（张小利，2007；粟娟，2009；李清娥，2012；席建超等，2013；张军，2017）。

旅游扶贫经济效应主要包括地区综合经济与相关产业发展、产业结构、推动就业、改善生活、旅游收入以及旅游开发与投资等方面具有积极作用，加快脱贫致富的节奏（向延平，2008）。在很大程度上，旅游对相关产业带动作用和旅游收入再分配在一定程度上是决定旅游扶贫经济效应的主要因素。王永莉（2007）通过调查发现，虽然四川省少数民族地区的宏观旅游经济扶贫绩效十分明显，但是，最需要扶持的农村贫困人口却没有从中获得较大收益。乔波等（2008）围绕社区参与型生态农业旅游，从农民增收、相关产业带动、社区居民参与、示范带动与辐射等方面评估了旅游扶贫的经济效用。同时，旅游投资的扶贫效益也比较明显，主要体现在收入提高、就业增加、产业拉动、促进招商和示范效应等方面。覃峭（2008）针对民营旅游经济，系统分析了其旅游扶贫综合效益，并认为尤其在机会扶贫方面绩效较低。张晓明等（2010）从游客人数、旅游收入、投资环境、人居环境、产业发展和居民收入等方面评价了江西星子县（现庐山市）的旅游扶贫经济绩效，并对旅游扶贫所带来的景区城市化等负面效应做了适当分析。通过对海南省旅游业发展的收入效应计量比较研究，袁智慧和王东阳（2014）发现，海南省旅游发展与农民收入之间存在显著的正相关，尤其在国际旅游岛建设后，旅游发展明显提高了农民收入。杨洪等（2014）从旅游贡献率的角度入手，研究了湖南地质公园的旅游开发扶贫效应，他们认为，旅游现在已经真正成为湖南贫困县市脱贫致富的先导产业和县域经济的重要支柱。此外，旅游扶贫负面经济效应也引起了学界的关注。唐建兵（2007）从正、负效应两个方面，即旅游扶贫的积极作用和消极作用，对旅游目的地的旅游扶贫绩效进行了较为系统的综合评估。他认为，旅游扶贫积极作用主要体现为旅游乘数效应、相关产业的关联带动、增加民众就业、基础设施完善、加快对外开放和促进社会进步和环境保护。消极作用主要体现在旅游开发过度、管理层面的无序和旅游的粗放型发展等。同时，"旅游飞地"现象也对旅游扶贫绩效产生了较大危害。例如，旅游收入的外流、旅游物资外购等造成的旅游漏损效应明显（陈友莲，2011）。

旅游扶贫社会效应主要包括基础设施的建设、留守儿童的教育、空巢老人的赡养、社会治安以及利益相关者之间的关系等。蔡雄等（1997）认为，评价旅游扶贫效应除了经济绩效之外，还需要考虑旅游扶贫的社会效应。例如，加强爱国教育、公共基础设施完善、社会进步、观念更新、文化继承与保护开发等。旅游扶贫发展中，当地居民通过与外来旅游者交往，原有的小农意识和封闭保守等落后价值观念将会受到冲击和改变，生活方式也会发生转变，这将有利于推动旅游目的地的社会进步（马创，2005；张晓明等，2010）。同时，旅游扶贫也在很大程度上改善了社区的社会环境。另外，旅游扶贫可以加速青年人返乡就业，有助于解决贫困地区留守儿童教育、抚养和空巢老人赡养问题（徐玮，2012）。

旅游扶贫的文化效应则体现在旅游发展过程中对传统历史文化的传承、保护与发展和民族文化环境以及居民观念、意识等方面获取的利益和所付出的代价。旅游扶贫对文化方面绩效的负面影响也较为突出，国内外都有很多不成功的例子。比如，旅游业不仅没有给当地居民带来任何经济利益，反而使他们更多地承受了旅游业发展带来的种种类似收入外流、文化冲击和环境污染等方面的不良后果，中国绝大部分旅游景区的原住民没有从开发的相关旅游产业发展中获得任何收益。陈友莲（2011）通过对德夯苗寨旅游扶贫和民族关系的相关调查研究认为，旅游扶贫的确有助于少数民族关系的改善和协调，但是，无法忽视的是由此产生的利益分配不均、治安恶化等负面效应也同样对少数民族的关系产生了消极影响。向延平（2011）在该区域采用定量分析方法分析了旅游扶贫对少数民族关系的积极和消极影响，得到了相似的结论。另外，他还采用相同的研究方法比较分析了湖南两头羊、老洞和德夯三个苗寨的旅游扶贫对少数民族文化所产生的影响，认为在开发较早、较深入的地区，旅游扶贫对少数民族文化的影响较大。

　　旅游扶贫生态效应主要体现在各项资源的利用和保护、农村生活环境、生态承载力以及居民环保意识，并延伸到农业安全和居民生态利益等方面。社区居民参与旅游业后，生态扶贫效应愈发明显，基础设施不断完善，道路修缮，绿化率提高，农村环境得到了极大美化（乔波等，2008）。但是，与此同时，旅游扶贫带来的最突出问题就是环境污染和生态破坏，旅游业高强度发展也给贫困地区的生态环境带来了巨大压力，尤其是一些生态功能较为脆弱的地区，环境问题则日益严重（隆学文和马礼，2004）。并且还出现了旅游设施与农业抢占耕地资源等问题，这也对农业安全和居民生态利益产生了潜在的负面影响（徐玮，2012）。因此，如何科学合理评价旅游扶贫对生态环境的作用成为了旅游扶贫绩效评估的重要内容。向延平（2010）从环境改善支付意愿和环境损失受偿意愿两方面计算了凤凰古城旅游扶贫生态绩效的经济价值。同时，他比较了湘鄂渝黔的怀化市、湘西州、张家界市、恩施州、铜仁和黔江六个市州的旅游扶贫生态绩效，认为六个研究地区的旅游生态扶贫绩效都较为显著，相对来说，张家界市旅游生态扶贫绩效最为突出，而铜仁市最不明显（向延平，2012）。

　　相对地，国外关于旅游扶贫效应的研究主要划分为经济效应和非经济效应。针对经济效应的研究，多表现在贫困地区通过借助旅游业的发展增加经济收入，实现较快改善居民生活水平，以及通过旅游联动效应带动与之关系紧密的渔业和可持续农业等发展（Blake et al., 2008）。学者在南非约翰内斯堡的亚历山德拉镇和西北省的马迪克韦禁猎区案例研究中，表明了旅游扶贫对贫困地区地方经济发展的作用较大（Rogerson，2002）。虽然，旅游扶贫能带来经济效应，但是，旅游业本身并不一定能够减贫，而是由于旅游业与当地经济密切相关而带动减贫（Job and Paesle，2013）。在非经济效应方面的研究主要集中于旅游扶贫各个相关利益主体及相关生态链的发展，例如，在夸祖鲁—纳塔尔沿海地区案例研究中，学者通过访谈当地 50 家酒店，分析旅游住宿供应商的食品供应链，发现其酒店模式不利于旅游扶贫，并提出相应改进措施（Pillay and Rogerson，2013）。非经济效应涉及政府、社区、旅游目的地和贫困人口等各个相关利益主体之间的相互关系，辐射范围包括旅游业的发展对生态与社区环境、水与土地等各类资源利用、交通与食品供应以及就业与员工素质等多方面的影响（宋德义，2014；罗盛锋等，2015）。

第二，旅游扶贫对贫困人口的影响研究。旅游扶贫对贫困人口的影响研究方面，旅游扶贫为贫困人口带来经济收入与就业机会，这是最主要和最直观的旅游扶贫微观效应。国内研究的侧重点在于贫困人口的经济收益，而关于贫困人口旅游扶贫感知与态度、社区参与和扶贫权力、个人或家庭旅游收益和贫困人口自身能力等研究成果较少。因此，旅游扶贫对贫困人口的影响成为新的研究趋向和热点问题（李佳等，2013）。当前，关于旅游扶贫效应感知的成果相对丰富，而且多是采用问卷调查和数理统计法进行分析，大体上得出这样一个相似的结论，即贫困人口对旅游扶贫期望较高，总体以非常支持的态度和较高的参与热情对待，但是迫于经济承受能力、自身文化素质以及旅游参与机会等因素制约，处于弱势地位的居民已被边缘化，导致贫困人口在参与度、感知与态度上具有显著差异（蒋莉和黄静波，2015）。张伟等（2005）从实际效应、感知效应和效应的可持续性三个方面评估了旅游扶贫效应中贫困人口的受益情况。通过进一步深入探索发现，贫困人口致贫的关键可能并非是其自身能力缺陷，而是源于丧失了获取财富能力的机会和权力。冯旭芳等（2011）、肖建红和肖江南（2014）运用定性方法从贫困人口视角分别分析了锡崖沟和宁夏六盘山旅游扶贫实验区的旅游扶贫效应。对于旅游扶贫微观效应研究需要重点关注贫困人口的话语权、参与旅游决策与经营、利益分配等核心环节。龙梅和张扬（2014）提出，评判扶贫效应的标准不应单一化，而要采用收入贫困和权力贫困双重标准来衡量。

　　国外关于旅游扶贫效应主要是针对贫困人口方面的研究。例如，旅游职业教育、空间异质性、旅游扶贫心理和生存能力等内容（Hall，2007；Goodwin，2011；Jiang，2011；Kwaramba et al.，2012；Scheyvens，2012；Hadi，2013）。还有大量的学者是从农户感知理论、农户参与行为、多维贫困理论和计划行为理论等入手分析旅游扶贫微观效应（蒋莉和黄静波，2015）。部分学者提出了建立住宿业与周边贫困社区联系的概念框架，从社区微观视角入手，分析了旅游业发展对贫困地区的影响（Meyer，2007；Muganda，2010）。阿基安蓬（Akyeampong，2011）以非洲加纳卡昆国家公园区周边农户为调查对象，深入研究了农户对当地旅游发展的期望、经验和感知，通过对影响情绪置信级别的因子分析，总结出通过旅游发展，贫困人口经营农家乐，有助于他们建立自信心，并且激励自主性。

　　贫困人口利益是旅游扶贫的关键问题，社区参与应放到微观层面旅游扶贫的首要位置。乔波等（2008）通过对四川省南充低山丘陵试验区调查，研究发现，社区在参与生态农业旅游扶贫后，当地农民不仅纯收入以每年 600 元的速度递增，而且农户收入构成也日趋多元化。冯旭芳、徐敏聪、王红（2011）均从经济和非经济（生态和社会文化绩效）两个方面对贫困人口旅游扶贫的积极和消极绩效进行了较为全面、客观的评价，认为总体上旅游扶贫给贫困居民带来了较高的积极效应，居民满意度较高。但是，有些居民参与旅游扶贫程度较低，进而影响了他们的旅游获益。同时，旅游权益得不到维护又进而降低了他们参与旅游扶贫的积极性，形成了一种恶性循环。雷慧平（2008）在对陕西省华山等三个景点的研究中，也充分认识到了旅游扶贫对为贫困人口提供就业、增加收入和改善社会心理等方面的积极作用，同时也关注了旅游扶贫在开发与管理方面的不利影响。一般来说，在旅游业较为发达的地区，如华山，贫困居民对旅游扶贫积极效应和消极效应两者的感知都较为强烈。而在旅游扶贫发展起步地区，如三江源地区，虽然，当地居民对旅游扶贫有强烈的参与愿望和正面效应感知比较明显，但是，由于缺乏资金、知识和对旅游业的了解而无法有效地参与旅游扶贫当中。李先锋（2010）在对六盘山区泾源县农户旅游扶贫经济收益的调查中，也认为当地居民通过参与旅游扶贫，经济收入增幅明显，生活质量大幅提高，但是，总体旅游扶贫的辐射面较小，参与规模有限，而且居民参与意识比较弱，参与模式也仅限于"农家乐"的方式。杨建春和肖晓红（2011）、蒋焕洲（2014）在对贵州旅游扶贫绩效评估时也得到了类似的结果，认为整体上旅游扶贫社区参与程度较低。因此，今后应该建立贫困人口的旅游收益分享机制，鼓励他们参与旅游扶贫中。值得一提的是，在增加贫困人口共享旅游收益的同时应该强调参与能力的重要性，否则一次性补偿款如被挥霍殆尽，则影响他们以后的生计。从本质上看，影响贫困居民参与旅游业的因素同时也是影响他们旅游扶贫获利的因素，参与类型、深度和广度也直接反映了他们获益程度。龙梅和张扬（2014）认为，旅游区各利益主体力量失衡是造成贫困居民在利益分配和决策权上受排挤的重要原因。同时，社区内部贫富差距不断拉大也成为旅游扶贫中日益突出的矛盾。这种贫困居民内部利益分布上的差异性主要是受到区位、资源、政策以及能力和参与方式等影响。不仅如此，居民家庭旅游的接待设施条件、家庭财力、旅游服务质量、经营管理的能力和经验等也是造成收入差异的重要因素。此外，不同组织主体的旅游扶贫绩效往往倾向了各自所代表的利益群体，而在旅游扶贫绩效评估中却往往会忽略不同组织主体的差异性，所以造成了旅游扶贫绩效评估结果具有较大差异。另外，池红杏（2012）在对陕西金丝峡景区研究后发现，在季节性明显的旅游区，村民参与旅游业后普遍对经济绩效尤其是收入满意度感知较低，而却在生活水平、生活环境改善和社会文化素质提高等方面满意度感知较高。同时，她还发现居民之所以较低地参与旅游业，主要跟居民自身参与意识淡薄、缺乏参与途径和上级对居民意见不重视等有关系。姚云浩（2011）认为，贫困人口参与旅游扶贫的行业呈现出季节性强且附加值低的状态，例如，服务和建筑等行业，直接获益状况不甚明显。

第三，旅游扶贫权力。贫穷的根源并非是能力缺陷，而源于获取能力的机会和权力的丧失。话语权是贫困居民被旅游扶贫边缘化的重要制约因素，因此，实现旅游扶贫目标需要贫困人口能够系统参与旅游决策、经营、利益分配、传承与保护等各项涉及旅游扶贫核心的环节。一般来看，旅游扶贫的权力主要由心理、经济、社会和政治四种构成。在当前旅游扶贫实践中，心理和经济权力过低，而社会和政治权力却过度膨胀，从而直接影响了贫困居民的扶贫收益。现在越来越多的学者认识到，除了经济利益外，居民的权力获益程度对居民旅游扶贫绩效有重要影响，因此，权力绩效也越来越成为微观层面旅游扶贫绩效评估的重要标准。蒋焕洲（2011）通过对贵州少数民族地区的调查，认为旅游扶贫过程中，社区和贫困居民缺少足够的话语权和决策权，所以造成了参与程度受到限制的局面，应该设计贫困人口参与旅游的赋权机制、咨询机制和监测评估机制，以此来保证他们参与旅游扶贫的权力和利益分享。

（2）旅游扶贫效应的评估效果研究。从评估效果来看，国内外对旅游扶贫效应的研究分为正、负效应，认为旅游发展对区域的影响范围覆盖社会、经济、生态和环境等各个层面。

第一，旅游扶贫的正效应。一般来说，旅游扶贫的正效应大致分为经济效应和非经济效应，具体表现在资源的有效利用和保护、经济联动效应、产业结构优化、贫困人口收入和机遇增加、基础设施和公共服务设施逐步改善以及居民自身素质提高等。旅游扶贫的正效应主要体现在能够充分有效地利用和保护贫困地区的旅游资源，在充分发挥资源优势的同时，能充分发挥旅游业的关联效应和乘数效应，带动相关产业发展，促进贫困地区经济繁荣，提高贫困地区整体收入；能够为贫困地区劳动力提供大量的就业机会，有利于农村剩余劳动力分流；增加贫困地区居民收入，改善群众生活，加速脱贫致富；有利于促进贫困地区产业结构调整，改善贫困地区的生态环境，促进社会经济可持续发展；促进贫困地区劳动力整体素质的提高，有利于人文生态环境和精神文明建设，为贫困地区今后更大发展奠定思想观念和人才基础；有利于基础设施环境改善，促进贫困地区横向经济联合和对外开放；还可以加快我国旅游资源的开发力度，形成一批新的旅游产品，对我国旅游产业规模扩大、产业结构优化和地区布局完善也产生积极的作用。

第二，旅游扶贫的负效应。旅游扶贫的负面效应在于背离了旅游反贫困的初衷，阻碍了贫困人口的脱贫现象。例如，当旅游发展存在不恰当开发的现象时，则当地会产生"旅游飞地"、经济漏损和贫富差距扩大等相应的损害效应，并且带来环境污染、资源消耗、生态破坏、外来文化冲击、旅游设施与农业抢占资源、利益冲突与土地矛盾等消极影响，反而加剧了脆弱贫困地区的返贫（陈静等，2009；黄国庆，2013；张笑薇，2016）。林红（2000）对旅游扶贫的负效应进行了分析，认为旅游扶贫最大危害在于引发各地盲目开发，项目大量堆积。贾芳（2000）也注意到旅游扶贫中应满足资源承载力条件和旅游业的脆弱性。周歆红（2002）在对旅游扶贫效益评估时认为，旅游扶贫作为开发式扶贫的有效手段，贫困是旅游开发者所希望改变的一种现状，但是，旅游开发在各个阶段和各个层面上都会受制于这一现状，比如由于资金、物资和人才的短缺会造成开发难度加大、旅游市场开拓困难、乘数效应降低、旅游收入漏损、环境和社会文化方面产生负效应等问题，同时，对"旅游飞地"现象的出现和旅游业同其他产业在资源方面的博弈竞争进行了分析，说明旅游业同其他产业和当地社会协调发展十分不易。

2. 旅游扶贫效应的影响因素研究

（1）利益相关者视角研究。国内主要从政府、旅游企业、当地居民和旅游者等利益相关者角度深入分析。李刚等（2006）指出，在政府层面，存在观念认识不足、旅游扶贫目标被置换、旅游扶贫资金被非法占用等问题。旅游企业层面，旅游经营管理存在着主客观因素的冲击。客观因素上包含旅游漏损的存在弱化旅游乘数效应、人工智能开发，弱化了就业乘数效应。主观因素上违背了可持续发展原则，包含旅游企业急功近利、追求即时效应而造成旅游产品开发同质化，缺乏核心竞争力。当地居民层面，他们的利益受损致使旅游扶贫效益不可持续，体现在区位先天性不足和居民收益分配不均两大原因。旅游者层面，受其空间行为和大众旅游者在旅游目的地行为两个因子影响。饶勇（2008）等应用多阶段的"鲁宾斯坦恩—斯塔尔议价"连续动态博弈模型进行了开发商、社区村民群众和政府等多方利益者之间的博弈关系推演和均衡状态求证，这种定量化研究增进了旅游扶贫研究模型的精确性和科学性。苏玉卿（2016）在利益相关者的界定与分类基础上，认为可以通过建立三阶段内部博弈模型，找出其博弈均衡，进而找出得以实现旅游扶贫项目可持续发展的社区主导型经营模式。饶勇等（2016）认为，开发商、村民和政府是旅游扶贫中的重要参与主体，指出社区参与的分化和改善可以明确社区利益主体。吴忠军等

（2017）揭示了旅游扶贫中利益相关主体的目标，明确了每个主体理性、限制条件和实现策略，并阐明如何最大化地激发相关主体在扶贫中发挥作用。方劲（2018）分析了政府和社会组织间的博弈关系，认为两方的科学协作可以提高扶贫总体效率。林丹和李丹（2018）基于旅游增权的理论，认为可以通过对贫困人口在心理、教育、经济、社会和政治等方面的增权，提高贫困人口可持续性脱贫增收的权利和能力。张静等（2018）基于旅游扶贫项目实践中不同利益主体诉求的基础上，构建了旅游扶贫项目精准扶贫利益协调与分享机制。

国外研究虽然没有从某一利益相关者明确指出旅游扶贫效应的影响因子，但是，其研究又涵盖了各个利益相关者，主要有贫困人口进入市场的可能性、商业可行性、政策保障、教育水平、社会和经济资本等（Pillay and Rogerson，2013；Zarandian，et al.，2016；张志刚等，2016）。他们普遍认为，不同博弈主体在参与旅游扶贫的过程中，各取所需、各偿所愿的合理性利益分配和相互合作对促进旅游扶贫可持续发展起着关键的作用（De Araujo and Bramwell，2002）。在前期的旅游规划阶段，社区权力的大小会对其后期旅游经济活动的参与和利益分配分歧的出现产生重要影响（Reed，1997）。旅游利益相关者参与资源比较缺乏和政府支持力度不够，也会是他们参与旅游经济活动可进入性较难的重要因素，并且有的学者构建了一种有效性评估框架，用于改善各利益主体间在政策制定方面的协作关系（Williams et al.，1998）。基于利益相关者理论的规范性规划模型可以改善各利益主体间在旅游规划阶段的有效合作关系，这种关系的改善可以提高协作效率（Sautter and Leisen，1999）。案例研究方面，学者在对土耳其帕莫卡莱镇旅游业发展所面临的利益分配困扰研究中，运用半开放式调查法，就利益合理分配提出了相应对策，并认为应增加古镇当地村民群众的利益分配比例（Yuksel et al.，1999）。学者在对不列颠哥伦比亚的奥利弗古镇案例研究时，提出了旅游业应在社会、环境和经济三个维度进行综合考虑，通过与当地农业、手工业以及其他产业联动发展，增加获益群体种类，进而实现可持续旅游减贫（Poitras and Donald，2006）。不同利益相关者的不同利益诉求需要得到满足，这样才能更好地解决旅游扶贫实践中存在的矛盾和问题（Chase et al.，2012）。旅游利益相关者对信息效率和感知水平的差异性和动态性，会使得利益相关主体之间的关系产生波动性影响（Burrai et al.，2015）。私营旅游企业和其他旅游组织对减贫的贡献与他们自发性的社会责任倡议和组织规模有关（Manyara and Ndivo，2016），对于评估相关旅游企业扶贫开发的可持续发展途径是十分必要的（Medina-Muñoz et al.，2016）。

（2）典型地区的实证研究。旅游扶贫效应研究一般选取典型的贫困地区作为案例地进行针对性分析，典型地区旅游扶贫研究从特定地区丰富的旅游资源、基础设施条件改善与可进入性好、区位优势独特、客源市场潜力大、国家对贫困地区的特殊优惠政策、发展旅游的良好机遇等方面来说明旅游扶贫的可行性。旅游扶贫付诸实施并取得成效，既要有客观条件，也需要主观上的努力，具体来说，客观方面要具备资源优势、交通条件和区位优势，主观努力上要有带头人、灵活的政策、遵循旅游开发规律、健全的管理体系等。朱明芳（1999）以野三坡旅游开发为例，对旅游扶贫的可行性研究进行了理论分析，从贫困地区资源优势、政策倾斜优势、市场与需求和旅游业自身特点等方面对旅游扶贫的可行性进行了分析，同时认为要将可行性转化为现实，政府具有不可替代的作用，并对贫困地区政府的六大任务进行了探讨。典型的贫困地区旅游扶贫还需要与环境保护和可持续发展相联系。实施旅游扶贫项目过程中，在以经济效益为中心的同时还需兼顾旅游开发整体效益，使旅游扶贫在经济效益、社会效益和环境效益三方面统一起来。邓祝仁和程道品（1998）对此进行了专门论述，认为旅游扶贫开发要保护好旅游资源和当地环境，防止旅游污染和社会污染。唐顺铁（1999）对贫困地区生态旅游资源进行了分析，认为贫困地区是一个极其丰富的生态旅游资源库，生态旅游可以在贫困地区扶贫中发挥重要作用，同时对贫困地区生态旅游区类型及其开发策略进行了分析。潘焕辉（1999）认为，金融部门贷款、招商引资鼓励投资、建立旅游扶贫发展基金、建立股份制旅游集团、发行旅游企业债券是旅游扶贫融资的五个有效渠道。单德启和王小斌（2003）通过对欠发达地区风景区生态园的规划设计理念探索，试图将生态园的空间环境景观规划与旅游扶贫相结合。朱京曼（2003）也认为，西南地区旅游扶贫开发一定要坚持可持续发展生态旅游与旅游扶贫。目前，从总体上来看，研究区域集中于云南、广西、湖北、贵州、甘肃等贫困人口较多、旅游资源丰富的省份，且偏重区域层面的宏观分析（邸明慧等，2015）。少数乡村地区旅游扶贫感知研究不仅针对平原或者城市化影响较大的区域（银马华等，2018），同时，对景区和村镇等微观单元也有一定的研究。其中，连片特困区、乡村地区、少数民族地区旅游扶贫模式研究对旅游扶贫工作开展、扶贫经验推广有较大现实价值（苏芳等，2009；王丛丛和王仕佐，2010；王孔敬，2015；毛峰，2016；安强等，2016）。

通常针对典型的贫困地区旅游扶贫研究方法采用数理模型或定性定量分析，建立相应的绩效评价体系，每个指标都是旅游扶贫效应的一个影响因子。而且，多数选择某一或多类旅游扶贫模式进行旅游扶贫效应评价，如少数民族旅游扶贫效应研究、生态旅游扶贫等，由于区域经济、教育、交通等滞后性，多提出基础设施建设、教育交通水平以及农民人均纯收入等为影响因子，要加强基础设施建设，完善贫困人口的教育体系，以及扩大民族旅游的覆盖面（黄梅芳和于春玉，2014）。针对生态脆弱区旅游扶贫效应，强调从加强生态环境保护、数字化保护与传承民族文化、提升居民素质与强化政府引导等方面优化生态旅游扶贫绩效，或者将社区主导型、政府主导型等不同旅游扶贫模式综合对比分析（陈静和王丽华，2009；罗盛锋和黄燕玲，2015）。李佳和田里（2016）、张侨（2016）、丁建军等（2018）分别以四川藏区、海南贫困地区和武陵山片区为例，对旅游扶贫效应的社区差异、模式差异以及旅游要素类型和县际差异展开研究。从旅游精准扶贫的角度，旅游扶贫效应的影响因素主要有资源禀赋、产业基础和政策环境等，发展建议包括坚持政府扶持和引导、加强产业融合和产业链本地化、构建贫困人口的利益共享机制等。

每种视角下的旅游扶贫各有侧重，影响因子各有不同，需要着重分析旅游与减贫的动态关系，研究显示，发展旅游能够较好地促进减贫，但持续效应偏短，影响因素包含经济基础、社区参与度、资源利用率和基础设施等。对此，要提升旅游扶贫的效益需要全方位实施"旅游＋"，通过多产业、多利益主体和多融资渠道融合推进旅游扶贫。并且旅游精准扶贫，多方向、多渠道引导贫困人口参与旅游，增加其社区参与度，培养其脱贫意识和能力。同时，要实现跨区域政府合作，打破行政隔阂，避免恶性竞争和过度开发，发挥旅游资源效益最大化，从而完善公共服务设施建设，提高交通和市场可进入性（苏洁和李军，2016）。

3. 旅游扶贫效应感知研究

由于近年来乡村旅游发展迅速，乡村农户参与当地乡村旅游扶贫的可能性最大，对旅游扶贫感知也最强烈。随着乡村旅游扶贫的不断发展，需要研究当地农户对旅游扶贫的感知程度影响因素，有针对性地开展旅游扶贫活动，让更多的少数民族地区农户从中获益，以此达到减贫目的。因此，旅游扶贫感知问题开始逐渐成为旅游领域的研究热点，取得了一大批重要成果，为指导旅游扶贫实践、促进贫困地区经济社会发展发挥了积极作用。

感知即意识对内外界信息的觉察、感觉、注意和知觉的一系列过程。感知可分为感觉过程和知觉过程。感觉过程中被感觉的信息包括有机体内部的生理状态、心理活动，也包含外部环境的存在以及存在关系信息。感觉不仅接收信息，也受到心理作用影响。知觉过程中对感觉信息进行有组织的处理，对事物存在形式进行理解认识。旅游扶贫感知，即人们对旅游扶贫这项具体客观事物通过感觉器官在人脑中的直接反映。农户通过自身的微观感知获得旅游扶贫成效和各方面满意度，从而进一步影响人们对旅游扶贫的态度、参与意向和参与行为等。

当前，感知理论的发展为我们揭示人地之间深层次互动和演进提供了一个特别的研究视角。旅游扶贫感知以居民对旅游扶贫效应的感知为基础，其内涵包括当地本身的旅游资源特征、居民对地方政府扶贫政策的认同、经济发展与环境保护的并存度，体现了一种自然资源、政策演变、经济发展、环境保护等要素共同作用后的人地关系。国内旅游扶贫效应在宏观方面的研究是对旅游扶贫宏观经济效应进行定量研究（赵小芸，2004）。国外研究集中在旅游扶贫在促进城市和农村不同地区经济发展方面的比较研究（Rogerson，2006）。伴随对旅游扶贫本质认识的加深，学者越来越关注旅游扶贫微观效应，即贫困人口从旅游扶贫中获得的收益和发展机会。国外学者在微观上侧重对居民旅游发展期望、经验和感知进行研究（Akyeampong，2011）。国内学者主要不仅从实际效应、感知效应和态度效应的可持续性方面研究了贫困人口的收益和发展情况，而且从社会、经济、环境等方面对旅游扶贫绩效评价感知进行了细致分析和调查研究（向延平，2009）。

居民感知效应是旅游扶贫实际绩效程度的重要体现，也是微观旅游扶贫绩效研究领域的重点之一，在很大程度上决定着居民对旅游发展的态度和参与旅游扶贫的意向（李佳等，2009）。一般来说，居民参与机会和能力对旅游扶贫感知绩效有显著影响，也就是贫困居民从旅游扶贫中获得了期望效应，则感知绩效较高。具体来看，影响旅游扶贫感知效用的因素主要包括社区参与、吸引外资、改善环境和减少贫困人口等。实际上，感知效应主要包括居民对宏观层面的旅游发展绩效和微观层面的个人生活变化两方面的感知。通常情况，居民对经济、社会和文化积极效应感知程度较高，而对消极效应感知不明显。旅游地贫困农户感知强烈的旅游扶贫正面绩效主要包括促进经济发展、改善基础设施、提高当地知名度以及居民生活质量四方面，而对负面影响感知较弱，主要集中在物价飞涨、环境污染和贫富差距扩大等方面。张伟等（2005）通过对安徽铜锣寨的调查，也发现居民对旅游扶贫在个人生活变化方面的感知较为积极，而对消极方面感知不明显。此外，雷慧平（2008）也从旅游扶贫积极效应、消极效应以及对旅游扶贫的信心三个方面比较和评估了陕西高冠瀑布、黑河森林公园以及华山三个景区旅游扶贫的感知绩效。另外，李佳、钟林生、成升魁（2009）从旅游扶贫经济和社会文化正效应感知、参与意向、旅游负效应感知、旅游扶贫环境和人口素质正效应感知和发展旅游业的总体态度五个方面评估了三江源地区旅游扶贫感知效应，结果表明，旅游扶贫发展初期的旅游区当地居民仍然对扶贫正效应感知明显，而负效应不敏感，总体支持旅游扶贫，与一般地区不同的是居民虽然实际参与程度有限，但参与旅游扶贫愿望较为强烈。李力、闭海霞（2010）在对广州梅州旅游扶贫绩效研究也得到了相似的结论，他们认为，居民对旅游扶贫有较高期望，希望旅游能带来更大绩效，但实际上旅游扶贫受益面仍然比较窄。李会琴等（2012）通过对陕西谷咀村居民对旅游扶贫绩效感知的研究，认为黄土高原地区旅游扶贫取得了明显的经济、社会和环境绩效，负效应尚不明显。王晴（2013）在对西藏当雄县旅游扶贫绩效感知研究中发现，旅游扶贫对当雄县经济、社会和生态均产生了较好效果，居民满意度较高，但仍有部分居民由于参与程度低或者观念保守等原因支持率较低。叶俊（2014）通过对龟峰山的实证研究认为，居民总体上支持旅游发展，具有较高的参与热情。

2.3.2　旅游扶贫效应研究方法

当前，关于评价旅游扶贫对当地经济影响效应的方法，国外的研究方法以定量研究为主，方法较为多元化，地理学、经济学和管理学等交叉显著，旅游扶贫的空间差异、宏观经济效应及旅游扶贫的价值流成为研究热点。米切尔等（Mitchell et al.，2007）运用价值链分析了冈比亚包价旅游对减贫的作用，有14%的价值流向了当地贫困人口。游客一次性花费是当地居民收入的主要来源，其次是手工艺品市场、酒店非管理员工、导游和租车服务。运用可计算的一般均衡理论（CGE）可以从宏观的尺度研究旅游业对贫困减少的经济作用（Wattanakuljarus and Coxhead，2008）。旅游乘数效应是比较常用的研究方法，梅尔等（Mayer et al.，2010）运用乘数效应测度了德国六个国家公园旅游消费对区域经济结构、规模的影响。德尔（Deller，2010）基于地理加权回归模型（GWR）研究了旅游、休闲活动在改变美国农村贫困率方面的作用及空间差异。此外，旅游学和社会学常用的方法：访谈、问卷调查、数理统计、图表法等也被广泛地应用到旅游扶贫的微观研究中，微观研究的模型、定量计算方法需要加强。

国内旅游扶贫的研究方法，由最初的旅游扶贫经济绩效和乘数效应定性分析，逐渐转变到现今广泛全面的研究视角，研究方法也日趋多样化，采取定性与定量相结合的方法进行实证研究，深入探讨旅游扶贫的宏观、中观、微观效应。其中，定性分析中社会调查研究占绝对优势，大部分学者通过问卷调查、德尔菲法、归纳法、访谈法等了解旅游地农户对某些衡量指标的判断，试图细分、量化他们对旅游影响感知，这种微观研究的模型、定量计算方法需要进一步加强（马勇，2004；曾本祥，2006；Kwaramba et al.，2012；李会琴等，2015）。构建基于旅游扶贫感知的测度方法，制定有利于消除农户贫困的倾斜政策，建立相关旅游就业统计指标，有利于加快农村农户减贫。同时，选取案例地并建立指标体系进行定量化分析也是主流的研究方法。例如，运用情商分析法、因子分析、主成分分析法和多元线性回归法（黄洁和吴赞科，2003；李佳等，2009；Mayer and Gereffi，2010）、旅游乘数效应（Wattaanakuljarus and Coxhead，2008）、一般均衡模型（Deller，2010；Norman，2014）、地理加权回归模型（张洪等，2009）、增值分析法（林同智等，2015）、熵权法、TOPSIS 模型（郝冰冰等，2017）、混合比较法、区域发展法等综合性研究方法来探讨和测度当地农户对旅游扶贫的感知（邢慧斌，2017）。杨建春和肖小虹（2011）等利用向量回归模型探究了贵州 1993～2007 年旅游扶贫效应的动态变化。郭舒（2015）提出产业链跟踪法，并针对旅游产业规模、旅游发展对贫困人口的影响途径、旅游与相关行业的联动效应以及旅游竞争力四类核心问题，相应总结了投入产出分析法、旅游卫星账户、社会核算矩阵法（SAM）以及经济关联分析法等旅游扶贫效应的研究方法。

还有些学者运用评估指标体系和模型的构建来评价旅游扶贫效应。例如，田翠翠等（2016）利用层次分析法（AHP）构建了以贫困户个体、贫困家庭、纳凉村社区 3 个层面 25 个测评指标的旅游精准扶贫效应评估指标体系。汪侠等（2017）基于多维贫困理论，从经济条件、生活水平、扶贫参与及收益、医疗健康、社会和谐、公共设施、教育条件和生态文化 8 项指标构建了基于贫困农户视角的旅游扶贫满意度评估指标体系。王立剑（2018）等分别从经济状况、生活水平以及精神依赖 3 个维度构建产业扶贫结果指标体系，从个人因素、精准识别以及配套措施3 个方面提出产业扶贫效果指标体系，并以陕西省为例进行评估实践（见表 2 - 1）。

表 2 - 1　　　　　　　　　旅游扶贫效应常用的研究方法

类别	研究方法	文献出处
定性分析	问卷调查法	黑兹尔（Hazell，2012）；叶俊（2014）
	德尔菲法	黄梅芳（2014）
	归纳法	乔波（2008）；李清娥（2012）
	访谈法	休伯特（Hubert，2013）；李耀峰（2015）
	图表法	常慧丽（2007）；乔波（2008）

续表

类别	研究方法	文献出处
定量分析	旅游乘数效应	张小利（2007）；迈耶（Mayer, 2010）
	向量自回归模型（VAR）	杨建春和肖小虹（2011）
	可计算一般均衡模型（CGE）	布莱克（Blake, 2008）
	地理加权回归模型（GWR）	张洪等，2009；德勒（Deller, 2010）
	灰色关联分析	邓小海（2015）
	主成分分析	李佳（2009）；蒋莉（2015）
	修正熵权法、TOPSIS模型	林同智等（2015）；王杰（2019）
	条件价值法（CVM）	向延平（2010）
	支付意愿法（WTP）	向延平（2011）
	价值链分析法（VCA）	米切尔等（Mitchell et al. , 2007）
	增值分析法	休伯特（Hubert, 2013）
	遥感定量测量法	曹诗颂（2015）
	数据包络分析法（DEA）	张侨（2016）
混合分析法	产业链跟踪	郭舒（2015）；邓小海（2014）
	层次分析法（AHP）	黄梅芳（2014）；田翠翠（2016）
	指标体系和苹果模型构建	汪侠等（2017）；王立剑（2018）

但是，无论是在定性分析，还是在定量分析中，我们发现，关于农户与旅游扶贫关系的研究视角中，较少从农户在旅游扶贫活动中的自身感受出发，对于影响农户参与旅游扶贫活动的因素也是出于个人主观判断。各类研究也一般是从微观的个人层面或者家庭层面，抑或是宏观的社区层面进行，比较单一，割裂了农户个人、家庭在农村社区中的嵌套关系，不能对个人、家庭和社区作为一个整体进行系统全面的分析。因此，本书以广东连南县农村农户为研究对象，从农户自身感知的微观视角切入，在既有研究的基础上，通过文献查阅、问卷调查和实地访谈相结合的调查方法，了解农户对旅游扶贫的总体感知程度；通过建立完整分层线性模型，剖析影响其总体感知的关键因素；通过深入分析各项影响因素，提出乡村旅游精准扶贫相应的规划建议。

2.4　旅游扶贫模式研究

2.4.1　国外旅游扶贫模式研究

国内外学者提出了社区参与、文化遗产旅游、自然旅游、农业旅游和企业旅游扶贫等模式。有效的旅游扶贫模式可以实现贫困地区旅游业的可持续发展，使得社区居民减贫。例如，坎贝尔（Campbell，1999）研究了在没有政府规划下的哥斯达黎社区居民旅游效益的获得情况。德雷克（Dredge，2007）根据澳大利亚社区的实践，为政府和社区提供了创新的社区参与式旅游开发模式方法。基蒂和威西特米（Kieti and Wishitemi，2008）对肯尼亚桑布鲁—莱基皮亚地区两种不同社区参与旅游发展的模式进行了研究，从当地人的态度、信仰、感知和价值观等方面探讨了旅游开发扶贫如何影响他们的生活。

文化遗产旅游在提高居民生活水平、提升地区自豪感、保护当地传统文化与工艺、推动文化交流等方面具有明显的正效应，对其负面影响的研究较少。印度遗产旅游保护了自然与文化遗产，改造了工业化破坏的环境，为当地居民和到访游客提供了交流与解释的机会（Moli，2003）。印度尼西亚爪哇省的婆罗浮屠（Burdur）遗产地，当地居民以旅游景区员工、自营商店、餐厅和沿街摆摊售卖旅游纪念品、小零食等方式参与旅游，其旅游收入直接来源于外来旅游者的消费，旅游漏损较低，减贫效果较好（Hampton，2005）。桑蒂库尔（Suntikul，2009）通过老挝的维恩赛洞穴（Viengxay Caves）遗产周围 13 个村庄（213 个家庭）的访谈，得出了相似结论，但当地居民并不认为他们贫穷，也不愿意放弃农业而从事旅游业，充足的食物对居民来说最重要。

以野生生物、地质景观等为基础的自然旅游是很多自然旅游资源丰富的发展中国家（尤其是非洲）开展旅游扶贫的主要方式，效果显著（Spenceley，2010；Kiernan，2013）。自然旅游与当地社区发展具有相互促进的关系，贫困人口参与方式有：提供住宿、饮食、远足旅行及购物。此外，旅游还改善了当地人对生物多样性保护的态度，降低了人们对自然的依赖，保护了自然环境（Nyaupane，2011）。另外，自然旅游与持续减贫也存在一些矛盾。在赞比亚野生保护区，当地农作物容易受到野生动物的破坏（Richardson et al.，2012）。因此，自然旅游的可持续减贫须在人与生物的冲突消失或降到最低时才能实现。

农业与旅游扶贫的联系十分紧密，总的来看，农业旅游对当地经济和就业有一定的促进作用（Rid et al.，2014）。农民要想从食品供应中受益，还存在很大障碍，主要有提高当地食品质量、破除交通限制、解决食品供应决策者和生产商之间沟通不畅和相互不信任等问题（Torres and Momsen，2004；Rogerson，2012）。

在非洲，外商投资酒店对当地员工雇用的数量及员工素质的提高均有正面影响（Fortanier and Van Wijk，2010）。一些特殊的小规模企业能给贫困人口带来更多的福利（Scheyvens and Russell，2012），扶贫的主要渠道有：提供就业方面，提高工资待遇，增加培训机会，采购方面，主要包括食品供应、建筑材料、装修、娱乐和原料等，中小企业发展及外包方面，包括洗衣店、零售和娱乐等，还有一些其他伙伴关系联结、能力培养、资金捐助和旅游产品的创新开发（Meyer，2013）。以南非夸祖鲁—纳塔尔沿海城市旅游住宿供给商的食品供应链为例，通过50家酒店的访谈，发现酒店的食品供应链顶端通过中介网络组织联系，而他们极少代表该区域贫困农业生产者群体的利益，因此，并不利于减贫（Pillay and Rogerson，2013）。

2.4.2 国内旅游扶贫模式研究进展

对旅游扶贫模式的研究和总结对旅游扶贫工作的开展具有较强的现实意义。早期国内学者对于旅游扶贫的途径和模式大多数是针对典型地区进行具体描述性分析。田喜洲（2001）等提出三峡库区的旅游扶贫开发思路。吴忠军（1996）分析了少数民族贫困地区广西壮族自治区龙胜县的旅游扶贫模式。肖星（1999）对我国中西部地区旅游扶贫模式进行相关探索。蔡雄和程道品（1999）在对贵州省安顺市考察的基础上，提出政府主导、景区带动、亦农亦旅和移民迁置的旅游扶贫模式。谭芳和黄林华（2000）对广西壮族自治区百色市的旅游扶贫进行了研究。根据全国旅游发展工作会议上，关于全国"规划建设一批旅游扶贫试验区，在旅游资源比较丰富的地区，通过发展旅游业培育特色产业，带动贫困地区群众脱贫致富"是党中央、国务院实施扶贫开发的战略决策，旅游扶贫试验区建设是旅游扶贫的一种新尝试。六盘山旅游扶贫试验区是全国第一个国家级"旅游扶贫试验区"，目前，国家级旅游扶贫试验区包括宁夏六盘山，江西省赣州市、吉安市，河北省阜平市以及内蒙古阿尔山市，五个试验区已成为开发中国旅游扶贫项目的关键基地，也为全国旅游扶贫项目开发提供了基础。随着旅游扶贫的发展，学者们开始涉及旅游扶贫一般模式研究的理论深度。白凤峥和李江生（2002）提出了以政府为主导，市场化需求与扶贫项目相互结合的"旅游扶贫试验区"管理模式。王炳武（2002）等对旅游扶贫试验区管理模式建立的指导思想、旅游扶贫试验区管理模式的基本内容及其运行机制进行了分析。胡锡茹（2003）指出，云南省在多年旅游扶贫实践中形成了生态旅游扶贫模式、民族文化旅游扶贫模式和边境旅游扶贫模式。陈勇和徐晓燕（2003）提出了 BOT 模式在旅游扶贫开发中的应用。李永文和陈玉英（2004）根据旅游扶贫开发的特点，提出了 RHB 发展战略。李国平（2004）系统研究了广东全方位协作部门、多层面参与主体和多元化扶贫手段的立体化旅游扶贫模式及其所依附的系统运行机制。姬丹（2007）介绍了贵州省天龙屯堡文化旅游开发中，"政府＋公司＋旅行社＋农民旅游协会"的模式和相关利益分配机制。李柏槐（2007）在对四川省的旅游扶贫开发研究基础上，总结了"农家乐"模式、现代农业产业化模式、特色文化模式和景区依托模式。

近年来，在减贫过程中，我国已形成专项扶贫、行业扶贫和社会扶贫"三位一体"的扶贫格局，充分利用乡村资源培育特色优势旅游产业，大力发展乡村旅游，提高贫困地区自我发展能力和贫困人口的主观能动性，旅游扶贫效益显著。各级地方政府和专家学者都十分关注旅游扶贫模式理论和实践创新。然而，全国各地乡村旅游区域发展不均，差异性较大，阻碍旅游发展的问题显著。例如，旅游产品同质化、营销服务管理低级化、环境破坏、乡村性消逝、内外力量与利益关系失衡、扶贫效益较差等问题

（耿选珍，2014；吴巧红，2014；余兵，2015）。陈丽华和董恒年（2008）从社区参与乡村旅游的视角，指出社区参与是一种实现可持续发展的旅游扶贫模式。包月英等（2009）提出生态补偿机制和异地搬迁扶贫模式。孙猛等（2011）从保护地出发，以莫莫格自然保护区为例，提出了低碳旅游的扶贫模式。

关于乡村旅游扶贫模式的创新和制定优化策略，学者们更加关注造血式的扶贫模式问题。例如，廖晶晶（2008）从政治方面、经济方面和社会文化方面构建了旅游扶贫的社区参与模式。王茗和喻晔（2009）针对特定的贫困地区，认为农业生态旅游是旅游扶贫的最佳模式。马梅芳（2009）从生态旅游开发与环境保护相互关系出发，分析江源地区生态旅游扶贫模式的具体措施。李佳、成升魁、马金刚等（2009）在研究地区贫困程度和旅游资源禀赋的对应关系上，采用四象限法划分出了四种旅游扶贫类型区：资高贫低、双高、双低、资低贫高，在此基础上提出了适应各类型区的旅游扶贫辅助模式，即资高贫低区的政企合作模式、双高区的项目推动模式、双低区的产业联动模式、资低贫高区的大区带动模式。段应碧（2009）总结了政府主导、社会参与、自力更生、开发扶贫、全面发展的扶贫模式。徐燕和殷红梅（2011）基于对贵州省乡村旅游发展概况的考察，提出了六种典型旅游小城镇建设模式、八种乡村旅游产业联动建设模式，以城镇化和工业化推进贵州省贫困地区乡村旅游产业化扶贫建设进程，促进城乡统筹发展。李乐为（2011）提出了区域公共品协同供给模式。蒋辉（2012）提出了跨域合作、多元协同治理模式。陈友华（2014）分析了我国旅游扶贫的常见模式和特点。邓维杰（2014）分析了精准扶贫的难点、对策和路径选择。邸明慧等（2015）提出了核心企业主导模式、政策性项目拉动模式、产业互动发展模式和大区带动发展模式。荣莉（2015）提出了乡村扶贫开发整体推进扶贫、产业化扶贫、劳动力培训转移扶贫和异地搬迁扶贫等扶贫模式。吕君丽（2015）分析了民族地区村寨旅游扶贫的路径选择。崔治文（2015）分析了我国农村多维贫困问题和致贫机理，总结了多维减贫的理论和实践。郑百龙等（2018）分析了农家乐模式，指出旅游扶贫模式的选择中，因地制宜选择一种或者多种模式共同作用，达到贫困区域和人口减贫脱贫的目的。

综上所述，旅游扶贫开发模式的研究逐渐兴起。旅游扶贫模式具有显著的地域性特征，不同扶贫旅游地资源禀赋不同、区域类型不同、发展阶段不同，旅游扶贫模式会存在差异，并没有统一的分类和执行标准，无普适性价值。总的来说，研究旅游扶贫模式对于指导实践具有重要意义，但是需要因地制宜，选择适合当地社会经济环境情况的扶贫方式，切勿完全照搬照抄。旅游扶贫模式中不仅需要政府主导、市场运作，还涉及多层面参与主体、多元化部门协助和多渠道扶贫操作手段等，需合理利用资源，最终达到扶贫的目的。

2.4.3　主要旅游扶贫模式分析

1. 政府主导型模式

政府主导型旅游扶贫模式是指国家或者地方政府利用相关的优惠政策、法律、行政和经济手段，对旅游开发进行资金投入，引导支持，营造健康的旅游开发环境，最典型特征即政府在旅游扶贫实践、开发、经营和管理过程中起着主导作用。大多学者认同政府在旅游扶贫中起主导作用，主张采取政府主导型旅游扶贫模式。

由图 2-7 可知，政府主导型模式的优势在于充分发挥了政府在旅游扶贫实践中是开拓者、规范者和协调者的作用，具体表现在以下四个方面。第一，宏观调控政策方面，政府加大政策支持力度，例如，制定财政政策、土地政策、金融政策和税收等一系列优惠政策。政策上倾斜的主要目的是吸引外资、本地旅游企业和开发商前来参与投资当地旅游业发展。第二，旅游基础设施建设方面，一般而言，初期的基础设施建设以及当地景区、景点开发建设，均是依靠政府性投资。但是，政府承担能力达不到完全开发建设，通过这些启动资金扶贫项目去带动社会资本投入，政府募集社会多方资金，实现旅游扶贫良性发展。完善旅游道路交通、旅游驿站、服务点、咨询点等，也是充分输出旅游产品和开发当地旅游资源的重要条件，消除贫困地区可进入性障碍，鼓励旅游企业在遵循可持续发展原则下，对旅游扶贫企业用地或资产给予优惠政策支持。第三，市场监管方面，积极落实制定扶贫政策，引进旅游管理人才，维护市场秩序，降低市场风险，在调查开发、规划实施、保障供给和滚动发展的模式进行当地旅游扶贫实施监督管理。第四，贫困人口方面，政府旅游扶贫项目规划与开展前期需要对当地贫困人口进行意见采集，充分交流沟通。

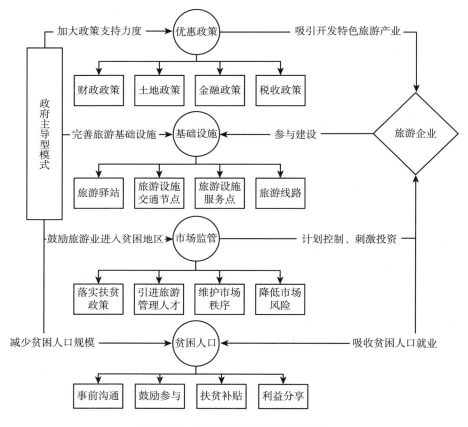

图 2-7　政府主导型旅游扶贫模式

　　相对旅游扶贫开发中政府主导型模式的优势，也存在明显的缺陷。政府在旅游扶贫开发中主导地位的特殊性，存在"一刀切，大包大揽"的现象，未及充分考虑参与旅游扶贫主体的利益诉求。政府应用相对严格的计划和控制等手段，有时会打击旅游企业和当地居民参与旅游开发的积极性。并且在政府优惠政策的引导旅游扶贫开发过程中，会导致当地旅游企业、贫困人口为了尽快获得相关政府补贴，盲目追求快速的经济利益，而忽视了社会、文化和环境利益，反而会不利于贫困地区旅游的可持续健康发展。

2. 亦农亦旅型模式

亦农亦旅模式即农业生产和旅游开发互动发展。农业方面，既尊重其本身的产业功能，又合理开发利用农业旅游资源，实现旅游业发展和农业生产两不误。如图 2-8 所示，乡村农户既能够从事农业生产，同时又兼顾从事旅游业，是一种"以农促旅、以旅兴农"的模式。以乡村内部的优势农业为依托，通过拓展乡村农业观光、休闲、度假和体验等功能，开发"农业＋旅游"产品组合，带动农副产品加工、餐饮服务等相关产业发展，促使农业向第二、第三产业延伸，实现农业与旅游业的协同发展。以特色农业的大地景观、加工工艺和产品体验作为旅游吸引物，强调旅游扶贫开发中要创新，走特色产品战略，带动餐饮、住宿、购物、娱乐等产业延伸，产生强大的产业经济协同效益。

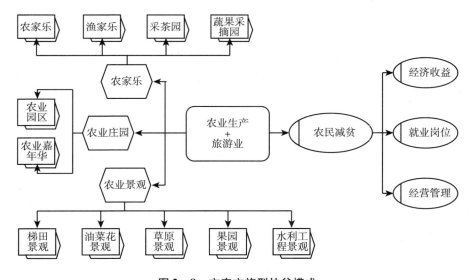

图 2-8 亦农亦旅型扶贫模式

目前，乡村农户参与数量最多的形式是"农家乐""蔬果采摘园""渔家乐""采茶园"等，农户利用自身的住房、庭院和承包地等作为营业场所，让往来的游客吃农家饭、住农家院、干农家活，享受劳动果实，体验"采菊东篱下,悠然见南山"的田园生活,贫困农户以此增加收入。这种农户的自主经营模式比较常见,优势在于农户自身可操作性较强,可以直接获得收益,减少旅游漏损效应,适宜的村庄较为广泛。但是,贫困地区居民资本投入有限,文化水平不高,旅游接待服务要求胜任度不高,主要是对应中低端的消费市场。不仅如此,还存在缺少高水平的旅游规划团队指导,旅游市场竞争力不足,旅游管理理念不强。在遇到旅游业与务农时间发生冲突的时候,居民会优先农业生产,旅游扶贫目标的实现需要转变居民观念,达到农业与旅游发展的平衡。

"农业庄园"是比家庭农场更高级的旅游业态,具有一定的规模,拥有饮食、运动、体验、养生、商务等休闲旅游功能,例如,农业园区、农业嘉年华等。特色"农业景观",典型的以作物集中种植区、农区特色地貌和农业工程等形成的景观为观光对象,如梯田景观、油菜花景观、稻田景观、草原景观、果园景观和水利工程景观等,一定程度上可以解决当地人口贫困群众就业问题,减轻贫困。但是,这种模式的旅游淡旺季十分明显,会出现"潮汐"现象,即短时间内游客过量进入,可能对当地生态环境造成人为损害,如何平衡季节性差异较为关键。同时,面临农产品转化为旅游产品不足,产业发展较为粗放,农事体验、传统饮食、农耕文化等同质化问题突出,旅游对农业的带动能力有限。因此,还需要从强化政策扶持、促进产业聚集和保护农民利益等角度综合考虑当地旅游特色深度挖掘,达到理想的扶贫效果。

3. 景区带动型模式

景区带动型模式是指在比较成熟的旅游景区,利用其知名度和景区的经营管理,整合当地各类优势资源,能够使得当地贫困人口获益,促进当地贫困村经济发展,达到减贫效果。旅游景区带动模式是乡村旅游中常见的扶贫模式,用"旅游景区+贫困村"的方式如图2-9所示,旅游景区的对外吸引力为附近贫困村带来辐射优势的影响,依托景区发展战略制定乡村自身的旅游发展规划,在旅游产品开发上与景区在内容和功能上互补发展,加强与景区的线路连接,依据客源市场及本身特点深度开发乡村体验产品,充分调动吃、住、行、游、购、娱六大旅游要素,吸引游客前去旅游消费，引导村民群众参与发展旅游产业，促进当地群众增收，实现脱贫致富。景区带动型模式的优势在于，既可以为贫困人口提供就业创收的机会，也可以为他们提供参与旅游经营的机会，同时在贫困社区公共服务设施建设上也起到带动作用。例如，旅游景区的开发和经营管理过程中，需要大量的劳动力资源，可以提供住宿、餐饮、旅游景区管理与服务的相关工作岗位，并且考虑优先聘请当地贫困人口。贫困人口还可以通过优惠租赁的形式自主经营旅游景区的摊位、停车场、便利店或者相关游乐设施等，可以获得经营收入。旅游景区或旅游企业将旅游项目优先承包给当地贫困村，使村民获得项目收益。旅游公共服务基础设施建设，也会在旅游开发时不断改善当地村民的生活环境和交通通达度。景区带动型模式弊端在于有些旅游景区只图自身利益获得，并未充分关注当地贫困人口的利益诉求，贫困居民由于自身能力有限，开展旅游经营活动受限，并且竞争力不敌外来经营者。同时，旅游景区能够提供的就业岗位十分有限，专业化程度要求较高，这会激发未就业居民的不满。此外，旅游景区发展程度越高，外来游客数量也越多，会造成当地物价水平的提高，加剧生活负担和贫富差距。

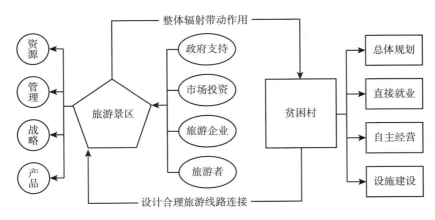

图 2-9　景区带动型旅游扶贫模式

4. 多主体协作模式

多主体协作模式是基于旅游扶贫利益相关主体的一种协作模式，根据他们发挥的作用方面来看，呈现出一定的圈层性。如图 2 - 10 所示，核心层——主要利益主体要素层，包括政府部门、旅游企业、社区居民和旅游者，在旅游扶贫中发挥最重要的作用，他们可以直接获得旅游扶贫带来的经济、社会和文化利益。其中，政府部门，主要包括中央政府、地方政府和相关的旅游局、扶贫办、交通和水利等。旅游企业，主要包括外来的旅游投资商、本地旅游企业、公司和旅行社等。社区居民，主要包括当地贫困居民与非贫困居民，有的会参与旅游经营中。旅游者，即是外来游客，在当地进行旅游体验的人群。外围层——紧靠核心利益主体外围的次要利益主体要素层，主要是非政府组织，包括旅游规划单位、研究机构、社会团体、旅游媒体、消费者协会、旅游协会和环境保护组织等，在旅游扶贫中发挥次要作用，他们可以间接获得旅游扶贫带来的经济、社会和文化利益。边缘层——外部环境要素层，主要包括政治环境、经济环境、社会环境和生态环境，为旅游扶贫的可持续发展提供支持的外部大环境。

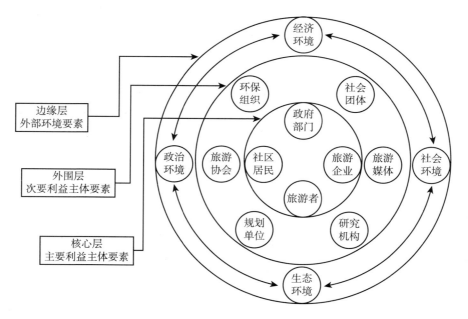

图 2 - 10　旅游扶贫的利益相关主体的圈层

我国的旅游扶贫多主体协作模式主要是探讨最重要核心利益主体之

间相互合作和共同参与的基本模式。由图 2 - 11 可知，从旅游扶贫多主体协作模式中各个利益主体的总体定位来看，政府部门是调控者、管理者和监督者；旅游企业是合作者、参与者和受益者；社区居民是受益者、参与者和监督者；旅游者则是体验者、参与者和实践者。从利益需求来看，政府部门获得经济利益、社会文化利益和环境利益；旅游企业获得经济利益；社区居民获得环境利益和经济利益；旅游者则需要社会文化利益。从关注要点来看，政府部门主要是增加当地就业率和财政收入，促进当地经济持续健康发展，保护当地的资源与环境，维护社会秩序，提高社会公德与文明水平。旅游企业更多关注优惠的政策支持、良好的发展环境、适时的产业引导、当地社区居民的支持。社区居民关注获得就业的机会，收入增加，生活质量提高，地方传统文化传承，生态环境的保护。旅游者则关注环境舒适宜居，特色的旅游产品和优质的旅游服务，原生态的自然环境和景观。

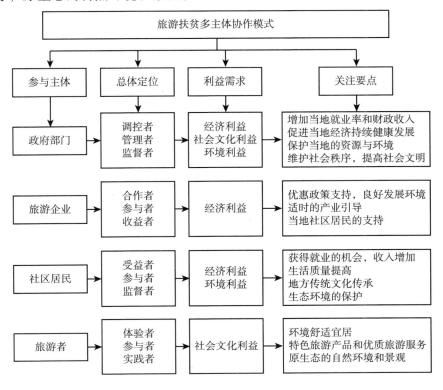

图 2 - 11　旅游扶贫的多主体协作模式

5. 社区参与模式

贫困社区参与旅游发展是旅游扶贫的一种新的可持续模式，社区参与模式中，社区居民成为利益主体，该模式的核心是保障社区居民的利益，提高居民参与旅游发展的热情和积极性，改变传统重视政府和企业的旅游发展模式，以克服旅游发展给旅游目的地社区带来广泛消极的环境、社会和文化影响以及旅游业收益分配不公平对当地社区居民造成的伤害，以实现贫困地区旅游业的可持续发展，达到社区居民脱贫致富的目的。旅游扶贫的社区参与模式主要优点是能够减少外来经营者进入的机会，为当地居民创造更多的就业机会，从而提高旅游开发所带来的乘数效应，促进地区经济发展。同时，社区参与模式能够有效地将居民的切身利益与旅游扶贫开发联系起来，有利于居民自觉地去维护旅游地形象，提高旅游服务质量，在一定程度上有利于居民重视旅游资源和环境的保护，提高旅游产品质量。社区参与模式存在的问题主要是：首先，在社区方面，由于贫困地区社区居民在自身条件和权力的制约下，根本没有真正地参与旅游发展中，参与内容也仅仅是提高劳动力，参与层次低；其次，社区参与模式没有专门监督机构来促使社区参与的实现，尤其是在旅游发展规划方面，基本上没有决策权；最后，社区参与模式在实践上缺乏具体内容，社区居民根本不清楚他们参与的具体内容，这从根本上导致了社区参与模式容易流于形式，不能落地实施。因此，如何解决社区参与的居民激励问题；如何使社区居民正确显示其偏好，并整合居民偏好以形成促进社区利益的一致决策；社区政府是否能够采纳社区居民的建议；社区参与促进收入公平分配的途径等问题成为社区参与旅游模式中的难题。需要结合旅游业发展自身规律性，加强对旅游产业与相关产业联系方式和结合模式的理论研究就显得十分必要，有利于跳出就旅游论旅游的思路，注重与贫困地区的主导产业相结合，与农、林、牧、渔、副及乡镇企业协作发展，与本地特色产业相结合，使得旅游扶贫效益具有可持续性。

第3章

粤北少数民族地区概况*

3.1 连南瑶族自治县基本概况

3.1.1 地理位置

连南县，位于广东省西北部的山区，县域面积 1306 平方公里，介于东经 $112°2'2''$ ~ $112°29'1''$ 和北纬 $24°17'16''$ ~ $24°56'2''$ 之间。东北部与清远连州市交界，东南部与清远市中部的阳山县相连，南接肇庆市北部的怀集县，西邻连山县，西北角与湖南省江华瑶族自治县接壤。境内崇山峻岭，连绵百余里，山形千姿百态，有"第二丹霞"之誉。该县共辖 7 个镇（三江镇、寨岗镇、大麦山镇、香坪镇、大坪镇、涡水镇和三排镇），共有 71 个村居委会。该县是瑶族聚居县，而且是全国唯一的八排瑶聚居地，也是世界经典乐曲《瑶族舞曲》的故乡；拥有"瑶族耍歌堂""瑶族长鼓舞""八排瑶族婚俗"共三项国家非物质文化遗产。百里瑶山生态和民族文化旅游资源丰富，有南岗千年瑶寨和广东瑶族博物馆 2 个国家 AAAA 级旅游景区及 1 个国家 AAA 级旅游景区瑶颂·瑶族舞曲实景演出，有万山朝王国家石漠公园、排瑶国家湿地公园和 2 个省级自然保护区。该县是国家重点生态功能县、全国最美县域，先后被评为中国宜居宜业典范县、中国品牌

---

* 本章资料主要来源于连南瑶族自治县人民政府网站和《连南瑶族自治县环境保护与生态建设"十三五"规划》。

节庆示范基地、全国森林旅游示范县、广东省卫生城市、广东省文明城市、广东省林业生态县和广东旅游创新发展十强县。

3.1.2 地形地貌

连南县境南北纵横距约 71 公里，东西向最大距离约 45 公里。地势走向呈北、西、南部高，东部低平，山脉多由北向西南走向。山体中上部亘连着数百座山峰，其中，海拔 1000 米以上的高山有 161 座。县境最高为金坑镇的大雾山，海拔 1659 米，雄踞于崔巍的群山之上。海拔 1300 米以上的山峰还有：起微山（1591 米）、大龙山（1574 米）、孔门山（1564 米）、烟介岭（1472 米）、茶坑顶（1384 米）、大粟地顶（1381 米）、天堂山（1364 米）和大帝头顶（1314 米）。这些山峰均属于南岭山脉南侧的余脉，方圆百余里，连绵起伏，逶迤纵横，气势磅礴，雄伟壮观。而东南部南岗、三排和白芒等地，是海拔 250～500 米之间的石灰岩地带，属岩溶地形，石山林立，奇峰突兀，怪石嶙峋。

3.1.3 地质构造

连南县地质基底属于华夏古陆，为泥盆纪地层和二叠纪地层，地面母质基岩主要有石灰岩、花岗岩、沙页岩、板岩等。自然土壤有黄壤、红壤、红色石灰土、黑色石灰土、酸性紫色土 5 个土类。黄壤，多分布在 700 米以上的山地，成土母质，以沙页岩、板岩、花岗岩为主；面积最大的是红壤，遍布全县 700 米以下的山区，成土母质，以花岗岩、沙页岩为主；红色石灰土，为石灰岩风化而成，呈红棕色，较瘦瘠，多分布于南岗、三排等地的石林之间；水稻土，分布于全县水稻产地，有泥肉田、沙泥田、黄泥田、油泥田等。在崇山峻岭之中，瑶民在有水源的地方造出层层梯田，形成了连南独特绮丽的高山田园风光。

3.1.4 气候水文

连南县属于亚热带季风气候，四季分明，春暖夏热，秋凉冬寒，全年平均气温为 19.5℃，最低温度为 -4.8℃。月平均气温以 7、8 月为最高，在 28~28.5℃ 之间。山上与平原相差 2 至 4 度，晚上比白天低 6~12℃。一般在 11 月下旬开始降霜，至翌年 2 月中旬终霜，年平均霜期 17 天，最多 33 天。结冰日数年平均 5.8 天，最多 16 天，降雪年平均 2.6 天，最多 6 天，积雪时间一般 2 至 4 天，高山多达 40~50 天。每年有寒潮 3、4 次，强冷空气 14~16 次，一般在 9 月下旬就有寒露风入境。一年四季均受季风影响，风向呈季节性变化。夏季多吹南风，冬季及其他月多吹东北风。

其中，全县年平均降雨量为 1705.1 毫米。降雨大部分在 3~8 月，尤其 4 月、5 月、6 月的降雨量约占全年一半。日降雨量最大达 185 毫米。全年平均绝对湿度 19.2 毫米，相对湿度为 79%，历年平均蒸发量为 1299.5 毫米。历年平均日照射时数 1549.6 小时。连南县气候有两个特点：一是主体气候明显，高山与平原气温相差 2~8℃；二是四季气候变化是夏长冬短，春秋过度快，即春季约 69 天，夏季约 178 天，秋季约 66 天，冬季约 52 天。春季阴冷多小雨，夏季炎热多大雨，秋季凉爽少雨，冬季寒冷干燥。

连南县位居北江水系上游，除寨岗的板洞、凤岗河和香坪镇山口河、龙水河、盘石河、中站河、亚桂岭河等溪流属西江水系绥江支流外，其余均属北江水系连江（小北江）支流。境内河流分布纵横，多呈南北走向。其中流域集雨面积 100 平方公里以上的河流有 7 条，分别为三江河、太保河、同灌水（寨岗河）、秤架河、大龙河、庙公坑河、凤岗河。三江河和寨岗河是连南瑶族自治县主要干河。三江河又称淳溪，属连江的二级支流，发源于县境内起微山（海拔 1591 米），流经涡水镇称为涡水河，到三江口与连山太保、沿陂河汇合，称为三江河。再流经连州市大墩村汇入连江（又称小北江）。干流长 64 公里（其中连南境内 51 公里），流域集雨面积 680 平方公里（其中连南境内 402 平方公里），河道平均坡降 6.23‰，总落差 1420 米。寨岗河，属连江的二级支流，发源于县境内白芒黄连坳顶和牛岗顶附近（海拔 1470 米），向北流经上洞、白芒、九寨，再折回东北流经寨岗与秤架河、安田河汇合，再由南向北流经马鞍山至阳山县黎埠镇同灌口汇入连江。全河干流长 57 公里，连南境内 34 公里，流域集雨面积 655 平方公里，连南境内 410 平方公里，河道平均坡降 4.09‰。

3.2 连南瑶族自治县资源环境概况

3.2.1 农业资源

连南县境内有常用耕地面积 10.55 万亩，其中，水田面积 4.5 万亩、桑地面积 1.6 万亩（种桑面积 1000 亩）、蔬菜播种面积 28327 亩（其中，基地面积 1200 亩）、油茶面积 4.3 万亩。桑蚕、蔬菜、油茶、有机稻是农业主导产业，"瑶山茶油"和"连南无核柠檬"被认证为中国地理标志保护产品。据连南县《县志》记载，1959 年黄莲茶在广州中国出口商品展览馆展出，列为出口商品，备受中外客商赞誉，获中国茶叶出口公司奖励；天堂山红茶和板洞清嵩绿茶在 2013 年被省茶叶机构评为金奖。粮食作物主要有水稻、玉米、番薯、山禾等，经济作物以大豆、花生、生姜较为大宗。土特产品主要有竹笋、木耳、茶叶、冬菇、山果、生姜、薯干、蜜枣和山苍子等。中草药面积（包括野生）达 5 万余亩（人工种植药材约 4000 亩），主要有黄柏、黄连、黄精、金银花、巴戟、佛手等数百种药材。养殖有土猪、土鸡、麻鸭、稻田鱼等。

3.2.2 水电资源

连南县境内溪河纵横，有大小河流 42 条，山溪 250 多条，其中流域集雨面积 100 平方公里以上的河流有 7 条。水力资源丰富，山溪河流落差大，利于发展小水电，小水电站星罗棋布，人均装机容量居广东省第一位，现已建成的中小型水电站 239 座，总装机容量 18.046 万千瓦，年发电量 60618 万千瓦。辖区内有 8 个变电站，110 千伏的变电站有 4 座，主变 8 台，总容量 301.5 兆伏安；35 千伏的变电站 4 座，主变 6 台，总容量 25.65 兆伏安。挂网运行的 10 千伏配变共 702 台，总容量 20.5 兆伏安（其中公用配变 423 台，容量 8.2 兆伏安；专用配变 279 台，容量 12.3 兆伏安）。全县范围内有 110 千伏线路 8 回，共长约 156 公里；35 千伏线路 23 回，共长约 465 公里；10 千伏配电线路 48 回，共长约 583 公里。

3.2.3 矿产资源

连南县地处粤北少数民族地区，境内赋存矿产资源丰富，品种较多。根据广东省地质局韶关专区地质大队普查情况反映，连南县有钼、铋、银、金、钨、铁、锰、铜、铅、锌、锡等金属矿和煤、石煤、冰洲石、萤石、云母、水晶、大理石、砷、石棉、稀土、石灰石、花岗岩等非金属矿，主要分布在四个地形区，即南部铁屎坪、茶坑山、板洞区；南东部茶坑顶、鸡公继顶、重塘顶、白头带区；南西部大麦山、性贵山区和西部磨刀坑区。四个地形区都有较好的成矿条件，其中，磨刀坑区、大麦山（外围）、重塘顶（姓坪）是省有色金属研究院重点找矿区之一，主要有以铁、铅、锌、钼、铜、钨、银、金等为主的矿产资源。

3.2.4 森林资源

连南县山地广阔，气候温和，雨水充沛，植被丰富，特大旱涝灾害较少，是广东省重点林区之一。在县境内，至今较完整地保存着大龙山、大雾山、起薇山、板洞山等原始次生森林数十万公顷，植物种类达 3700 多种。连南县有野生维管植物 193 科 61 属 1182 种。有南方红豆杉、伯乐树、金毛狗、广东五针松、福建柏、凹叶厚朴、樟树、任木、花楣木、半枫荷、伞花木和喜树等国家重点保护的野生植物 12 科 12 属 12 种；有油杉、广东五针松、福建柏、穗花杉、凹叶厚朴、沉水樟、短萼黄连、八角莲、野生树、粘木、任木、半枫荷、吊皮锥、青檀、白桂木、伞花木、伯乐树、银钟花、巴戟天和蒟蒻薯等国家珍稀濒危植物 20 种。截至 2018 年末，连南瑶族自治县全县林业用地面积为 160.12 万亩，其中有林地面积 128.98 万亩，省级以上生态公益林面积 75.91 万亩，其中国家级生态公益林面积 30.69 万亩。全县活立木总蓄积量 811.5 万立方米，林木绿化率 81.86%，森林覆盖率 80.88%，湿地保护率 28%，陆域自然保护区面积 165.6 平方公里。境内有省级自然保护区 2 个、市级自然保护区 5 个，正在建设万山朝王国家石漠公园、瑶排梯田国家湿地公园 2 个国家生态公园。

3.2.5 野生动植物资源

连南县的陆生野生动物有 30 目 76 科 333 种，其中，两栖类 32 种、爬行类 53 种、鸟类 200 种、兽类 48 种。属国家重点保护的野生动物同时也是珍稀濒危的动物有 39 种，占广东省珍稀濒危的动物总数（117 种）的 1/3，其中国家 I 级保护动物 4 种，分别是云豹、豹、黄腹角雉和蟒蛇；国家 II 级保护动物 36 种，分别是大鲵、猕猴、穿山甲、黄喉貂、水獭、小灵猫、斑林狸、鬣羚、凤头鹃隼、鸢、苍鹰、赤腹鹰、雀鹰、凤头鹰、松雀鹰、普通鵟、白腹山雕、蛇雕、燕隼、游隼、红隼、白鹇、褐翅鸦鹃、小鸦鹃、草鸮、红角鸮、雕鸮、领角鸮、领鸺鹠、斑头鸺鹠、鹰鸮长耳鸮、三线闭壳龟、地龟、细痣疣螈和虎纹蛙。连南县位于亚热带地区，反映在植被的性质上，无论是植被的组成和分布，或是群落的各种特征都表现出较强的亚热带性。因此，所发育的地带性代表类型为亚热带季风常绿阔叶林，其特点是：植被组成种类多种多样，群落结构复杂，层次明显，植被外貌终年常绿，巨大木质藤本植物、附生植物、板根植物和绞杀植物等热带植被特征不明显。植被垂直分布与水平地带相适应，并以地带植被类型为其垂直分布为基础，随着山地海拔的升高，水热条件变化，植被外貌、组成种类和生态环境的差异，由低到高依次分布着不同植物类型。根据全县植被外貌、结构、种类组成和生态环境的差异，可划分为如下植被类型。（1）低山常绿季雨林：主要分布于海拔 600m 以下的沟谷两侧或山坡下部，以阿丁枫、野芭蕉、水东哥、对叶榕、鸭脚木、华润楠、扁担藤等植物。（2）常绿阔叶林：主要分布于海拔 600~1000m 之间，主要由壳斗科的红锥、白锥、山茶科的木荷、樟科的红楠、华润楠，木兰科的木莲等优势植物。（3）常绿针阔混交林：以针叶树马尾松、杉木和阔叶树的木荷、华鼠刺、米锥等组成。（4）常绿阔叶矮林：主要分布于海拔 1000 米以上的山坡、山脊和山顶。由于土层薄脊，风大，故形成矮林，多由山茶科的木荷、杜鹃花科的石壁杜鹃和和映山红等组成。（5）落叶阔叶林：主要分布 650~850 米之间，主要由大戟科的白楸、山乌桕，八角枫科的八角枫等组成。（6）山顶灌丛草坡：分布在海拔 1200 米以上的山坡及山顶、山脊，主要由杜鹃花科、越橘科、山茶科、禾本科和莎草科组成。（7）竹林：分布于沟谷洼地、坡地及该地区村庄，常呈片状分布。以毛竹林、苦竹林和箬竹林等为主。其中毛竹林和箬竹林分布于 800 米以下，箬竹林分布于 1200 米甚至以上。（8）人工林：以人工种植的马尾松林、杉木林、柳杉林为主，多在半山以下的山地。

3.2.6　旅游资源

连南县旅游资源不仅丰富多彩，而且神奇奥秘、独具特色，发展旅游业推动当地的经济发展，成效显著。经过改革开放后 40 多年的发展，"连南瑶族风情游"已成为广东省的旅游热线之一。全县的旅游资源可分为自然风光、人文景观和瑶族风情三大类。其中，连南县的自然风光具有山水景色绚丽多姿、造型独特、神形兼备、分布广泛的特点。据旅游部门勘察，早在民国初年，县城内外就有邑地文人杨之泉等寻幽访胜，点定出三江八景，名曰：鹿鸣秋高、伏兔春荫、花径瑶归、桂井残红、合望夕照、沿潭印月、石泉夜渡、花径瑶归、仙楼晚眺。其中，伏兔春荫、鹿鸣秋高、仙楼晚眺等景点就不同凡响。三江八景之外，百里瑶山上尚有十多处自然旅游资源。例如，国际摄影沙龙圣地的"万山朝王""广东天湖"，有着"杉都"之称的金坑林海、石羊坑温泉和观音岩等旅游景点。除上述景点，还有东芒锦绣、天堂风光、新岩卧佛、狮山桂园、千年古榕、聚宝宫、吊尾风洞、社官岩和鸳鸯洞等，各具特色。

连南县不仅有美丽的自然风光，还有独特的人文景观。高山入云端的排瑶古寨，独具特色的民族山城三江镇，历史性的盘古王文化园、九隍庙，风景绚丽的万山山庄等，都以其原始而独特的美闻名于国内外。连南县瑶山，至今保留有明清时期的排瑶古墓和摩崖石刻，较完好的有这四处。南岗排瑶石棺墓，位于县城西面，今三排镇南岗排路边。石棺高 1.2 米、宽 1.7 米、长 2.3 米，石棺上刻有碑文和属楚人文化色彩的图腾，据专家考证，属明代墓葬。平瑶岭题名摩崖石刻，位于县城西面，相距 18 公里，有巨石当道，矗立如梯，凡一百三十余级，达军寨排，俗称"百步梯"。烧纸堂摩崖石刻，位于县城西南面，距 16 公里的军寨排顶烧纸堂，石刻全文："大兵扫荡　穴京观处"，阴刻，楷书，整个石刻长为 110 厘米，宽为 60 厘米，刻于明崇祯十五年。山溪摩崖石刻，位于县城南面，今三排镇山溪村石灰岩洞壁上，系清康熙五十三年刻，石刻全文楷书，内容为记述清兵剿瑶过程，现保存完好。以上三则石刻，是排瑶人民不堪民族压迫，反抗封建王朝的历史见证，也是官兵血腥镇压瑶族人民，炫耀"战功"的罪证，是研究瑶族历史的重要资料。

　　除此之外，连南县作为少数民族聚居地，具有神奇的民族风情。尤其是排瑶，由于长期在高山峻岭上居住，很少与外界交往，至今仍保留着古朴奇特的民族风俗习惯，形成独特的排瑶风情文化和民族风情旅游资源。瑶族是一个山地民族，瑶族居住的最大特点就是靠山，"大分散、小聚居"。历代封建王朝的民族压迫政策迫使瑶族不断迁徙分散聚集到高寒山区，形成"无山不成瑶"的局面，因此形成独具特色的民居建筑形式。连南县是全国唯一的八排瑶聚居地，其先民最早出现连南境内是在隋唐年间，到宋代初年，逐渐形成八个较大的村落，即是八排，以及众多其他规模较小的村寨。现在，"八排二十四冲"已经消失，保存得比较完整的有千年瑶寨和油岭老排等以及其他一些零散的小村寨。瑶族古寨，村落布局特色突出，民居建筑颇具有排瑶的特点，房屋彼此紧挨着，鳞次栉比。因此，古寨村落最大的特色之一就是往往前面人家的屋顶和屋后人家的地面基本齐平，也就是说，走在自家门口的小路上，伸脚就能踩到屋前邻居家的屋顶，古寨的房子就是这样密密麻麻地重叠一起。古村落建筑在总体风格一致的基础上，于细节处又略有差异，建筑特色各有不同。以屋顶建筑为例，各个老排屋顶标志互不相同，这是由于瑶族村落多数以家族聚集而居，每一种屋顶的建筑形式代表瑶族中的一个姓氏家族。人们观其居住房屋的屋顶建筑，便可知晓是哪个姓氏家族的房屋。

　　根据《连南瑶族自治县环境保护与生态建设"十三五"规划》统计，全县旅游资源共有 8 个主类，19 个亚类，36 个基本类型，133 处景观，其中，自然旅游资源 13 个基本类型，共 30 个资源单体，人文旅游资源 23 个基本类型，共 103 个资源单体。根据资源单体打分评价，连南瑶族自治县拥有 2 处五级旅游资源——耍歌堂和油岭老排，8 处四级旅游资源——千年瑶寨、瑶族刺绣、瑶族长鼓舞、瑶族博物馆、篝火晚会、万山朝王、石洋坑温矿泉、野生娃娃鱼保护区，另有三级旅游资源 7 处，二级旅游资源 4 处，连南县主要旅游景点如表 3 - 1 所示。

表 3 - 1　　　　　　　　　　连南县主要旅游景点

景点名称	景点位置	景点特色
千年瑶寨	三排镇南岗排	寨门海拔 808 米，被称誉为首领排。始建于宋代，现保留明清古建筑 398 幢，留存房间 999 间，是全国乃至全世界规模最大、最古老、最有特色的瑶寨。瑶族"耍歌堂""长鼓舞""瑶族婚俗"独特的排瑶民歌""瑶族刺绣"均是宝贵的非物质文化遗产
广东瑶族博物馆	三江镇高寒山区自愿移民示范小区	采用先进的声、光、电设备，设备齐全，分为远古寻踪、瑶山春秋、古韵流芳、神工能匠及瑶绣工坊。系统地展示全国瑶族 4 大支系 30 个分支乃至世界瑶族的历史文化，是目前全国乃至世界规模最大的、瑶族文物藏品最多、资料最丰富的专业博物馆
连南瑶山篝火晚会	三江镇盘龙路	浓郁的瑶族"味道"的民间歌舞表演。如瑶族舞曲、瑶山的故事、八排刀韵、讴莎腰、阿贵斗牛、长鼓舞、耍歌堂、歌堂优嗨歌等
鸳鸯岩—油岭民俗瑶寨奇洞歌堂	三排镇油岭村罗公庙	演绎瑶族先祖在远古时代从湖南洞庭湖边迁徙至油岭安家落户、繁衍后代，从生产、生活中衍生出独具特色的民间文化艺术，如"讴莎腰"独特恋爱方式、礼仪及唯美、动人、浪漫的爱情神话传说，以天然溶洞的回声效果，用歌舞及生产、生活场景展现出来
万山朝王旅游驿站	S261 线三排路段旁	景点对面奇峰兀立，群峰面对南岗、油岭瑶王山俯首称臣，万山朝王由此而得名。日出日落，景色随季节交替变化，美不胜收
油岭老排	三排镇油岭村	现有古宅 300 多栋，传递瑶族文化精神，展示连南瑶族原生态文化、生活方式以及独特的古村落结构，是"活着的古村落"

资料来源：连南县政府门户网站，http://www.liannan.gov.cn/lnly/lyjd/content/post_31654.html。

3.3　连南瑶族自治县民族构成与社会经济概况

3.3.1　民族构成与分布

1. 瑶族的构成与分布

瑶族是一个具有悠久历史的民族，最早的记载见于唐初姚思廉的《梁书·张瓒传》："零陵、衡阳等郡有莫徭蛮者，依山险为居，历政不宾服。"在南北朝以前，凡是居住在长江以南的少数民族，包括瑶族的祖先在内，被统称为"蛮""蛮夷""南蛮""荆蛮"等称呼。从隋唐的相关文献，开始用"徭"来称瑶族。唐代魏征所著的《隋书·地理志》记载："长沙郡由杂有蛮夷，名曰莫徭，自云其先祖有功，常免徭役，故以为名……武陵、巴陵、零陵、桂阳、澧阳、衡山、熙平皆同焉。"唐代诗人刘禹锡在《连州腊日观莫徭猎西山》的诗篇反映了连州地区瑶族人民的生产图景。阮元的《广东通志》卷二百三十二中记载："王晙……永徽初为连州刺史，民徭安之。"可见，隋唐以来，现在的连南县地区逐渐成为瑶族的聚居区域。

连南县瑶族有"排瑶"和"过山瑶"两个支系，关于"排瑶"的称呼，在汉文史中的记载最早是见于明·崇祯十四年（公元1641年），张若麒的题奏《连阳排瑶》。排瑶自称"要敏"（jau min，意为瑶人），由于排瑶因习惯聚族而居，依山建房，其房屋排排相叠，形成山寨，被汉人叫"排"，所以被称为"排瑶"。"排瑶"分布定居的地方在明代便已经形成了"八排"，并且称之为有"八排二十四冲"。依据凌锡华的《连山县志》记载："排之大者八，小者七，其冲一百七十三。属连山者五大排，三小排，一百二十大小冲；属连县者三大排，一小排，十三小冲；属阳山者三小排，三十四小冲。"新中国成立后，居住在深山高岭的现在排瑶居民迁移到山下平地田峒的地方聚居。连南县过去的排瑶主要聚居在南岗、油岭、横坑、军寨、里八峒、马箭、火烧坪和大掌8个大排上，因此称为"八排瑶"。"过山瑶"自称"优勉"（jiu mien，意亦瑶人），则因他们的祖先长期砍山耕种，迁徙无常，"食尽一山又一山"而得名，其语言和服饰与排瑶有较大的差异。过山瑶晚于排瑶进入连南县聚居。根据过山瑶自己的族谱"过山榜"的记载，他们是清道光年间分别从湖南和广西迁移至此。在民国时期，《连山县志》卷五中记载："连南除有排瑶，还有一种过山瑶族者，居无定冲，视山坡有腴地可垦，即率妻孥夥结茅住之……耕作余闲则结队游历，寻得佳胜处，又徙宅从之矣，故曰过山瑶。""过山瑶"由于受耕地的限制，其村寨一般小而分散，一个村寨只有十几户人家，甚至只有三、五户，新中国成立后，分别集中定居夏利，主要分布在山联乡、寨南乡的白水坑、新寨、吊尾、石埠板洞管理区，大麦山镇的黄连管理区、塘涧管理区等地。

2. 汉族的构成与分布

连南县汉族，历史悠久，源远流长。1968 年，广东省考古学家来连南考察时，在三江镇西郊九隍庙附近山岗，发现有 40 余座东晋至南北朝时期的古墓群，出土文物有绿釉小碗、四耳绿釉缸及绿釉小猪，还有人面网纹砖。其中一块刻有汉文"大明八年八月作之"字样。此据推断，至少在一千五百多年前，中原文化已传播到这里，汉族人口已有相当数量。以后，随着汉族人口不断迁徙来连南，生息繁衍，逐步形成了现在的分布格局。

据县有关部门 2000 年调查定居在三江镇及各乡村的汉族，计有 127 姓人。据考查现存的史料，五代南汉时期曾官至尚书左仆射的黄损，是三江城西诸美冲人，相传其先祖从福建黄家巷迁来三江，世代不详，今三江城西仍留下黄损弟弟四子的后裔，是今所知最早到三江落业的居民。世居寨岗镇及各乡村的汉族，共有 68 姓人，据现存史料考查，金光、阳爱两村的班、梁、蒋、颜、邓、莫姓（俗称"五旗六姓"），其始祖均于明朝洪武二十四年（1391 年），先后到该地"屯田"，遂于此落业，此为现在所知最早到寨岗地区定居的汉族人。世居寨南各村的汉族，共有 59 姓人。据考查，现定居吊尾村的黄姓，其先祖于明朝永乐十三年（1415 年）从福建省上杭县瓦子街珠玑巷迁来该地落业，为现在所知最早到寨南定居的汉族人。2001 年后，连南先后进行乡镇撤并，汉族人口主要分布在三江镇、寨岗镇，三排镇吴公田村和大麦山镇中心岗等地亦有少量分布。

3. 壮族的构成与分布

壮族是由古代百越人中的西瓯骆越的一部分发展形成的。在数千年前，壮族的祖先就生息繁衍在两广一带的广阔地区。壮族前称僮族，史书写为"撞"或"僮"，出现于南宋。宋人范成大《桂海虞衡志》记载："庆远、南丹溪洞之民呼为僮。"南宋李增伯在上宋理宗的奏折中，也提到宜山有"撞丁"。在古代汉文史籍上，壮族先民还被称呼为乌浒、僚、俚、等。壮族因居住和方言等差异，又有布壮、布土、布依、不布沙、布越等多种自称。本县和连山县的壮族，历史上称为"峒民"。新中国成立后，经过民族识别，统一称为僮族。1965 年，遵照时任国务院总理周恩来的倡议和壮族人民的意愿，把僮族改称为壮族。

连南县壮族的分布，除有小部分居住在寨岗和三江县城外，大部分定居三江镇沿陂村和新岩村莫老寨。两个村的壮民均姓莫，先后从连山县太保镇上坪凤凰村迁来，据其族谱记载，沿陂村壮民约在明朝正统年间迁居三江梅村，后迁到沿陂村，至今已 21 代；莫老寨壮民约在清朝初年迁来落居。至今已有 12 代。连山壮族，据《连山县志》记载，是在明洪武年间从广西迁来的。据此推断，本县莫姓壮族的先祖，也在这期间从广西迁来太保凤凰村，然后才迁到连南县。本县壮族迁来连南县后，与汉族交错杂居，在生产生活方面，关系十分密切，所以，在生活习俗、服饰等方面与汉族已没有多大差异。由于害怕受民族歧视和其他方面的原因，过去很长一段时间里，他们改认汉族。不敢承认自己是壮族。1985 年 9 月，根据壮民的意愿要求和国家有关政策规定，经县人民政府和省民族事务委员会批准，恢复为壮族。

3.3.2 人口分布

由图 3－1 可知，从 2015～2019 年，连南县户籍总人口数量一直处于上升阶段，截至 2019 年末，连南县公安局户籍总人口 176445 人，比上年增长 0.2%。其中，男性人口 92098 人，占总人口的 52.20%；女性人口 84347 人，占总人口的 47.80%。少数民族人口 100845 人，占总人口的

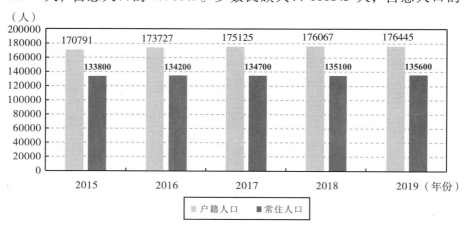

图 3－1　2015～2019 年连南县户籍总人口和年末常住人口数量变化

资料来源：2015～2019 年连南县国民经济和社会发展统计公报。

57.15%，其中，瑶族人口 98506 人。全年出生人口 2402 人，人口出生率为 13.15‰；死亡人口 1068 人，人口死亡率为 5.85‰，人口自然增长率为 7.30‰。年末常住人口 135600 人，比上年增长 0.4%。

3.3.3　产业布局

据统计，2019 年，连南县实现地区生产总值 53.46 亿元，累计增长 3.0%。其中，第一产业增加值 10.54 亿元，增长 3.6%；第二产业增加值 12.10 亿元，增长 15.0%；第三产业增加值 30.82 亿元，下降 1.4%。三次产业的比重为 19.7∶22.6∶57.7。人均地区生产总值 39496 元，增长 2.6%。

由图 3-2、图 3-3 可知，2015～2019 年，连南县地区生产总值稳步上升，增长速度处于波动状态。三产增加值逐年上升，第一产业增加值相对较稳定，第二产业增加值较为平滑，第三产业的增加值波动上升。当前，全县经济和社会发展存在的主要问题：经济增长速度放缓，人均地区生产总值、人均财政收入等指标依然远远低于全省、全市平均水平；基础设施建设状况明显改善，但受地处粤北少数民族地区的影响，区位优势并不明显，企业规模普遍较小，新增"四上"企业较少，产业结构有待进一步优化；经济发展后劲不足、财政收支矛盾等问题较为突出，土地、价

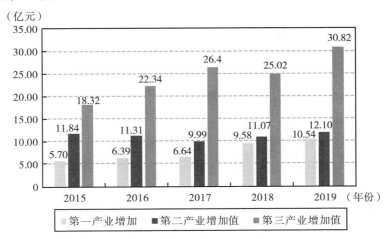

图 3-2　连南县 2015～2019 年三产增加值

资料来源：2015～2019 年连南县国民经济和社会发展统计公报。

格、成本等对经济发展的约束仍然明显；城镇化质量亟须提高，进程有待进一步加快等。

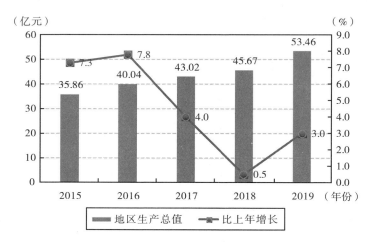

图 3 - 3　连南县 2015～2019 年地区生产总值及增长速度
资料来源：2015～2019 年连南县国民经济和社会发展统计公报。

3.3.4　人民生活

城乡农户生活水平稳步提高。2019 年末，连南县城乡农户人均可支配收入 19732.50 元，比上年增长 9.20%。其中，城镇居民人均可支配收入 26073.70 元，比上年增长 8.0%；农村居民人均可支配收入 14257.2 元，比上年增长 9.5%。城镇和农村农户人均可支配收入增速均快于地区生产总值的增长速度。社会保障和福利事业稳步推进。全县参加城乡居民养老保险 62116 人，职工养老保险 14645 人；城乡居民参加医疗保险 138173 人，职工医疗保险 17873 人；工伤保险 10641 人；参加生育保险 9747 人。城镇登记失业人数 356 人，失业率为 2.22%。全县享受低保救济的困难群众达 3622 人，其中，城镇 145 人，农村 3477 人。支出低保救济金 1068.8 万元，比上年增加 46.50 万元，增长 4.50%。农村分散供养五保户 378 人，全县 7 家敬老院入住五保老人 50 人。[①]

———————

① 《连南瑶族自治县 2019 年国民经济和社会发展统计公报》。

3.4　连南瑶族自治县扶贫与旅游发展概况

3.4.1　连南县扶贫发展

1. 主要的扶贫概况

连南县自 2012 年扶贫"双到"(规划到户、责任到人)的开展,到精准扶贫扎实推进,再到 2018 年,全县以贫困群众实现"两不愁三保障"("两不愁"即不愁吃、不愁穿,"三保障"即义务教育、基本医疗、住房安全有保障)和"八有一稳"("八有"即有稳固住房、有饮用水、有电用、有路通自然村、有义务教育保障、有医疗保障、有电视、有网络信号;"一稳"即有稳定收入来源或最低生活保障)的目标,连南县整体的脱贫攻坚工作机制,重点突出"产业、金融、就业"三项联动,多渠道发力脱贫攻坚,成效显著。如图 3 - 4 所示,2014～2018 年连南县贫困人口持续下降,帮扶资金波动上升。

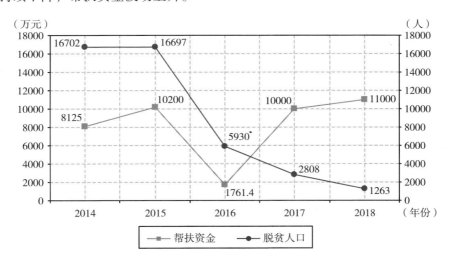

图 3 - 4　2014～2018 年连南县脱贫人口与帮扶资金数量

资料来源:2014～2018 年连南县政府工作报告。

据统计，2014 年，全县累计投入各级扶贫资金 8125 万元，帮扶村集体经济增收项目 103 个，27 个贫困村年集体经济全部达到 5 万元以上，帮扶项目 22827 多个，4829 户"两有"贫困户（有劳动能力、有发展意愿的贫困户），16702 人年人均纯收入达到 5220 元以上。2015 年末，共投入各类扶贫资金 1.02 亿元，建成村集体增收项目 40 个、贫困户民生设施项目 5925 个、贫困户生产经营类项目 6632 个。县农户自立服务社共发放贷款 1135 笔、贷款金额 2500 多万元，惠及 900 多户农户。23 个互助资金试点村发放借款 280 万元，累计借款人数 142 人。解决 912 户群众的住房困难问题。27 个省定贫困村年集体经济收入全部达到 5 万元以上，有劳动能力的贫困户 4824 户 16697 人全部实现脱贫目标。2016 年，完成 2171 户 5930 人的贫困户数据采集录入及建档立卡工作，政府兜底的 1331 人实现脱贫，全年共投入帮扶资金 1761.4 万元，在建或建成扶贫项目 12 个。2017 年，贫困人口年人均可支配收入达到了 8816 元，762 户 2808 人脱贫。截至 2018 年，在各级各部门以及市帮扶工作组一系列的扶贫措施，例如，政府兜底帮扶、金融信贷扶贫、特色产业扶贫、就业扶贫和旅游扶贫等，使得当地有劳动能力的贫困农户人均可支配收入达到 12262 元，358 户 1263 人脱贫。①

2. 主要的扶贫方式

（1）整村搬迁扶贫。连南县属于粤北少数民族地区，本身生态环境脆弱，破坏容易，恢复难。有些少数民族地区农户们生活居住的自然村落所在的地理位置不佳，交通闭塞。由于村落单元实际的自然条件过于恶劣，灾害频发，在改善环境与建设交通基础设施方面的成本比较高，代价较大。针对此类农村地区居住的农户，能够成功实现就地扶贫的情况十分困难，贫困农户未来的生活和生产也是受到诸多限制，对于巩固他们脱贫成果和可持续发展是不利的，此时整村搬迁是一种有效快速的脱贫手段，也是推行精准扶贫过程中一个十分重要的模式。在实际扶贫工作中，以连南县大古坳村行政单元为例，其中包括共有 8 个自然村，农户数量 491 户，

---

① 2014～2018 年连南县政府工作报告。

将他们整体从海拔 800 多米的山上搬迁下来，实现了"搬迁脱贫"，这样使得农户的居住环境改变了，各种基础性的条件改善了，再实行就地脱贫也就变得比以前容易。2012 年，三排福彩移民新村等 6 个移民安置点顺利建成，全年安置移民 1258 户、改造危房 2168 户。① 截至 2014 年末，全面完成 600 户农村低收入住房困难户住房改造和 151 户"两不具备"（不具备生产条件和不具备生活条件）群众移民搬迁。②

（2）特色产业扶贫。充分发挥连南县少数民族地区农户的内生动力，充分利用本土民族文化优势，因地制宜，找准产业扶贫项目，推动特色产业发展是脱贫致富的有生力量。当地瑶族人口占到全县人口的一半以上，水稻是当地的主要农作物。而稻田养鱼模式，则是瑶家人传统的一种特色农耕技艺，在以前，当地农户只是为了自给自足，并未发展成为一种产业。根据稻鱼共生理论，利用人工新建的稻鱼共生关系，使用稻田水面养鱼，不仅可以获得鱼产品，而且可利用鱼吃掉稻田中的害虫与杂草，它们排泄的粪肥，又可以翻动泥土促进肥料分解，这样为水稻生长创造了良好的环境，通常情况下可以促进水稻增产约一成。因此，县域在实际扶贫过程中，通过扶持产业发展，在村落田间地头修通机耕路，加高田基，设置鱼窝，使得稻田养鱼在当地成为部分农户脱贫致富的一个重要选择。同时，与天农、粤旺等农业龙头企业开展合作，大力发展食用菌、蚕桑、茶叶、稻田鱼、有机稻、蔬菜、兰花 7 类主导扶贫产业。2020 年以来，连南稻鱼茶省级现代农业产业园龙头作用凸显，茶叶累计种植面积 1.25 万亩，优质稻种植 1.2 万亩，推广稻田养鱼面积 7000 亩。"连南大叶茶"和"连南高山稻香米"获评为国家级名特优新农产品名录，产业园联农带农共9200 多户，直接带动 300 多户贫困户户均增收超 1 万元。③

（3）金融信贷扶贫。在扶贫的过程中金融信贷扶贫是不可或缺的。由于任何项目都需要启动资金，村落的扶贫干部和贫困农户，在很多时候拥有比较好的脱贫项目构思，当地也具有良好的实施环境，然而启动资金缺

① 《2013 年连南瑶族自治县政府工作报告》。
② 《2015 年连南瑶族自治县政府工作报告》。
③ 《产业园联农带农 9200 多户，带动 300 多户贫困户户均增收超 1 万元》，连南瑶族自治县人民政府官网，2021 – 03 – 18.

乏会造成无法去实现和利用当地的有利资源。因此，为了很好地解决扶贫启动资金不足的问题，通过沟通协调，由中国扶贫基金会下属的小额信贷部在连南县建立了广东第一家农业专业小额信贷公司中和农信，把凡是录入征信名录的农户都作为贷款对象，额度 5 万元以内，只需有人担保 3 天便能放款；而原来的政府扶贫资金则改为"集中设立补贴资金池"，专门用于农户从中和信贷公司贷款贴息。此外，2017 年，连南县创新开展金融扶贫，融资 1 亿元发展水电、光伏项目，每年将投资收益约 880 万元直接用于贫困户分红，5500 个贫困人口每人每年可增收 1600 元。[①]

（4）就业扶贫。深入开展就业扶贫，优选录用贫困户就业，通过就业实现长久有效脱贫。扶贫产业项目落实率排在全市前列，其中寨岗镇兰花、大坪镇光伏发电、三排镇蜈蚣田村桑菇等项目成效明显，有效带动了贫困户增收。2018 年末，出台就业奖补政策拓宽就业渠道，开展"订单式、定向式"就业扶贫，在荣芳鞋业、鑫发五金等企业设立扶贫车间，安排贫困户就业，解决了 1151 人的就业问题。[②]

3.4.2 连南县旅游发展

1. 连南县旅游收入稳步提升

由图 3 - 5 可知，旅游经济发展稳中有进，全县接待国内外游客数量由 2012 年的 87.23 万人次提高到 2019 年末的 452.8 万人次，同比增长 46.4%。实现旅游综合收入 2012 年的 3.79 亿元提高到 2019 年末的 19.2 亿元，同比增长 60.8%，旅游综合收入相当于全县国内生产总值的 35.9%，旅游业已成为全县战略性的支柱产业。2012～2019 年，全年接待国内外游客接待数量和旅游总收入同比增长率均呈现出波动增长的态势，而在 2017 年时，游客接待数量和旅游总收入同比增长率均出现了明显的回落现象，这是由于广东省公安厅连南汽车驾驶员培训长途考点的撤销，直接减少约 50 万人的客流量。鉴于此，旅游综合效益依然实现了增长的状

---

① 《2018 年连南瑶族自治县政府工作报告》。
② 《2019 年连南瑶族自治县政府工作报告》。

况。全年旅游接待游客依然比 2016 年同比增长 3%，旅游总收入同比增长 2%。2018 年，游客接待数量和旅游总收入同比增长率继续回升。

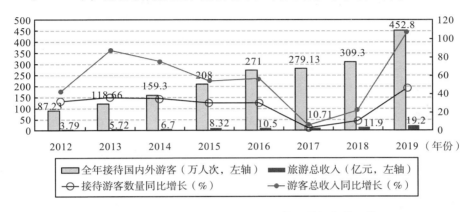

图 3－5　2012～2019 年国内外游客接待数量与旅游总收入

资料来源：2012～2019 年连南县政府工作报告。

2. 连南县全域旅游总体规划

目前，连南县完成编制全域旅游总体规划和全域旅游实施方案、《广东省连南瑶族自治县旅游业发展总体规划（2012—2020）》《连南瑶族文化生态休闲旅游集聚区专项概念规划（2015—2020）》等，少数民族的民俗文化挖掘保护和文化旅游发展成效显著，旅游品牌影响力不断扩大。例如，广东瑶族博物馆、南岗千年瑶寨成功创建为国家 4A 级旅游景区。南岗古排、三排老排、油岭村、大掌村、石泉村被评为国家级古村落，南岗千年瑶寨、连水墩龙瑶寨、油岭古寨、三排福彩新村、金坑红星移民新村、大竹湾小横龙新村被评为国家级少数民族特色村寨，油岭瑶族民居群成功申报为省级文物保护单位。少数民族文化旅游节庆影响力、吸引力不断增强，如瑶族"盘王节""耍歌堂""开耕节""开唱节""稻田鱼节"等节庆活动。"八排瑶族婚俗"、瑶族扎染和排瑶牛皮酥制作技艺成功列入省级非物质文化遗产名录，省级以上非遗项目增至 9 项，省级以上非遗传承人增至 11 人，油岭村委被评为广东省非物质文化遗产瑶族长鼓舞、长鼓制作技艺传承基地，广东瑶族博物馆被评为广东省非物质文化遗产连南瑶族服饰刺绣传承基地。此外，还有瑶族刺绣、瑶族银饰等特色文化产业产品开发等。围绕国家全域旅游示范区创建，突出抓好民族文化旅游，全域旅游格局逐步形成，旅游业实现井喷式发展，产值占全县 GDP 的 1/3，已经成为连南县支柱产业。近年来，连南县荣获"广东旅游创新发展十强县"等殊荣，南岗千年瑶寨荣获"广东十大最美古村落""海外华人最喜爱的历史文化景区""广东省休闲农业与乡村旅游示范点"称号，三排镇荣获广东省生态休闲旅游示范镇，南岗千年瑶寨、连水墩龙瑶寨荣获广东省生态休闲旅游示范村。

同时，伴随着旅游业的快速发展，连南县第三产业产值稳步上升，在促进县域经济发展方面发挥着越来越重要的作用，人民生活水平得到显著提高，城镇农村居民人均可支配收入逐年上升。县域内基础设施与旅游服务设施完善、环境保护及乡风文明建设等也取得了不错的成效。访谈中，不少村民表示，旅游业确实促进了当地的发展，"带领村民脱贫致富""带动本地就业，提高了村民收入""生活环境变好了"。也有村民提出一些建议，"希望能够带动民宿的发展""进一步推广和宣传当地旅游景点，科学开发""政府加大投资力度""希望开发商能多关注村域内的发展"等。村民的感受和希冀一方面体现了旅游扶贫在当地取得的一系列成效；另一方面如何平衡各方利益，创新旅游发展业态，促进连南县村域内的全面发展是政府和企业接下来应该考虑和重视的问题。

3. 节庆活动特色明显，管理模式亟须创新

近年来，连南县不仅把瑶族传统节日办出新花样，还把"旅游＋"的新型节事活动办得有声有色。

瑶寨传统节庆贯穿一年始末。三月三开耕节，承载瑶族农耕文化；六月六桑叶美食节，推广桑叶美食，发扬桑叶经济；七月七开唱节，唱响瑶族儿女对美好生活的向往；金秋稻田鱼文化节，是国家级示范性渔业文化节庆，分享丰收的喜悦；十月十六盘王节，是瑶族最隆重、最热烈的节日，"八排二十四冲"的要组人欢聚一堂，过九州，耍歌堂，共同祭奠祖先；瑶族情人节（玩坡节），是省级非物质文化遗产，对歌传真情。

同时，新型节事活动也越来越被关注。例如，"体育＋旅游"的连南半程马拉松赛、广东省男子篮球联赛季前赛和首届龙舟邀请赛等体育活

动；"音乐＋旅游"孕育的乡村旅游节、瑶族原创音乐节、啤酒音乐节和稻田鱼电音节等音乐盛宴；"文化＋旅游"将歌舞展演、摄影大赛和书画联展等新形式展示给游客和居民；"互联网＋旅游"让网红走进少数民族村寨，体验瑶族风情文化。

　　表 3－2 展示了连南县 2014～2019 年的节庆活动，可以发现：第一，连南县节庆活动逐年增多，瑶寨传统节庆不断融入新元素，丰富升级，新型节事活动不断创新，丰富县域居民和游客的精神文化生活；第二，具有连南特色的"旅游＋"深度融合发展成效显著，文化体育活动、寨岗乡村旅游节和三排桑叶美食节等活动办得有声有色，促进全域旅游发展；第三，活动形式丰富多彩，文旅融合、深度体验和地方展示等将民族文化与游客体验有机结合，同时满足当地居民和外来游客的需要。以桑叶美食节为例，从最初的桑叶基地游览体验、桑叶美食品鉴购买，逐步发展到 2019年的集桑叶美食大赛、长桌宴、美食摄影评选、瑶族风情展演、蚕桑文化科普图展等为一体的极具少数民族特色的综合性节庆活动，将民族风情、美食特色、生态科普和游客体验有机融合。

表 3－2　　　　　2015～2019 年连南瑶族自治县举办的主要节庆活动

序号	举办时间	活动名称	主要内容
1	2015.4.26	"开耕节"庆典暨首届瑶族千人长桌宴	"开耕节"仪式；瑶族婚俗、过九州民俗表演；千人长桌宴等
2	2015.6.6	"2015 芒种"连南瑶寨梯田摄影节	打火把捡田螺；摄影活动等
3	2015.7.18	尝新节暨桑叶美食节	摘桑叶—摄桑农—喂桑蚕—看桑猪；品评桑叶美食等
4	2015.8.20－8.23	"开唱节"暨民俗摄影创作活动	瑶族风情表演；"梦里瑶乡"民俗摄影创作活动等
5	2015.9.26－10.5	清远·连南稻田鱼节	稻田鱼烹饪大赛；"瑶山放歌"之木排、竹排大赛；稻田鱼之夜等
6	2016.1.1	首届冬笋节	全冬笋宴；千人长桌宴；美食和特色商品展销活动等
7	2016.5.28－5.29	"芒种"瑶排梯田文化节	徒手抓鸭子比赛；插秧比赛等
8	2016.8.6－8.7	"开唱节"	"瑶歌嘹亮"歌舞展演；徒手抓鸭；涉水背爱人大赛；撑排大赛等

续表

序号	举办时间	活动名称	主要内容
9	2016.9.23－9.30	清远·连南稻田鱼节	田间徒手抓鱼、万人渔乐活动等
10	2016.11.11－11.13	第八届中国（连南）瑶族文化艺术节暨瑶族"盘王节·耍歌堂"活动	瑶歌展演；长鼓舞表演；传统的民俗活动：法真追打黑面人等
11	2017.1.1－1.2	2017连南乡村旅游节	开幕式；八仙宴；挖竹笋、乡土趣味运动会、农家大电影等系列活动等
12	2017.4.8－4.9	连南开耕节	体验瑶族农耕文化；瑶族原生态歌舞；最美梯田；传统农活等
13	2017.7.30－7.31	第三届桑叶美食节暨乡村旅游节	主题由桑叶美食上升为乡村旅游，增加农特产品推介活动
14	2017.8.26－8.27	千年瑶寨瑶族开唱节	瑶族歌舞婚俗表演
15	2017.9.24－10.7	稻田鱼文化	稻田徒手抓鱼、捉鸭子比赛；"稻鱼欢歌"瑶族风情联演；万人渔乐活动
16	2017.11.30－12.2	第九届中国（连南）瑶族文化艺术节暨瑶族"盘王节·耍歌堂"活动	瑶族耍歌堂、长鼓舞、排瑶民歌等展演；传承瑶族刺绣、瑶族银饰、牛皮酥制作技艺等传统文化
17	2017.12.31	连南·寨岗第三届乡村旅游节	千人品"八仙宴"；农家食材采摘、生态观光体验；跨年音乐表演
18	2018.2.24	第三届"玩坡节"	广东省非物质文化遗产，情歌对唱，射弩、射箭等传统体育比赛项目
19	2018.4.14－04.18	三月三"开耕节"	农耕文化；长桌宴；非遗展演
20	2018.5.6	2018首届半程马拉松赛	以瑶族元素为主题的体育旅游活动
21	2018.5.11－5.12	首届广东网红文化旅游节	体验"瑶族歌舞""瑶族婚俗"
22	2018.7.26－7.30	第四届"瑶族尝新节·桑叶美食节"	家宴；长桌宴；最萌桑蚕大评比；瑶寨寻宝；美食大赛等
23	2018.8.25	2018广东·连南创建国家全域旅游示范区系列活动之大麦山九寨梯田第三届七月七"开唱节"	祭祀活动；瑶族敬酒；歌舞表演；互动游戏；竹排欢歌；撑排比赛；涉水背爱人抓鸳鸯鸭；特色农产品展示；钓鱼比赛等
24	2018.9.28－9.29	首届"中国农民丰收节"清远分会场：2018年"稻田鱼文化节"	稻田鱼电音节；稻田泥浆拔河比赛。农产品展销；徒手抓稻田鱼；果蔬趣味搬运赛

续表

序号	举办时间	活动名称	主要内容
25	2018.9.13 – 9.19	广东省第六届少数民族传统体育运动会连南特色产品展	体育运动会与连南特色产品展
26	2018.10.17	首届登高音乐节	音乐会演，踏秋耍歌、盘王庙登高祈福、瑶家长桌宴、音乐篝火晚会
27	2018.11.17 – 12.30	第十届中国（连南）瑶族文化艺术节暨盘王节·耍歌堂活动	瑶族"耍歌堂"活动的"祭祀盘王""出歌堂""过九州""追打黑面人""法真表演""乐歌堂"等环节
28	2018.12.30 – 12.31	2019 乡村旅游节	八仙宴；生态观光；采摘活动等
29	2018.12.30 – 2019.1.1	2019 跨年瑶族原创音乐节	跨年音乐表演
30	2019.2.9	第四届"玩坡节"活动	未婚男女青山坡对歌等活动
31	2019.4.13 – 4.14	2019 开耕节	农耕文化等
32	2019.4.21	2019 连南半程马拉松赛	体育 + 旅游活动等
33	2019.4.26 – 4.28	珠江啤酒 2019 广东省男子篮球联赛季前赛·连南站	体育旅游活动
34	2019.5.23	连南瑶族自治县瑶族文化采风汇报会暨连南瑶族文化推广大使评选活动	推广非物质文化遗产《瑶族耍歌堂》及《瑶族刺绣》的传承与保护
35	2019.7.1 ~ 7.31	2019 年瑶族尝新节暨首届清远瑶王长桌宴美食月	尝新节；瑶王长桌宴；"源远流长"敬酒礼；"非遗"展演；篝火晚会
36	2019.7.02	清远市第四届"村歌嘹亮"暨连南县第五届"百里瑶山·山歌嘹亮"创演大赛	山歌创演比赛
37	2019.7.06	第五届"尝新节暨桑叶美食节"	桑叶美食摄影评选；蚕桑文化科普图展；鹰嘴桃采摘等
38	2019.8.18	第四届"开唱节"	祭祀活动；瑶族敬酒；开唱表演；竹排欢歌；撑排比赛；特色农产品展示
39	2019.9.18 – 9.22	2019 年"中国农民丰收节"系列活动暨第六届"稻田鱼文化节"	"百歌颂中华"大合唱比赛、河钓大赛、龙舟邀请赛、"连南大叶杯"斗茶大赛、开幕式、万众渔乐、田间徒手抓稻田鱼、稻鱼茶产业园成果展、瑶山美食音乐节、瑶山渔趣等

序号	举办时间	活动名称	主要内容
40	2019.11.9－11.10	第十一届中国（连南）瑶族文化艺术节暨瑶族"盘王节·耍歌堂"活动	开幕式文艺晚会；瑶族原生态"耍歌堂"活动；稻鱼茶产业园体验馆及瑶王长桌宴体验；瑶族文化座谈会；过山瑶"众人堂"活动；"百里瑶山幸福来"香港、澳门、中山、连南、八步五地书画联展
41	2019.12.21	第五届乡村旅游节	"火红冬日"乡村欢乐跑活动；"冬至乡墟日""粤菜师傅"工程乡村美食大比拼、农事采摘体验及过山瑶民俗风情篝火晚会等

资料来源：笔者根据清远市人民政府官网、连南瑶族自治县人民政府官网、广东省人民政府官网、连南瑶族自治县人民政府官网、南方网、光明网、搜狐网、凤凰网、新浪网、搜狐网、服装新闻网等网站整理所得。

现阶段，连南县节事旅游发展如火如荼，管理模式亟须进一步创新以充分发挥节庆活动的带动作用。连南县 2019 年政府工作报告也提出，一方面，应探索组建旅游发展委员会、旅游警察大队和千年瑶寨景区管理委员会等管理机构；另一方面，提高全媒体营销水平，通过媒体与节庆活动，不断提高知名度和影响力。

4. 全域旅游初步形成，文化品牌亟待打磨

在连南县旅游发展的过程中，科学编制旅游发展规划，通过《广东省连南瑶族自治县旅游业发展总体规划（2012—2020）》《连南瑶族文化生态休闲旅游集聚区专项概念规划（2015—2020）》等民族文化旅游产业发展规划指导旅游业发展；不断完善旅游配套设施建设，加强景区管理，拆除违章建筑，不断推进生态停车场、旅游公路、酒店等设施建设；景区景点建设取得重大突破，5A 级景区创建工作全面启动；美丽县城建设工作不断推进，借助节事活动开展的形象推广和品牌营销不断升级，全域旅游发展新格局逐步形成。

连南县全面实施全域旅游发展战略，以旅游为核心，发展生态经济和文化经济，将一二三产业和乡村振兴导入发展轨道，树立生态民族文化旅

游品牌，促进旅游业健康持续发展。现阶段，仍需进一步加强民族文化品牌打造，坚持把保护和弘扬民族优秀文化摆在重要位置，加大挖掘力度，发扬"八排二十四冲"① 文化新面貌。

---

① "八排二十四冲"：在排瑶的传统里，大规模的作"排"，较小的作"冲"。八排瑶是对聚居于连南县境内排瑶的专称。八排是指油岭排、南岗排、横坑排、军寨排、火烧排、大掌排、里八洞排和马箭排。二十四冲是指香炉山、大莺、新寨、锅盖山、上坪、望溪岭、马头鬃、天堂、大坪、山猪豹、社下冲、新寨、八百粟、茅田、平安冲（龙水尾）、鱼赛、六对、上坪、下坪、龙浮、水瓮尾、龙会、鸡公背和牛路水。

第 4 章

粤北少数民族地区农户生计资本测度

4.1 农户生计资本定性描述分析

在可持续生计的视角下，建构粤北少数民族地区农户旅游扶贫感知的关键影响因子剖析框架，研究表明，典型农村地区的农户生计资本的分析是本研究中不可或缺的一环。通常来说，农户的生计资本禀赋主要包括生计资本的数量、结构和质量越强，那他们的生计则会越稳健，抵御自然和人为带来的各种各样的风险冲击能力就越强，相应的，他们贫困的脆弱性就越低，即未来陷入贫困的概率则越低，他们提高未来收入的能力也就相应越高，反之亦然。基于英国国际开发署提出的可持续生计框架，其核心即是关于农户生计资本五边形的研究，本研究主要以粤北典型县域——连南县为例，通过定性和定量相结合的方法分别对当地农户的自然资本、物质资本、人力资本、金融资本和社会资本进行系统的分析，据此来拓展研究粤北山区其他的少数民族地区农户生计的状况。

4.1.1 数据来源、样本选取与问卷设计

1. 数据来源

本章的数据来源于 2017 年 11 月至 2019 年 7 月在中国广东省连南县

开展"粤北山区农户旅游扶贫感知研究"项目的调查数据。通过对国内
外相关理论文献的阅读和搜集，设计初步的调查问题与村干部与农户进
行访谈和相关统计资料的收集，为问卷设计做前期准备。通过对样本区
域的县政府—乡镇政府—村政府，层层收集统计数据报表，并且实地考
察当地的旅游扶贫示范景区："千年瑶寨"和"油岭瑶寨"。样本区域实
地调查的具体项目如表 4 - 1 所示。样本区域实地调查的具体内容包括样
本农户基本信息调查、样本农户家庭调查和样本农村社区调查三个部分。
第一部分是基本信息调查包括受访者的个人基本信息，例如，年龄、受
教育年限、政治面貌、职业、月收入、是否从事旅游业、是否从事农业
生产、旅游扶贫感知等相关指标。第二部分是样本农户家庭调查，主要
包括家庭结构特征、家庭劳动力状况、生计资本状况、收入与消费状
况、面临的致贫风险等。第三部分是样本农村社区调查，包括乡村旅
游扶贫项目建设、乡村旅游业发展、公共交通基础设施建设以及民俗
文化等。

表 4 - 1　　　　　　　　　　　样本区域实地调查的具体内容

样本农户基本信息调查	样本农户家庭调查	样本农村社区调查
个人年龄	家庭结构特征	乡村旅游扶贫项目
受教育年限	家庭劳动力状况	乡村旅游业发展
职业与月收入	家庭资本状况	乡村交通线路建设
个人与旅游业关系	家庭收支状况	乡村基础设施建设
个人对旅游扶贫感知	家庭风险状况	乡村民族文化状况

2. 样本选取

依据研究设计的技术路线、问卷设计与样本抽样体系，根据连南县乡
镇产业结构、社会发展和资源环境的初步分析，运用分层等概率随机抽
样，建立海拔、距离县城远近、乡镇人均 GDP、农民人均纯收入、旅游景
区状况、交通通达性和瑶族农户可访问性等相关指标体系进行综合打分。
运用主成分分析法和系统聚类法分组抽取 4 个样本乡镇，然后在抽取的

4 个样本乡镇中，按照旅游景点、人均 GDP、农民纯收入和村经济发展情况等相关指标进行分析，在每个样本乡镇随机抽取 2 个村庄，一共获取连南县的 2×4＝8 个样本村，分别是大麦山镇的黄莲村和上洞村（过山瑶）、三排镇的南岗村和油岭村（排瑶）、涡水镇的必坑村和大竹湾村（瑶汉混居）、大坪镇的军寮村和大掌村（瑶汉混居）。考虑到偏远和封闭的研究区域，生活在同一个农村社区农户均质性较强，因此，采取对样本村落内的农户家庭进行随机抽样访谈与问卷调查，每个样本村抽取 50 户农户家庭，最终获得 50×8＝400 份样本农户的问卷。样本农村社区项目调查方法采取参与式评估调查法，通过对县—镇—村 3 级的主要干部进行非正式访谈，目的在于获取民族自治县社会经济发展现状的一般性和特殊性两方面特征，了解农村社区自然资源、区位优势、民族文化特色、农户生活水平、乡村旅游扶贫现状和政策等相关内容。收集当地农村经济报表资料，便于对农村社区层面特征的量化分析和探讨村域层面的指标对旅游扶贫感知程度。经过分析整理，剔除无效问卷后，得到 370 份有效问卷，有效率达 92.5%。

3. 问卷设计

测度粤北少数民族地区农户的生计资本与旅游扶贫感知，其核心在于获得样本农户个体—家庭—农村社区的嵌套式数据，涉及农户生计资本测度问卷、农户旅游扶贫感知测度问卷、村干部调查问卷及部分区域领导访谈问卷和农村社区特征的测度问卷等。首先，样本农户中的受访者个人层面，主要设计个人基本信息、旅游扶贫感知，包括正负向经济、文化社会效应以及环境与人口效应等。其次，家庭层面包括家庭劳动力就业情况和家庭资本情况等。本章研究主要借鉴可持续生计分析框架设定划分为 5 类生计资本（自然资本、物质资本、金融资本、人力资本和社会资本），再设计具体的指标进行测量（见图 4-1）。最后，村域层面包括通村公路里程、距乡镇集市距离和是否有旅游景区等内容。村干部及部分区域领导访谈问卷主要关注村落旅游扶贫政策体系建设、公共物品投资、劳动力资源及经济发展水平等情况，分别设计具体的指标对其进行测量。

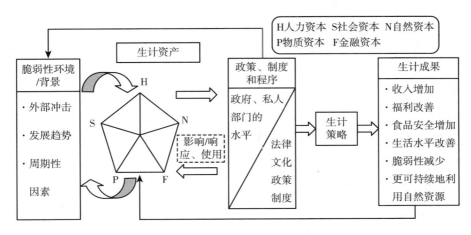

图 4 - 1 可持续生计分析框架

4.1.2 农户生计资本定性分析

1. 自然资本

自然资本是贫困农户的重要生计保障,是农户为了谋求生计所利用的土地和后顾生计资本,包括一切可利用的土地资源、水资源和生态环境资源等。自然资本一般可以通过天然获得,农户利用其进行生存和发展。广义上,生态环境也是重要的自然资本,其状况好坏也会影响旅游资源的开发,进而影响农户的贫困程度。总体而言,粤北少数民族地区的生态环境状况较为优良,水源丰富,土地资源质量不错,受到自然本身地形条件、气候水文状况、土壤质量、人工耕作技术和经营方式的影响。总体上,连南县的耕地质量和林地质量都相对不错,拥有各级各类自然保护区、风景名胜区、森林公园和地质公园等生态区和生态点,这些都为当地农户能够获取自然资本提供了天然的环境。狭义上,农户能够获得的最基本生计来源通常是他们能够获取的土地资源,通过利用耕地、园地和林地去发展各项相关产业,从而获得可持续的生存能力。通过连南县样本农户调查显示,他们的主要生计来源是农业生产,因此,他们拥有的土地数量、土地结构和土地质量对他们自身发展,无论是从事农业还是自营工商业的经营规模、经营模式以及经营效率均具有十分显著的影响。由表 4 - 2 可知,在连南县抽样调查的有效样本 370 户农户家庭中，可以计算得知，连南县全县户均耕地面积大约为 2.81 亩，其中，按照村域尺度由大到小排列顺序为：大麦山镇黄莲村（3.83 亩）>三排镇南岗村（3.73 亩）>三排镇油岭村（3.17 亩）>涡水镇必坑村（2.89 亩）>大麦山镇上洞村（2.51 亩）>涡水镇大竹湾村（2.34 亩）>大坪镇军寮村（2.01 亩）>大坪镇大掌村（1.97 亩）。连南县农户户均林地面积 7.64 亩，其中，按照村域尺度由大到小排列顺序为：涡水镇必坑村（15.86 亩）>大麦山镇黄莲村（11.76 亩）>涡水镇大竹湾村（10.53 亩）>大坪镇军寮村（8.28 亩）>大坪镇大掌村（6.21 亩）>三排镇油岭村（4.35 亩）>大麦山镇上洞村（2.3 亩）>三排镇南岗村（1.81 亩）。由此可见，连南县的耕地和林地面积户均拥有量不高，自然资本相对缺乏。

表 4 - 2 　　　　　连南瑶族自治县样本农户人均土地资源情况 　　　　单位：亩

乡镇名称	样本村落	耕地面积	林地面积
三排镇	南岗村	3.73	1.81
	油岭村	3.17	4.35
大坪镇	军寮村	2.01	8.28
	大掌村	1.97	6.21
涡水镇	大竹湾村	2.34	10.53
	必坑村	2.89	15.86
大麦山镇	上洞村	2.51	2.3
	黄莲村	3.83	11.76
平均		2.81	7.64

水资源同样也是农户生产和生活中非常不可或缺的自然资源之一，无论是灌溉生产用水，还是人畜的饮用水都关系到他们生活质量的提高，饮水卫生问题还关乎着农户的身体健康。由表 4 - 3 可知，连南县直接饮用自来水的农户平均所占比例达到 87.80%，其中，大麦山镇的黄莲村所占比例最高，达到 95.92%，其次是三排镇南岗村为 93.88%，大麦山镇的上洞村为 90.91%，三排镇油岭村为 90.70%，涡水镇必坑村为 84.44%，涡水镇大竹湾村为 82.93%，大坪镇军寮村为 82.00%，大坪镇的大掌村所占比例最低，为 81.63%。然而，全县用水困难的农户比例仍然达到 12.2%，

主要由于灌溉水源地较远，其中以大坪镇的大掌村最为突出，用水困难的农户所占比例最高，达到18.37%，其次是大坪镇的军寮村为18.00%，涡水镇大竹湾村为17.07%，涡水镇必坑村为15.56%，大麦山镇上洞村为9.09%，三排镇油岭村为9.30%，三排镇南岗村为6.12%，大麦山镇的黄莲村用水困难的农户所占比例最小，为4.08%。生活燃料结构会受到瑶族传统的生活习惯、地方的相关资源、经济综合发展和交通通达性的影响。实际调查发展大部分农户做饭、取暖、制作熏肉等使用薪柴和煤炭作为主要燃烧原料，少量的农户会使用沼气和天然气等。

表4-3　　　　　　　　　　连南县样本农户用水情况

乡镇名称	样本村落	自来水用户		用水困难户	
		数量（户）	比例（%）	数量（户）	比例（%）
三排镇	南岗村	46	93.88	3	6.12
	油岭村	39	90.70	4	9.30
大坪镇	军寮村	41	82.00	9	18.00
	大掌村	40	81.63	9	18.37
涡水镇	大竹湾村	34	82.93	7	17.07
	必坑村	38	84.44	7	15.56
大麦山镇	上洞村	40	90.91	4	9.09
	黄莲村	47	95.92	2	4.08
平均		40.63	87.80	5.63	12.20

2. 物质资本

物质资本，主要是衡量农户家庭的基本生产资料，大致包括社会生产和日常生活的基础设施保障，是用于维持生计的重要生产资料，主要用于满足农户的生产所需和满足家庭消费的用品，不同于自然资本。如果按照物质形态划分，可以将物质资本划分为县域范围下的公共物质资本和农户家庭拥有的物质资本。公共物质资本主要包括全县的通村公路、通信设施、灌溉设施和医疗卫生设施等基础设施。农户的家庭物质资本主要包括农户自身居住的房屋、大型生产工具和家庭耐用消费物品等，这些主要是用于农户在遇到大病冲击、市场波动和自然灾害等带来的家庭困难时，通过变卖这些物品进行变现，可以用于抵御贫困风险的相关资产。关于公共物质资本，目前连南县已经全线覆盖了通村公路和电网，并且手机的普及率更是高达99%，网络实现全覆盖，每个村均具有医疗卫生室。本研究中对连南县农户的家庭物质资本进行调查时，主要采取因地制宜和便于横向比较的原则，对重要的且易于量化的物质资产进行调查，主要包括农户家庭的住房情况、大型生产工具和家庭耐用消费品的拥有率。由表4-4可知，关于连南县样本村农户住房结构情况，主要以钢筋混凝土和砖瓦结构为主。其中，大坪镇大掌村的农户住房以钢筋混凝土结构比例最高，占75.51%，砖木结构为24.49%；大麦山镇黄莲村钢筋混凝土结构住房比例占73.47%，砖木结构为26.53%；涡水镇必坑村钢筋混凝土结构住房比例占73.33%，砖木结构为26.67%；涡水镇大竹湾村钢筋混凝土结构住房比例占73.17%，砖木结构为26.83%；三排镇油岭村钢筋混凝土结构住房比例占69.77%，砖木结构为30.23%；大坪镇军寮村钢筋混凝土结构住房比例占68.00%，砖木结构为32.00%；三排镇南岗村钢筋混凝土结构住房比例占67.35%，砖木结构为32.65%；大麦山镇上洞村钢筋混凝土结构住房比例占61.36%，砖木结构为38.64%。一般来说，钢筋混凝土结构住房的造价高于砖木结构的住房，它的抗震性能好，整体性强，抗腐蚀耐火能力强，经久耐用，使用寿命长，并且易于保值。而砖木结构的住房，空间分隔较方便，自重轻，由于施工工艺简单，材料也比较单一，材料容易获取，所以费用较低，但是耐用年限短，以至于设施并不十分完备。

表4-4　　　　　　　　连南县样本村农户住房结构情况

乡镇名称	样本村落	钢筋混凝土结构		砖木结构	
		户数（户）	占比（%）	户数（户）	占比（%）
三排镇	南岗村	33	67.35	16	32.65
	油岭村	30	69.77	13	30.23
大坪镇	军寮村	34	68.00	16	32.00
	大掌村	37	75.51	12	24.49
涡水镇	大竹湾村	30	73.17	11	26.83
	必坑村	33	73.33	12	26.67
大麦山镇	上洞村	27	61.36	17	38.64
	黄莲村	36	73.47	13	26.53

由表 4 - 5 可知,连南县样本村农户人均住房和住房结构情况表明,全县农户的人均住房面积为 25.16 平方米,人均房间数量 0.94 间,人均住房现值 2.72 万元,县域上看,农户住房由于全国和地方相关扶贫政策的扶持,相较之前有了较大改善。其中,涡水镇大竹湾村人均住房面积最大,达 33.62 平方米,其次三排镇南岗村人均住房面积达 27.36 平方米,大坪镇大掌村人均住房面积达 24.90 平方米,大坪镇军寮村人均住房面积达 24.89 平方米,三排镇油岭村人均住房面积达 24.03 平方米,大麦山镇黄莲村人均住房面积达 22.93 平方米,涡水镇必坑村人均住房面积达 22.26 平方米,大麦山镇上洞村人均住房面积达最小,为 21.27 平方米。从人均房间数来看,仅有大坪镇的大掌村和涡水镇的大竹湾村达到了 1 间以上,分别为 1.07 间和 1.18 间,其余村庄每人均不到 1 间房。三排镇南岗村人均房间数为 0.94 间,大麦山镇上洞村人均房间数为 0.88 间,大坪镇军寮村人均房间数为 0.88 间,大麦山镇黄莲村人均房间数为 0.86 间,涡水镇必坑村人均房间数为 0.86 间,三排镇油岭村人均房间数为 0.83 间。从人均住房现值来看,涡水镇的大竹湾村最高,为 3.90 万元,其次是三排镇南岗村,人均住房现值达 3.19 万元,大麦山镇上洞村人均住房现值为 3.02 万元,大坪镇军寮村人均住房现值为 2.50 万元,三排镇油岭村人均住房现值为 2.47 万元,大坪镇大掌村人均住房现值为 2.45 万元,涡水镇必坑村人均住房现值为 2.35 万元,大麦山镇黄莲村人均住房现值最低,为 1.90 万元。

表 4 - 5　　　　　　　连南县样本村农户人均住房情况

乡镇名称	样本村落	人均住房面积（平方米）	人均房间数（间）	人均住房现值（万元）
三排镇	南岗村	27.36	0.94	3.19
	油岭村	24.03	0.83	2.47
大坪镇	军寮村	24.89	0.88	2.50
	大掌村	24.90	1.07	2.45
涡水镇	大竹湾村	33.62	1.18	3.90
	必坑村	22.26	0.86	2.35
大麦山镇	上洞村	21.27	0.88	3.02
	黄莲村	22.93	0.86	1.90
平均		25.16	0.94	2.72

　　由于大型生产工具和交通工具会直接影响农户农业生产和产品运输，也是农户家庭重要的物质资本。因此，在调查时，需要将该指标进行量化分析。由表4-6可知，连南县农户大型生产工具与交通工具主要有拖拉机、耕牛、机动三轮车、汽车、摩托车、电动车，调查显示，各个样本村中生产工具是拖拉机，使用耕牛的比例不高。最主要的交通工具是摩托车，使用机动三轮车、汽车和电动车的比例不高。由于各样本村调查农户户数总量有所不同，因此，将拥有户数所占样本村自身户数的比例进行对比。拖拉机拥有比例最大的为大竹湾村，比例为29.27%，其次是油岭村，拖拉机拥有比例为23.26%，军寮村拖拉机拥有比例为22.00%，上洞村拖拉机拥有比例为20.45%，黄莲村拖拉机拥有比例为18.37%，必坑村拖拉机拥有比例为8.89%，大掌村拖拉机拥有比例为4.08%，最小是南岗村，拖拉机拥有比例仅有2.04%。耕牛拥有比例最大的为大掌村、黄莲村，比例均为22.45%，上洞村耕牛拥有比例为11.36%，南岗村耕牛拥有比例为8.16%，大竹湾村耕牛拥有比例为2.44%，军寮村耕牛拥有比例为2.00%，最小是必坑村和油岭村，样本农户家庭中均没有耕牛。机动三轮车拥有比例最大的为大竹湾村，拥有比例达到17.07%，其次是南岗村，机动三轮车拥有比例为10.20%，油岭村机动三轮车拥有比例为9.30%，必坑村机动三轮车拥有比例为6.67%，大掌村机动三轮车拥有比例为2.04%，军寮村机动三轮车拥有比例为2.00%，最小是黄莲村和上洞村，样本农户家庭均没有机动三轮车。汽车拥有比例最大的为南岗村，比例为18.37%，其次是大竹湾村，汽车拥有比例为12.20%，油岭村汽车拥有比例为11.63%，上洞村汽车拥有比例为11.36%，大掌村汽车拥有比例为10.20%，必坑村汽车拥有比例为8.89%，黄莲村汽车拥有比例为8.16%，最小是军寮村，汽车拥有比例为8.00%。摩托车拥有比例最大的为黄莲村，比例为77.55%，其次是必坑村，摩托车拥有比例为66.67%，大竹湾村摩托车拥有比例为65.85%，大掌村摩托车拥有比例为65.31%，上洞村摩托车拥有比例为61.36%，南岗村摩托车拥有比例为61.22%，军寮村摩托车拥有比例为56.00%，摩托车拥有比例最小是油岭村，比例为48.84%，除油岭村之外，其他各村的摩托车拥有比例均到达55%以上，使用率较高。电动车拥有比例最大的为南岗村，比例为 14.29%，其次是大竹湾村，电动车拥有比例为 7.32%，油岭村电动车拥有比例为 4.65%，上洞村电动车拥有比例为 2.27%，必坑村电动车拥有比例为 2.22%，大掌村电动车拥有比例为 2.04%，黄莲村电动车拥有比例为 2.04%，最小的是军寮村，样本农户家庭中没有电动车。

表 4-6　　　　　　连南县样本村农户大型生产与交通工具拥有数量及比例

样本村落	拖拉机		耕牛		机动三轮车		汽车		摩托车		电动车	
	数量（户）	比例（%）	数量（户）	比例（%）	数量（户）	比例（%）	数量（户）	比例（%）	数量（户）	比例（%）	数量（户）	比例（%）
必坑村	4	8.89	0	0	3	6.67	4	8.89	30	66.67	1	2.22
大掌村	2	4.08	11	22.45	1	2.04	5	10.20	32	65.31	1	2.04
大竹湾村	12	29.27	1	2.44	7	17.07	5	12.20	27	65.85	3	7.32
黄莲村	9	18.37	11	22.45	0	0	4	8.16	38	77.55	1	2.04
军寮村	11	22.00	1	2.00	1	2.00	4	8.00	28	56.00	0	0
南岗村	1	2.04	4	8.16	5	10.20	9	18.37	30	61.22	7	14.29
上洞村	9	20.45	5	11.36	0	0	5	11.36	27	61.36	1	2.27
油岭村	10	23.26	0	0	4	9.30	5	11.63	21	48.84	2	4.65

家庭耐用消费品是物质资本的重要组成部分，由表 4-7、表 4-8 可知，连南县样本村农户家庭耐用消费品种类主要包括电脑、冰箱、空调、太阳能热水器、手机、电视机、洗衣机、组合家具和其他。具体来看，在样本村农户调查中，手机拥有率是各类家庭耐用消费品中最高的一项，必坑村和南岗村均达到了 100.00%。其余各村也都达到了 95% 以上。排名依次为军寮村（98.00%）、大掌村（97.96%）、黄莲村（97.96%）、上洞村（97.73%）、油岭村（95.35%）和大竹湾村（95.12%）。在样本村农户调查中，电视机拥有率是各类家庭耐用消费品中仅次于手机的。最大的是大掌村，电视机拥有率达到 95.92%，其次是军寮村（94.00%）、黄莲村（93.88%）、油岭村（93.02%）、必坑村（91.11%）、大竹湾村

（92.68%）、南岗村（89.80%），最小的是上洞村，依然高达88.64%，电视机的普及程度相对较高。在样本村农户调查中冰箱使用比例在各类家庭耐用消费品中位列第三。是上洞村（97.73%）、南岗村（95.92%）和油岭村（95.35%）均达到了95%以上。其次是军寮村（68.00%）、黄莲村（67.35%）、大竹湾村（65.85%）、大掌村（59.18%）、必坑村（53.33%），也都达到了50%以上，冰箱的普及程度也很高。在样本村农户调查中洗衣机拥有率在各类家庭耐用消费品中位列第四。洗衣机拥有率依次为南岗村（75.51%）、黄莲村（77.55%）、大竹湾村（70.73%）、上洞村（65.91%）、油岭村（55.81%）、必坑村（53.33%）、军寮村（52.00%），最小的是大掌村，约40.82%，洗衣机的普及程度相对一般。组合家具拥有率最高的样本村是大掌村，约42.86%，其次是大竹湾村（34.15%）、黄莲村（32.65%）、必坑村（31.11%）、南岗村（30.61%）、军寮村（30.00%）、上洞村（25.00%），最小的是油岭村，为18.60%，可见，组合家具的使用率不高。电脑使用率最高的是南岗村，达到26.53%，其次是上洞村（25.00%）、大掌村（22.45%）、黄莲村（16.33%）、军寮村（16.00%）、油岭村（13.95%）、大竹湾村（12.20%），使用率最低的是必坑村，为11.11%，电脑普及率较低，互联网相对闭塞，信息不够通达。空调拥有率最大的是南岗村，达18.37%，其次是军寮村（14.00%）、上洞村（9.09%）、必坑村（6.67%）、大掌村（6.12%）、大竹湾村（4.88%）、黄莲村（4.08%），最小是油岭村，为2.33%，空调的拥有率不高，可能是与当地气候有关，连南县多山地区，居住地区的气候相对比较凉爽，对空调的需求量不大。太阳能热水器拥有率最大的是黄莲村，达到28.57%，其次是上洞村（15.91%）、油岭村（13.95%）、南岗村（10.20%）、大竹湾村（9.76%）、必坑村（6.67%）、大掌村（4.08%），军寮村拥有率最低，仅有2.00%。除上述耐用消费品以外的其他消费品中，例如消毒柜、碾米机等物品，黄莲村的拥有率最高，达到12.24%，其次是大竹湾村（7.32%）、上洞村（6.82%）、南岗村（6.12%）、油岭村（4.65%）、必坑村（4.44%）、大掌村（4.08%），最低是军寮村，为2.00%。

表 4 - 7　　　　　连南县样本村农户家庭耐用消费品拥有户数　　　　单位：户

样本村落	电脑	冰箱	空调	太阳能热水器	手机	电视机	洗衣机	组合家具	其他
必坑村	5	24	3	3	45	41	24	14	2
大掌村	11	29	3	2	48	47	20	21	2
大竹湾村	5	27	2	4	39	38	29	14	3
黄莲村	8	33	2	14	48	46	38	16	6
军寮村	8	34	7	1	49	47	26	15	1
南岗村	13	47	9	5	49	44	37	15	3
上洞村	11	43	4	7	43	39	29	11	3
油岭村	6	41	1	6	41	40	24	8	2

表 4 - 8　　　　　连南县样本村农户家庭耐用消费品拥有比例　　　　单位：%

样本村落	电脑	冰箱	空调	太阳能热水器	手机	电视机	洗衣机	组合家具	其他
必坑村	11.11	53.33	6.67	6.67	100.00	91.11	53.33	31.11	4.44
大掌村	22.45	59.18	6.12	4.08	97.96	95.92	40.82	42.86	4.08
大竹湾村	12.20	65.85	4.88	9.76	95.12	92.68	70.73	34.15	7.32
黄莲村	16.33	67.35	4.08	28.57	97.96	93.88	77.55	32.65	12.24
军寮村	16.00	68.00	14.00	2.00	98.00	94.00	52.00	30.00	2.00
南岗村	26.53	95.92	18.37	10.20	100.00	89.80	75.51	30.61	6.12
上洞村	25.00	97.73	9.09	15.91	97.73	88.64	65.91	25.00	6.82
油岭村	13.95	95.35	2.33	13.95	95.35	93.02	55.81	18.60	4.65

3. 金融资本

金融资本是指农户家庭可支配的现金储备和从正规或者非正规渠道所获得的各项资金，主要来源于家庭储蓄、借贷和各项经营收入和工资收入等。一般而言，农户家庭面对重大疾病、市场波动和自然灾害等各种风险冲击时，会自动减少家庭生活消费，动用家庭储蓄和向外借贷的方式来应急。在这种应急管理中，金融资本的转换性最为灵活，特别容易获取其他生计资本，或者直接转换为生计成果，农户据此采取相应的生计策略来应对风险冲击。本研究选取农户的可支配收入和可借贷现金作为对农户金融资本展开调查的主要内容。家庭现金收入主要是农户通过生计活动所得，也是大多数农户金融资本的主要来源。从正规渠道获得贷款是指从银行、信贷机构获得现金。从非正规渠道获得资金是从亲友处获得的借款资助。由表4-9可知,连南县农户家庭收入主要来源于种植收入、养殖收入、非农经营净收入、补贴收入和外出务工收入。样本农户的年均种植收入为2944.59元,占年均家庭总收入的6.59%,养殖收入为2245.65元,占年均家庭总收入的5.04%,年均非农经营净收入为3461.88元,占年均家庭总收入的7.75%,年均补贴收入为2381.92元,占年均家庭总收入的5.33%,年均外出务工收入33627.88元,占年均家庭总收入的75.29%。可见,外出务工收入是连南县农户获取收入的主要来源之一,青壮劳动力均外出务工,通常排瑶区更为明显,过山瑶农户一般居住位置偏远,环境较为闭塞,与外界联系不如排瑶紧密,因此,外出务工人数不足,劳动力转移困难,收入不高。

表4-9 连南县样本农户的各类年均收入情况

收入类型	定义	县年均收入（元）	比例（%）
种植收入	农户出售主要农、林产品而获得的收入	2944.59	6.59
养殖收入	农户出售主要的畜产品而获得的收入	2245.65	5.04
非农经营净收入	农户家庭从事住宿餐饮（农家乐）、经营小商店,货运、客运,农产品加工（碾米、榨油、轧花）、药材加工等,汽车、农机具等维修服务,农业服务（如灌溉、机器收割等）,工业品加工及手工业,文教卫生（如行医、托儿所、理发等）这些非农经营获得的收入,扣除经营成本剩下的则为净收入	3461.88	7.75
补贴收入	农户获得的国家农、林补贴（种粮补贴和生产资料补贴）、扶贫补贴、景区补贴等国家政策补贴获得的收入	2381.92	5.33
外出务工收入	农户外出打工获得的收入	33627.88	75.29
总计	以上收入之和	44661.92	100.00

关于连南县农户可借贷的资金,样本调查数据显示,全县仅有2.70%成功获得银行贷款。97.30%的样本农户表示家里一般无有效贷款抵押物,信用等级不高,从银行获得贷款较为困难,并且即使贷到款项,也无力偿还,压力大,同时,贷款手续繁杂,急需用钱时候等不到。因此,如果面临经济困难时,大部分农户都会选择从亲朋好友处先借款应对。如

表 4 – 10 所示，从整县上看，连南县样本农户的户均借款金额为 14206.52 元，需要借款的样本农户的户均比例高达 70.9%。从分村情况看，平均借款数量，金额最高的是油岭村，为 19553.49 元，其次是大掌村平均借款金额为 19214.29 元，上洞村平均借款金额为 15397.73 元，必坑村平均借款金额为 14266.67 元，黄莲村平均借款金额为 14030.61 元，大竹湾村平均借款金额为 11743.90 元，军寮村平均借款金额为 11072.00 元，南岗村平均借款金额最小，为 8373.47 元。从平均借款比例来看，向亲友借款油岭村居于首位，户均达到 79.07%。其次是大掌村平均借款比例为 77.55%，南岗村平均借款比例为 75.51%，必坑村平均借款比例为 73.33%，黄莲村平均借款比例为 71.43%，上洞村平均借款比例为 70.45%，大竹湾村平均借款比例为 65.85%，借款比例最低的是军寮村，但依然高达 54.00%。由此可见，连南县总体上的农户生活状况不容乐观，借钱度日的现象十分明显。

表 4 – 10　　　　　　　　连南瑶族自治县样本农户借款情况

样本村落	借款金额（元）	是否向亲友借款			
		是（户）	比例（%）	否（户）	比例（%）
必坑村	14266.67	33	73.33	12	26.67
大掌村	19214.29	38	77.55	11	22.45
大竹湾村	11743.90	27	65.85	14	34.15
黄莲村	14030.61	35	71.43	14	28.57
军寮村	11072.00	27	54.00	23	46.00
南岗村	8373.47	37	75.51	12	24.49
上洞村	15397.73	31	70.45	13	29.55
油岭村	19553.49	34	79.07	9	20.93
平均	14206.52	32.75	70.90	13.50	29.10

4. 人力资本

人力资本指农户家庭拥有的技能、知识、劳动能力和健康等，人们通过利用上述资本去实施多元化的生计策略，达到相应的生计目标，从而降低贫困脆弱性。坚持以人为本的原则，人力资本的数量和质量决定了农户能否组合使用自然资本、物质资本、金融资本和社会资本，因此成为可持续框架中关于农户生计资本的重点剖析环节。连南县的人力资本主要反映平均年龄、受教育年限、家庭成员规模、家庭劳动力规模和家庭劳动力最大受教育年限的差异上。

由表4-11可知，从整县情况来看，当前连南县被调查的样本农户总量中全县的平均受教育年限仅有6.89年，主要是处于初中、小学水平，平均家庭劳动力最大受教育年限为10.83年，也是处于初、高中的水平，总体文化水平不高，可见，当前整县受教育情况不容乐观。农户平均家庭成员规模为4.73人，处于4~5人之间，家庭规模处于中等水平。农户平均家庭劳动力规模为3.48人，劳动力数量相对比较充足。

表4-11 连南县样本村农户人口特性情况

样本村落	年龄（岁）	受教育年限（年）	家庭成员规模（人）	劳动力规模（人）	家庭劳动力最大受教育年限（年）
南岗村	40.41	6.42	4.67	3.49	10.33
油岭村	41.37	7.60	4.58	3.40	12.12
军寮村	42.96	7.70	5.06	3.78	10.80
大掌村	47.20	7.08	4.69	3.37	11.24
大竹湾村	43.27	6.70	4.22	3.10	10.51
必坑村	42.82	6.45	4.40	3.24	9.60
上洞村	37.82	7.41	5.07	3.59	10.89
黄莲村	44.04	5.73	5.18	3.88	11.14
平均	42.49	6.89	4.73	3.48	10.83

从分村情况来看，各个样本村落农户的人力资本特点不同。在年龄分布上，大掌村最大，平均年龄47.20岁，留守中老年人较多。其次是黄莲村，平均年龄44.04岁，大竹湾村平均年龄43.27岁，军寮村平均年龄42.96岁，必坑村平均年龄42.82岁，油岭村平均年龄41.37岁，南岗村平均年龄40.41岁。而上洞村平均年龄最小，为37.82岁，这是由于青壮年返乡的较多。

在教育水平上，军寮村农户平均受教育年限最高，为 7.70 年，其次是油岭村平均受教育年限为 7.60 年，上洞村平均受教育年限为 7.41 年，大掌村平均受教育年限为 7.08 年，大竹湾村平均受教育年限为 6.70 年，必坑村平均受教育年限为 6.45 年，南岗村平均受教育年限为 6.42 年，黄莲村平均受教育年限最低，为 5.73 年。家庭劳动力最大受教育年限上，其中，油岭村劳动力文化程度最高，达到 12.12 年，其次是大掌村家庭劳动力最大受教育年限为 11.24 年，黄莲村家庭劳动力最大受教育年限为 11.14 年，上洞村家庭劳动力最大受教育年限为 10.89 年，大竹湾村家庭劳动力最大受教育年限为 10.51 年，军寮村家庭劳动力最大受教育年限为 10.80 年，南岗村家庭劳动力最大受教育年限为 10.33 年，必坑村劳动力文化程度最低，为 9.60 年。

在家庭成员规模上，黄莲村规模最大，为 5.18 人，其次是上洞村家庭成员为 5.07 人，军寮村家庭成员为 5.06 人，大掌村家庭成员为 4.69 人，南岗村家庭成员为 4.67 人，油岭村家庭成员为 4.58 人，必坑村家庭成员为 4.40 人，大竹湾村家庭成员规模最小，为 4.22 人。家庭劳动力规模上，黄莲村的劳动力最为富余，为 3.88 人，其次是军寮村，家庭劳动力规模达 3.78 人，上洞村家庭劳动力规模达 3.59 人，南岗村家庭劳动力规模达 3.49 人，油岭村家庭劳动力规模达 3.40 人，大掌村家庭劳动力规模达 3.37 人，必坑村家庭劳动力规模达 3.24 人，大竹湾村劳动力最少，为 3.10 人。

健康状况也是人力资本的重要组成部分，疾病带来的冲击会带来农户家庭生活困难增大，致贫明显且贫困程度更深。由表 4-12 可知，整县情况，连南县样本村农户拥有不健康家庭成员户数 124 户，占样本总量比例的 33.51%。分村情况来看，必坑村拥有不健康家庭成员比例为 46.67%，大掌村拥有不健康家庭成员比例为 40.82%，黄莲村拥有不健康家庭成员比例为 34.69%，上洞村拥有不健康家庭成员比例为 34.09%，油岭村拥有不健康家庭成员比例为 30.23%，大竹湾村拥有不健康家庭成员比例为 29.27%，军寮村拥有不健康家庭成员比例为 28.00%，南岗村拥有不健康家庭成员比例为 24.49%。由此可见，连南县农户由疾病带来的家庭贫困风险较高，因病致贫和因残致贫是当地农户贫困脆弱性显著的原因之一。

表 4 – 12　　　　　　　　　连南治县样本村农户健康情况

样本村落	拥有不健康家庭成员（户）	所占比例（%）
必坑村	21	46.67
大掌村	20	40.82
大竹湾村	12	29.27
黄莲村	17	34.69
军寮村	14	28.00
南岗村	12	24.49
上洞村	15	34.09
油岭村	13	30.23

5. 社会资本

社会资本指农户通过利用自身所拥有的各项人脉网络关系、社会联系与资源等，同时拥有参与决策的机会与领导潜力，如参加各类社会正式与非正式组织和协会的数量，与外界交往的程度、社会网络及其与外界的关系，以达到相应的生计目标。人脉网络关系方面，农户主要是自己的亲朋好友以及在一起工作的同事等。社会联系与资源方面，农户自身担任要职，并且对外联系较多，具有利益相关性的人们之间的网络关系与联系，使得社会资源整合使用效率更高。农户通过建立一些政治或民间团体，来增加农户之间的相互信任、关系网络和社会联系，这些组织增进了农户间的沟通与情感联系，可以帮助农户获取更多的就业、扶贫等相关信息与资源。一般来说，一些比较正式的组织机构，参与成员之间会通过协商制依据社会准则等制定一些共同遵守的规章制度等，来进行参与成员之间的行为约束。农户通过参加一些种植、养殖协会和经济合作社等，达到相互信任、互惠互利和交换信息资讯的目的，可以通过相互合作来减少相关成本。总体而言，连南县专业性合作经济组织的发育程度很低。全县样本农户中加入相关协会组织的仅有 18 户，占样本总量的 4.86%。因此导致农户之间的合作机会与共享利益的程度不高，农户参与协会组织的积极性不高，参与度不广泛，相关信息交流与沟通比较闭塞。

通常，乡村干部社交网络相对来说比较广泛，具有一定的领导能力和参与本村发展决策的机会和能力。由表 4 - 13 可知，连南县调查的样本农户中，全县家庭成员中拥有乡村干部的各个乡村的平均户数为 5.38 户，所占比例达 11.59%。分村情况来看，必坑村家庭成员中拥有乡村干部比例最大，达到 20.00%，其次是大掌村家庭成员中拥有乡村干部比例为 18.37%，黄莲村家庭成员中拥有乡村干部比例为 16.33%，大竹湾村家庭成员中拥有乡村干部比例为 12.20%，上洞村家庭成员中拥有乡村干部比例为 9.09%，军寮村家庭成员中拥有乡村干部比例为 8.00%，油岭村家庭成员中拥有乡村干部比例为 4.65%，南岗村家庭成员中拥有乡村干部比例最小，为 4.08%。

表 4 - 13　　　　　　　　　连南县样本村农户社会网络情况

样本村落	家庭成员是否有村干部		帮助务工亲友数量（人）	月均电话费（元）
	是（户）	比例（%）		
必坑村	9	20.00	2.40	75.93
大掌村	9	18.37	2.41	106.33
大竹湾村	5	12.20	4.10	102.58
黄莲村	8	16.33	4.23	98.57
军寮村	4	8.00	4.44	97.53
南岗村	2	4.08	3.28	85.40
上洞村	4	9.09	4.55	89.94
油岭村	2	4.65	2.98	91.06
平均	5.38	11.59	3.55	93.42

农户主要通过对外联系以维护和拓展家庭的人际网络，他们社会网络的广度可用其月均电话费来表示。连南县农户家庭平均每个月电话费为 93.42 元。分村情况来看，大掌村月均电话费为 106.33 元，大竹湾村月均电话费为 102.58 元，黄莲村月均电话费为 98.57 元，军寮村月均电话费为 97.53 元，油岭村月均电话费为 91.06 元，上洞村月均电话费为 89.94 元，南岗村月均电话费为 85.40 元，必坑村月均电话费为 75.93 元。

外出务工是农户增加经济收入、减小生计风险，降低贫困脆弱性和实现生计多样化的重要途径之一。一般而言，农户由于受教育水平低、职业技能较弱，外出务工的机会多来自亲朋好友的推荐和介绍。在所调查的全县样本农户中，平均每户寻找外出务工机会可求助的亲友人数平均为 3.55人。分村情况来看，上洞村能获得帮助务工的亲友数量最大，为 4.55 人，其次是军寮村，可求助的亲友数量为 4.44 人，黄莲村可求助的亲友数量为 4.23 人，大竹湾村可求助的亲友数量为 4.10 人，南岗村可求助的亲友数量为 3.28 人，油岭村可求助的亲友数量为 2.98 人，大掌村可求助的亲友数量为 2.41 人，最小是必坑村，可求助的亲友数量为 2.40 人。

4.2　农户生计资本指标设计与定量测度

本书在以前学者已有的相关研究成果与研究框架的基础上，结合连南县的实际情况，辅之依据全县农户生计资本部分的调查问卷，设计出连南县农户生计资本测量指标、指标量化数值以及相应的计算公式。

4.2.1　自然资本指标设计及测度

连南县位于生态较为脆弱的山区，耕地资源本身相对比较缺乏。即使如此，耕地依然是连南县各个样本村农户最重要的自然资本，是他们最主要的生计来源和生产发展基础。因此，研究选取农户人均经营的土地面积（耕地和林地面积之和）和农户人均耕地面积。根据表 4 – 14 对以上两个指标赋予 0.5∶0.5 的权重，然后再将指标数值采取标准化处理后使用，按照式（4.1）进行计算获得结果。

表 4 – 14　　　　　　　连南县农户自然资本指标的说明与权重

类别	说明	权重
人均经营土地面积	每户人均经营土地面积	0.5
人均耕地面积	每户人均耕种耕地面积	0.5

$$D = \frac{d - d_{\min}}{d_{\max} - d_{\min}} \tag{4.1}$$

其中, d 为指标的统计值（原始数据）, d_{max} 为该指标统计值的最大值, d_{min} 为该指标统计值中的最小值, D 为该指标统计值标准化的结果。

4.2.2 物质资本指标设计及测度

物质资产包括农户维持家庭生计所需要的公共基础设施和家庭固定资产。在同一个乡村单元中，呈现出明显的均质化特征，并且可以认为乡村单元内的公共基础设施建设对于在乡村中所有的农户是无差别的，而不同农户自己的家庭固定资产之间差别会相对明显一些。物质资本的多寡在一种程度上可以反映出农户拥有其他资产的状况。关于物质资产的测量指标，研究选取家庭住房条件和家庭财产情况两个指标。家庭住房条件，划分为住房结构和住房面积。将该指标赋值后，进行标准化处理，指标权重赋予 0.5 : 0.5（见表 4 - 15）。家庭财产情况包括家庭耐用消费品和生产工具。调查问卷中设计的家庭耐用消费品选项包括电脑、冰箱、空调、太阳能热水器、手机、电视机、洗衣机、组合家具和其他。主要大型生产性工具指拖拉机、耕牛和机动三轮车等。耐用消费品和生产工具的测量值分别为农户所拥有选项数占其所有选项的比例，量化后，分别对其值进行标准化处理，给这两个指标赋予 0.5 : 0.5 的权重。根据以往研究指标的经验加权，物质资本中农户住房条件是重点，因此，分别赋予家庭住房情况和家庭拥有财产情况两个物质资本指标以 0.6 : 0.4 的权重（见表 4 - 16）。

表 4 - 15　　　　　　　　连南县农户住房条件赋值与权重

类别	分类	赋值	权重
人均住房面积	>40 平方米	5	0.5
	31 ~ 40 平方米	4	
	21 ~ 30 平方米	3	
	11 ~ 20 平方米	2	
	≤10 平方米	1	
住房结构	钢筋混凝土	5	0.5
	砖木	4	

表 4 – 16 连南县农户物质资本指标的说明与权重

类别	说明	权重
家庭住房情况	人均住房面积和人均住房结构	0.6
家庭财产情况	家庭拥有耐用消费品与生产工具拥有项数	0.4

4.2.3 金融资本指标设计及测度

金融资本主要是指农户可支配的现金储备和可获得的筹集到的各种形式借款。连南县的农户金融资本来源于农户的现金收入和向亲友借款两种方式。金融资本转化率较好，可以转化为其他各种形式的资本，金融资本缺乏会制约农户投资与生计多样性的发展。本研究选取农户人均年收入和农户是否向亲友借款两个指标来衡量连南县样本农户金融资本状况（见表 4 – 17）。考虑到两个指标在金融资本中重要性程度有所差异，分别赋予农户人均年收入和向亲友借款权重为 0.6：0.4。

表 4 – 17 连南县农户金融资本指标的赋值与权重

类别	赋值	权重
农户人均年收入	家庭年人均收入	0.6
农户是否向亲友借款	1 = 是；0 = 否	0.4

4.2.4 人力资本指标设计及测度

人力资本是农户生计资本中的重要组成部分，在以人为本的原则下对农户能否有效地使用其他资本起着决定性作用。人力资本是农户能够追求不同生计策略、实现生计多元化的必要条件。本研究选取劳动力最大受教育年限、家庭劳动力数量和家庭人口规模三个指标来衡量连南县人力资本存量。通常，农户家庭人口规模越大，劳动力数量越多，受教育程度越高，则农户家庭人均收入越高，贫困脆弱性越低。综合考虑连南县各个样本村委会干部的意见，计算时分别赋予这三个指标的权重为0.5：0.25：0.25（见表4-18）。

表4-18 家庭人力资本指标说明与权重

类别	说明	权重
劳动力最大受教育年限	家庭成员中劳动力的最大教育程度	0.5
家庭劳动力数量	家庭成员中拥有的劳动力	0.25
家庭人口规模	家庭总人口数量	0.25

4.2.5 社会资本指标设计及测度

社会资产是指农户为实现不同生计策略所需的社会资源，研究选取家庭成员是否有村干部、家庭月均电话费和可求助的亲友数量三项指标，可以间接反映农户家庭与外界社会联系程度。例如，家庭成员中有村干部，对外联系的社会网络一般比较强，能快速获取有利于家庭生计的信息。家庭月均电话费反映家庭对外交流的程度。外出务工可寻求的亲友数可度量农户获得非农就业机会，农户在遇到困难可帮助其渡过难关，还可提供农产品市场销售等信息，帮助农户减少损失，降低外出务工成本，缓解收入波动。通常，家庭成员中有村干部，家庭月均电话费越高和可求助的亲友数量越多，农户社会网络规模越大，贫困脆弱性越低。运用式（4.1）分别对这三个指标赋值后的数据作标准化处理，将以上三个指标赋予0.4：0.3：0.3的权重（见表4-19）。

表4-19 农户社会资本状况赋值与权重

类别	赋值	权重
家庭成员是否有村干部	1=是；0=否	0.4
家庭月均电话费	月均电话费数量	0.3
可求助的亲友数量	外出务工可求助的亲友数量	0.3

4.3 农户生计资本状况定量测度分析

4.3.1 农户生计资本状况的定量测度结果

在对连南县农户家庭中五类生计资本指标进行定量测度后，依照各类生计资本中每个指标的权重，可以计算得出相应指标的综合得分，进一步测算出农户所拥有的五种生计资本指数，计算公式如表4-20所示。连南县域、镇域和村域农户每项生计资本指数和生计资本总指数是该村样本户的平均值，农户生计资产总指数用式（4.2）计算。连南县样本村农户生计资本定量测度评价结果如表4-21、表4-22所示。

$$I = \sum_{i=1}^{5} \sum_{j=1}^{n} Z_{ij} S_{ij} \qquad (4.2)$$

其中，I 为生计资本总指数，Z_{ij} 为第 i 类生计资本第 j 个评价指标的权重，S_{ij} 为第 i 类生计资本第 j 个评价指标的标准化得分。

表4-20 农户生计资本测度指标设计及公式

资本类型	测度指标	指标符号	指标公式
自然资本 （N）	人均经营土地面积	N_1	$0.5 \times (N_1 + N_2)$
	人均经营耕地面积	N_2	
物质资本 （P）	家庭住房情况	P_1	$0.6 \times H_1 + 0.4 \times H_2$
	家庭耐用消费品和生产工具情况	P_2	
金融资本 （F）	农户人均年现金收入	F_1	$0.6 \times F_1 + 0.4 \times F_2$
	是否向亲友借款	F_2	
人力资本 （H）	家庭劳动力最大受教育年限	H_1	$0.5 \times H_1 + 0.25 \times H_2 +$ $0.25 \times H_3$
	家庭劳动力规模	H_2	
	家庭人口规模	H_3	
社会资本 （S）	家庭是否村干部	S_1	$0.4 \times S_1 + 0.3 \times S_2 + 0.3 \times S_3$
	家庭月均电话费	S_2	
	外出务工可求助亲友数量	S_3	

表 4 – 21　　　　　　连南县域与镇域农户生计资本定量测度结果

区域	自然资本指数	物质资本指数	金融资本指数	人力资本指数	社会资本指数	生计资本综合指数
连南县	0.0720	2.2537	0.3392	0.4288	0.1596	0.6507
大麦山镇	0.0782	2.1973	0.3439	0.4516	0.1724	0.6487
大坪镇	0.0523	2.2617	0.3227	0.4394	0.1728	0.6498
三排镇	0.0751	2.2538	0.3769	0.4318	0.1128	0.6500
涡水镇	0.0847	2.3054	0.3127	0.3886	0.1807	0.6544

表 4 – 22　　　　　　连南县样本村落农户生计资本定量测度结果

样本村落	自然资本指数	物质资本指数	金融资本指数	人力资本指数	社会资本指数	生计资本综合指数
必坑村	0.0963	2.2227	0.4224	0.3765	0.1855	0.6607
大掌村	0.1913	2.2775	0.4057	0.3816	0.2251	0.6962
大竹湾村	0.1307	2.4351	0.3032	0.3977	0.2272	0.6988
黄莲村	0.1340	2.2657	0.4358	0.4356	0.2102	0.6963
军寮村	0.1567	2.2774	0.3036	0.4286	0.1757	0.6684
南岗村	0.0666	2.2818	0.3830	0.4155	0.1140	0.6522
上洞村	0.0961	2.1551	0.4660	0.3705	0.1284	0.6432
油岭村	0.1876	2.2588	0.4097	0.4096	0.1576	0.6847
平均	0.1324	2.2718	0.3912	0.4020	0.1780	0.6751

4.3.2　农户生计资本状况的定量测度结果分析

总体上看，连南县典型样本村落的农户生计资本存在差异，这主要是受到当地自然环境、资源禀赋、生产方式、民族组成和社会经济发展基础状况等因素影响。根据连南县样本农户（370 户）生计资本的定量测度可知，所调查连南县农户生计资本综合指数为 0.6507。从镇域情况看，涡水镇（必坑村、大竹湾村）生计资本综合指数最大为 0.6544，三排镇（南岗村、油岭村）生计资本综合指数次之，为 0.6500。大坪镇（大掌村、军寮村）再次之，生计资本综合指数为 0.6498，大麦山镇（黄莲村、上洞村）生计资本综合指数最低为 0.6487。从选取的典型样本分村情况来看，农户的生计资本综合指数按照从小到大排列，即上洞村（0.6432）＜南岗村（0.6522）＜必坑村（0.6607）＜军寮村（0.6684）＜油岭村（0.6847）＜大掌村（0.6962）＜黄莲村（0.6963）＜大竹湾村（0.6988），大竹湾村农户户均生计资本综合总指数最高，上洞村则最低。

1. 自然资本定量测度结果分析

连南县样本村农户户均自然资本指数为 0.0720。其中，涡水镇自然资本指数最高，为 0.0847。这是因为涡水镇地势相对平坦，农户人均拥有的土地面积和耕地面积较大，农户人均拥有的土地面积为 3.19 亩，人均耕地面积为 0.62 亩。大麦山镇自然资本指数次之，为 0.0782，大麦山镇人均土地面积为 2.58 亩，人均耕地面积为 0.65 亩。三排镇自然资本指数为 0.0751，三排镇样本农户人均拥有的土地面积为 1.82 亩，人均耕地仅为 0.78 亩，且多为坡地。大坪镇自然资本指数最低，为 0.0523，由于人口稠密，人均农户拥有的土地面积和耕地面积很少，分别为 1.71 亩和 0.44 亩。从选取的典型样本分村情况来看，农户的自然资本指数按照从大到小排列，即大掌村（0.1913）＞油岭村（0.1876）＞军寮村（0.1567）＞黄莲村（0.1340）＞大竹湾村（0.1307）＞必坑村（0.0963）＞上洞村（0.0961）＞南岗村（0.0666），大掌村农户户均自然资本指数最高，南岗村则最低。

2. 物质资本定量测度结果分析

连南县样本村农户户均物质资本指数为 2.2537，涡水镇、大坪镇、三排镇和大麦山镇农户的物质资本指数分别为 2.3054、2.2617、2.2538 和 2.1973。涡水镇和大坪镇农户物质资本指数相对较高，三排镇和大麦山镇农户物质资本指数较低。从人均住房面积来看，涡水镇（27.68 平方米）＞三排镇（25.80 平方米）＞大坪镇（24.90 平方米）＞大麦山镇（22.14 平方米）。从住房结构来看，涡水镇和大坪镇的样本农户总体居住条件都处于较高水平，混凝土结构住房比例分别达到 73.26% 和 71.72%。三排镇和大麦山镇农户混凝土结构住房比例相比略低，分别为 68.48% 和 67.74%。

从家用耐用消费品的现值来看，大麦山镇农户最大，达到 15324.53 元，三排镇次之，为 13378.08 元，涡水镇为 11314.00 元，大坪镇最低，为 10793.48 元。大麦山镇多数农户物质资本仅限于维持简单生产与生活，遭遇风险冲击变现能力较弱，生计脆弱性较高。从选取的典型样本分村情况来看，农户的物质资本指数按照从大到小排列，即大竹湾村（2.4351）＞南岗村（2.2818）＞大掌村（2.2775）＞军寮村（2.2774）＞黄莲村（2.2657）＞油岭村（2.2588）＞必坑村（2.2227）＞上洞村（2.1551），大竹湾村农户户均物质资本指数最高，上洞村则最低。综合上述数据分析，可以发现一个有趣的现象，即对于物质资本指数起到决定作用的是住房结构，主要是由于房屋是农户最重要的物质资产，住房结构越好，价值越高，在面临风险时转变为可以交换的资本能力越大。

3. 金融资本定量测度结果分析

连南县样本村农户户均金融资本指数为 0.3392，三排镇、大麦山镇、大坪镇和涡水镇的农户的金融资本指数分别为 0.3769、0.3439、0.3227 和 0.3127。总体来看，三排镇农户金融资本指数最高，涡水镇农户金融资本指数最低。三排镇和大麦山镇农户金融资本存量相对较好，大坪镇和涡水镇农户可流动的金融资本较为缺乏，金融服务可及性也较低。这主要因为三排镇农户兼业行为普遍，外出务工与参与旅游业人数较多，生计活动灵活多样，农户人均年收入达到 10972.56 元，并以旅游业为主导的产业带动了全村经济发展。大麦山镇次之，农户人均年收入为 8018.62 元。同时，三排镇、大麦山镇、大坪镇和涡水镇农户的借款比例分别为 63.04%、59.14%、56.57% 和 53.49%。由此可见，与大坪镇和涡水镇农户相比，三排镇和大麦山镇农户从银行获取贷款、从亲朋好友处借款以及获取无偿援助等机会都要更多一些。大坪镇和涡水镇农户收入主要依赖于传统农业，虽然也有部分农民外出打工，但由于文化水平和技能的限制，农户现金收入较低。并且由于他们金融资本存量较低，获取贷款和借款的能力也随之降低，农户生计会更加脆弱。从选取的典型样本分村情况来看，农户的金融资本指数按照从大到小排列，即上洞村（0.4660）＞黄莲村（0.4358）＞必坑村（0.4224）＞油岭村（0.4097）＞大掌村（0.4057）＞南岗村（0.3830）>军寮村（0.3036）>大竹湾村（0.3032），上洞村农户金融资本指数最高，大竹湾村则最低。

4. 人力资本定量测度结果分析

连南县所调查样本村农户户均人力资本指数为0.4288，大麦山镇、大坪镇、三排镇和涡水镇的农户人力资本指数分别为0.4516、0.4394、0.4318和0.3886。大麦山镇人力资本存量最高，大坪镇次之，三排镇和涡水镇较低。从户均劳动力最大受教育年限来看，三排镇（11.16年）>大麦山镇（11.02年）=大坪镇（11.02年）>涡水镇（10.03年）。从劳动力规模来看，大麦山镇（3.74人）>大坪镇（3.58人）>三排镇（3.45人）>涡水镇（3.17人）。从家庭人口规模来看，大麦山镇（5.13人）>大坪镇（4.88人）>三排镇（4.63人）>涡水镇（4.31人）。

从选取的典型样本分村情况来看，农户人力资本指数按照从大到小排列，即黄莲村（0.4356）>军寮村（0.4286）>南岗村（0.4155）>油岭村（0.4096）>大竹湾村（0.3977）>大掌村（0.3816）>必坑村（0.3765）>上洞村（0.3705），黄莲村农户户均人力资本指数最高，上洞村则最低。综合分析可见，当劳动力最大受教育年限相同的时候，劳动力规模对人力资本指数起决定作用。家庭人口规模越大，家庭劳动力规模越大。总体来看，连南县农户人力资本存量小，更多依赖于家庭劳动力数量，劳动力受教育程度普遍较低。

5. 社会资本定量测度结果分析

总体来看，连南县所调查样本村农户户均社会资本指数为0.1596，社会资本拥有指数不高，社会资本非常有限，主要表现为相对封闭狭窄的亲缘网络和地缘网络。涡水镇社会资本指数最高，为0.1807。大坪镇次之，为0.1728，大麦山镇第三，为0.1724，三排镇最低，为0.1128。由此可见，这主要是因为涡水镇和大坪镇专业性组织发育程度较高，农户社会网络相对比较发达、外出务工可利用的亲朋好友数量多，人际关系较好。另外，在大麦山镇和三排镇，农户社会网络相对封闭，外出务工可利用的亲朋好友数量少，人际关系面相对较窄，农户社会资本更低。

　　具体来看，由是否有村干部情况可知，涡水镇农户家庭中拥有村干部的比例最高，达到 19.44%，大坪镇农户家庭中拥有村干部的比例次之，为 15.12%，大麦山镇农户家庭中拥有村干部的比例再次之，为 14.81%，三排镇农户家庭中拥有村干部的比例最低，仅有 4.35%。由月均电话费可知，大坪镇最高，为 101.88 元，其次是大麦山镇，为 94.49 元，再次是涡水镇，为 88.63 元，三排镇使用费用最少，为 88.05 元。由务工可求助的亲友数量可知，大麦山镇最高，为 4.48 人，其次是三排镇，为 3.88 人，再次是大坪镇，为 3.43 人，最后为涡水镇，数量最少，为 3.21 人。从选取的典型样本分村情况来看，农户的社会资本指数按照从大到小排列，即大竹湾村（0.2272）> 大掌村（0.2251）> 黄莲村（0.2102）> 必坑村（0.1855）> 军寮村（0.1757）> 油岭村（0.1576）> 上洞村（0.1284）> 南岗村（0.1140），大竹湾村农户户均社会资本指数最高，南岗村则最低。

第 5 章

粤北少数民族地区农户旅游扶贫感知关键影响因素识别

5.1　旅游扶贫感知测度指标设计与模型选择

5.1.1　旅游扶贫感知测度指标设计与研究假设

1. 旅游扶贫的总体感知测度指标

本章借鉴已有的研究框架和连南县实际情况，综合考虑了农户个人、家庭和农村社区环境影响因子。旅游扶贫感知指标设计如下。

连南县农户旅游扶贫的总体感知情况，主要包括本村发展乡村旅游扶贫效果是否利大于弊、对本村发展乡村旅游现状是否感到满意、是否支持本村发展乡村旅游三项指标。将上述三个指标按照不同的程度赋值为：1＝非常不同意，2＝不同意，3＝一般，4＝同意，5＝非常同意。并且取出三项指标的平均数作为因变量指标。图 5－1 为连南县有效样本农户（370 户）的旅游扶贫总体感知特征值截面图。通过调查数据计算，连南县农户总体旅游扶贫感知特征数值平均为 3.80，最大值为 5.00，最小值为 1.00。因此，总体上看，农户旅游扶贫总体感知是认为本村发展乡村旅游扶贫效果正面影响高于负面影响，对本村发展乡村旅游现状满意度较高，自身也十分支持本村发展乡村旅游。

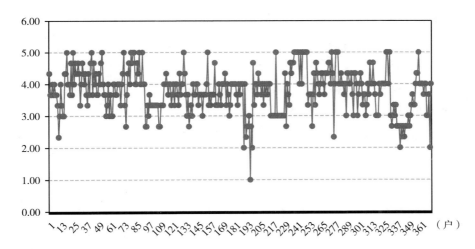

图 5 – 1 样本农户关于旅游扶贫总体感知特征值截面图

2. 农户个人层面的旅游扶贫感知测度指标设计

本章研究主要选取受访者农户本人的年龄（IA）、本人的受教育年限（IE）、本人是否从事农业生产（IP）（主要是指被访农户是否参与家庭农业生产劳动，包括种植作物和养殖牲畜等）、本人是否有技术（IS）（主要是指被访农户是否有某项技术，包括医术、开车和厨艺等）、本人是否从事旅游业（IT）（主要是指被访农户是否参与旅游业，包括酒店、餐饮、导游和景区表演等）、本人月收入数量（IM）指标来衡量连南县样本农户人口基本特征的影响度。研究假设如下：（1）假设样本农户年龄越大，受教育程度越高，则对旅游扶贫的感知越高，那么参与旅游业的可能性也就会越大；（2）假设农户本人从事农业生产或者拥有某项技能，例如，拥有医术、厨艺、开大车等技能，可能更倾向从事拥有该项技能的工作，而导致无暇分身去从事和参与旅游业，因此，对旅游扶贫感知越低；（3）假设从事旅游业的农户对旅游扶贫的总体感知较高；（4）假设本人月收入越低，更加渴望通过参与旅游业来提高个人收入，则对旅游扶贫的参与意愿更强烈。

3. 农户家庭层面的旅游扶贫感知测度指标设计

受访农户家庭层面的设计是围绕家庭中重要生计资本开展，这主要是基于农户可持续生计框架（SL）的生计资产五边形（Ashley et al.，2001；Cao et al.，2016）。因此，本研究选取受访农户家庭的自然资本、物质资本、金融资本、人力资本以及社会资本，共五大类资本进行具体测度指标选取。第一，自然资本方面，选取家庭耕地面积数量（FL），假设农户家庭耕地面积越大，留守家庭的农户家庭成员则需要花费更多时间去从事农业耕作劳动，能够参与旅游业可能性就越低，相应地，旅游扶贫感知程度就会越低。第二，物质资本方面，能够衡量农户家庭的基本生产资料，选取农户家庭住房现值（FH）和家庭耐用消费品现值（FC），假设农户家庭住房现值和耐用消费品现值越大，资本变现能力越强，应对风险冲击能力越强，贫困脆弱性可能越低，对旅游扶贫感知较低。第三，金融资本是家庭可支配资金储备及从正规、非正规渠道获得的各项资金。通常，农户家庭在面对疾病和灾害风险等冲击时，会减少消费，使用储蓄和借贷。根据调查显示，连南县农户家庭储蓄和银行信贷比例很小，遭遇经济困难一般大多都会选择向自己的亲友借款（FB）去渡过难关和寻找外出务工的机会。假设在过去三年里借款越高，农户生计脆弱性越高，对旅游扶贫感知越强烈，越渴望参与旅游业。第四，人力资本方面，选取家庭劳动力规模（FS）、劳动力最大受教育年限（FE），假设家庭劳动力规模越大，受教育程度越高，对旅游扶贫感知程度越强烈。第五，社会资本方面，研究选取农户参与旅游业的家庭成员人数（FF）和农户是否有参与旅游业亲友（FR），可以间接反映农户家庭与旅游业联系程度。例如，农户如果有家庭成员和亲朋好友直接从事参与旅游业，他们可提供更多的旅游扶贫政策和旅游就业信息，帮助农户提高旅游扶贫感知程度。因此，假设参与旅游业农户的家庭成员数量越多，并且有亲友直接参与旅游业的农户家庭旅游扶贫感知程度越高。

　　家庭年收入（FY）数量也是决定农户家庭贫困程度的重要指标，本研究主要采用农户家庭纯收入衡量，计算包含农业纯收入和非农业纯收入。农业纯收入来源于农产品产量和销量情况，产品售价依据当地市场价格进行折算，如水稻、玉米、茶叶、果树种植、家禽家畜养殖等农产品，扣除购买种子、幼苗、牲畜种子、牲畜饲料、化肥和农药等相关费用。非农业家庭收入来源于第二、第三产业获得的纯收入，例如开小卖部、旅游餐饮业、民宿和农家乐旅游项目等扣除成本剩余的盈利收入。假设农户家庭年收入越高，贫困脆弱性越低，对旅游扶贫感知程度越低。

4. 农户在农村社区层面的旅游扶贫感知测度指标设计

关于农村社区层面，农户旅游扶贫感知不仅受到自身与家庭因素影响，还受到农村社区因素的影响。在旅游减贫过程中，还应当更多地关注当地社区环境（Goodwin，2008）。对农村社区层面的测度指标，研究选取是否为贫困村（PV）、是否有乡村旅游扶贫项目（PP）、是否为纯瑶族村（VY）。用于考察中国宏观政策情况，假设拥有旅游扶贫项目和少数民族优惠政策的农村社区，农户旅游扶贫感知程度高。假设距离乡镇集市越近（DC）的农村社区，受到中心县城经济辐射和带动作用越大，农村社区内基础设施建设则更加完善，具备发展旅游业的基础，则该社区农户旅游扶贫感知越高。距离旅游景区距离（DA）（农村社区距离最近旅游景区的距离），主要影响集中体现于农户在旅游景区就业方面，假设距离旅游景区越远，则农户参与景区就业和售卖手工艺品到旅游景区的通勤和运费成本越高，参与旅游业风险越高，旅游扶贫感知也越低。各个层面的指标设计与说明如表 5 – 1 所示。

表 5 – 1　　　　　　　　连南县旅游扶贫感测度指标符号与说明

指标名称	符号	说明
第一层		
本人年龄	IA	被访农户的实际年龄（周岁）
本人性别	IG	人口基本特征（1 = 男性；2 = 女性）
本人受教育程度	IE	被访农户受教育年限（年）
本人是否从事农业生产	IF	被访农户是否参与家庭农业生产劳动，包括种植作物和养殖牲畜等（1 = 是；2 = 否）
本人是否从事旅游业	IT	被访农户是否参与旅游业，包括酒店、餐饮、导游和景区表演等（1 = 是；2 = 否）
本人月收入	IM	被访农户每个月收入数量（元）
本人技能	IS	被访农户是否有某项技术，包括医术、开车和厨艺等（1 = 是；2 = 否）
家庭耕地面积	FL	家庭拥有耕地数量（亩）

续表

指标名称	符号	说明
是否有亲友参与旅游业	FM	家庭是否有亲朋好友参与旅游业，包括酒店、餐饮、导游和景区表演等（1 = 是；2 = 否）
家庭住房现值	FH	家庭住房根据市场价估算价值（元）
家庭耐用消费品现值	FC	家庭耐用消费品当前的售卖价值，包括汽车、冰箱、电视机、大件家具等（元）
是否向亲友借款	FB	家庭是否向亲友获得借款（1 = 是；2 = 否）
家庭年收入数量	FY	家庭每年纯收入（元）
家庭劳动力规模	FS	家庭劳动力数量（人）
家庭劳动力最大受教育年限	FE	家庭劳动力最大受教育年限（年）
第二层		
是否为贫困村	PV	是否为贫困村（1 = 是；2 = 否）
是否有乡村旅游扶贫项目	PP	是否有乡村旅游扶贫项目（1 = 是；2 = 否）
是否为纯瑶族村	YV	是否为纯瑶族村（1 = 是；2 = 否）
乡村距离县城里程	DC	乡村距离县城的距离（千米）
乡村距离最近旅游景区距离	DA	农村社区距离最近旅游景区的距离（千米）

5.1.2 旅游扶贫感知测度的模型选择

分层线性模型适用于个人、家庭和地区这种嵌套式数据，其基本假设是同一地区内不同农户间存在"异质性"。研究以分层线性模型为例，介绍二层次分层线性模型的主要步骤（软件使用 HLM）。依据上述旅游扶贫感知测度的指标设计，构建连南县农户个人、家庭层面和农村社区层面的分层线性模型。分层线性模型是基于第一层（Level–1）农户个人与家庭层面数据最小二乘线性回归模型（ordinary least square，OLS）的回归估计和第二层（Level 2）农村社区层面数据加权最小二乘法（worldwide logistics systems，WLS）的收缩估计。分层线性模型的优势在于能较好地处理数据间的相关性，使得数据估计结果更加稳定和精确。分层线性模型具体公式如下：

第一层：
$$PPTP_{ij} = \beta_{0j} + \beta_{ij}X_{nij} + \gamma_{ij} \tag{5.1}$$

第二层：
$$\beta_{0j} = \gamma_{00} + \gamma_{01} W_{nj} + \mu_{0j} \tag{5.2}$$

$$\beta_{1j} = \gamma_{10} + \gamma_{11} W_{nj} + \mu_{1j} \tag{5.3}$$

$$V_{ar}(\mu_{0jk}) = \tau_{\beta 00} \tag{5.4}$$

$$V_{ar}(\mu_{1jk}) = \tau_{\beta 11} \tag{5.5}$$

$$COV = (\mu_{0jk}, \mu_{1jk}) = \tau_{\beta 01} \tag{5.6}$$

其中，i 为农户，j 为农村社区，X 为农户个人与家庭层面的指标，$PPTP_{ij}$ 为农户旅游扶贫感知特征值，β_{0j} 和 β_{1j} 分别为第二层单位 j 有关第一层的截距和斜率。γ_{00} 和 γ_{10} 分别是 β_{0j} 和 β_{1j} 的平均值，是 β_{0j} 和 β_{1j} 的固定成分，表示它们在农村社区单元之间是恒定的，γ_{01} 和 γ_{11} 是回归斜率。W 为农村社区层面预测指标，μ_{0j} 和 μ_{1j} 是 β_{0j} 和 β_{1j} 的随机成分，表示农村社区单元之间的差异。

5.2 农户旅游扶贫感知分层线性模型回归分析

5.2.1 样本农户的相关描述分析

1. 被访农户个人层面指标特征

由表 5 - 2 可知，连南县被访农户年龄主要集中分布在中、青年阶段，平均年龄为 42.55 岁，其中，20 ~ 45 岁的农户占被访者总数的 67.48%，46 岁以上农户占 32.52%。文化程度上，连南县农户文化程度整体偏低，平均受教育年限为 6.82 年，小学学历占被访者总数的 67.17%，其中，初中学历占 26.44%，高中以上文化水平仅占 6.39%。主要是由于连南县地理位置上处于偏远山区，文化程度较高的农户家庭劳动力大多选择外出务工，而留在当地的农户家庭成员文化水平不高，留在家中以务农、照顾子女和赡养老人居多。农户个人平均月收入为 998.54 元，200 元以下的月均收入所占比例达到 69.61%。月收入在 1000 元以上的仅占总数的 20.37%。这说明了当地农户月均收入整体偏低，农户仍然是遭遇贫困风险最大的弱势群体。被访农户本人中从事旅游业的人数占总数

56.84%，可见，农户对当地旅游业的参与度处于中等水平。农户本人拥有某项技术人数占总数的34.95%，这说明当地农户的职业技术能力水平不高。

表5-2   农户个人层面指标描述性分析

指标名称	极小值	极大值	均值	标准差
本人性别	1.00	2.00	1.51	0.50
本人年龄（岁）	15.00	81.00	42.55	13.41
本人教育（年）	0	15.00	6.82	3.62
是否从事农业生产	1.00	2.00	1.18	0.38
是否从事旅游业	1.00	2.00	1.59	0.49
本人月收入（元）	0	20000.00	998.54	2186.42
本人是否有技术	1.00	2.00	1.89	0.31

2. 被访农户所在家庭层面指标特征

由表5-3可知，耕地是连南县被访农户家庭的主要自然资本，农户家庭平均耕地面积2.81亩，自然资本较为缺乏。被访农户拥有家庭成员直接参与旅游业占被访家庭总数的17.02%，无家庭成员直接参与旅游业比例高达82.98%。被访农户家庭中仅11.80%的农户家庭拥有亲友参与旅游业，而78.20%的农户家庭没有亲友参与旅游业。这两个指标说明了连南县样本农户无论是旅游业的直接参与度还是间接参与度均不高。农户家庭平均住房现值为11.32万元。农户家庭耐用消费品现值平均为1.27万元；农户家庭年均收入数量4.41万元，扣除家庭各项消费支出后，大多数农户家庭已经能够达到收支平衡，入不敷出的农户家庭主要依靠向亲友借款来弥补资金空缺，连南县农户家庭平均借款数量为1.29万元，借款家庭占总数的57.75%。家庭平均劳动力规模为3.49人，说明农户家庭劳动力富余，有向外转移的能力。劳动力最大受教育年限平均为10.83年，说明了农户家庭文化中程度普遍偏低。

表 5 - 3   农户家庭层面主要指标描述性分析

指标名称	极小值	极大值	均值	标准差
家庭耕地面积（亩）	0	40.30	2.81	3.97
是否有家庭成员参与旅游业	1.00	2.00	1.59	0.49
是否有亲友参与旅游业	1.00	2.00	1.59	0.49
家庭住房现值（万元）	0	80.00	11.32	10.64
家庭耐用消费品现值（万元）	0	26.56	1.27	2.62
是否有借款	1.00	2.00	1.29	0.46
家庭劳动力规模（人）	1.00	8.00	3.49	1.46
家庭劳动力最大受教育年限（年）	0	22.00	10.83	4.35
家庭人口规模（人）	1.00	11.00	4.75	1.67
家庭年收入（万元）	0.05	26.41	4.41	4.10

3. 农户所在农村社区特征

研究选取的样本农村社区中贫困村比例为 75.00%，纯瑶族村比例为 62.50%，瑶汉杂居村落主要占比为 37.50%。随着各项扶贫项目的不断开展，其中，具有旅游扶贫项目的农村社区占被调查农村社区总数的 50.00%，政府旅游扶贫支持力度逐渐增加，投入资金也越来越多。各个农村社区距离县城平均里程为 25.99 千米，最远的是黄莲村，距离为 57.10 千米，最近的是大竹湾村距离为 5.80 千米，农村社区距离旅游景区的平均距离为 18.93 千米，最近的是油岭村，距离为 3.7 千米，最远的是黄莲村，距离为 41.30 千米（见表 5 - 4）。

表 5 - 4   连南县农村社区层面主要指标描述性分析

指标名称	极小值	极大值	均值	标准差
是否为贫困村	1.00	2.00	1.50	0.53
是否有贫困项目	1.00	2.00	1.63	0.52
距离乡镇集市远近（千米）	5.80	57.10	25.99	18.47
距离旅游景区远近（千米）	3.70	41.30	18.93	14.36
是否为纯瑶族村	1.00	2.00	1.38	0.52

5.2.2 模型结果与分析

1. 第一层模型回归结果分析

本研究采用SPSS 20.0 与 HLM 7.03 软件对问卷数据进行数理分析，首先对第一层，包括农户个人与家庭层面指标进行回归，通过 t 检验，将对旅游扶贫感知影响不显著的指标直接予以剔除，具有显著相关性的指标保留作为第一层指标，加入农村社区指标作为第二层，构建完整二层线性模型进行下一步的分析。

由表 5 – 5 可知，第一层指标中对旅游扶贫感知产生正向效应的指标对应的回归系数，由大到小依次排列为本人教育（0.205）、家庭耐用消费品现值（0.122）、家庭劳动力最大受教育年限（0.120）、本人月收入（0.096）和家庭年收入（0.085）。其中，农户本人教育（0.205）和家庭耐用消费品现值（0.122）影响最大，说明农户的教育水平和家庭可变卖消费品资产的多少直接影响了农户对旅游扶贫的感知程度。其次是家庭劳动力最大受教育年限（0.120），表明了受教育程度越高，越容易了解和参与旅游扶贫中，政府减免中小学生学费政策后，减轻了农户教育支出负担，正向效果显著。最后是本人月收入（0.096）和家庭年收入（0.085），表明了收入是连南县被访农户旅游扶贫感知较为明显变化的指标，从旅游中获得收入，平衡收支，减小贫困，故对旅游扶贫产生正向的感知。

表 5 – 5 第一层指标的回归结果

指标名称	回归系数	标准差	t 检验
本人性别	− 0.042	0.031	− 1.342
本人年龄	− 0.101	0.045	− 2.260 **
本人教育	0.205	0.048	4.279 ***
是否从事农业生产	− 0.065	0.045	− 1.448
是否从事旅游业	− 0.194	0.052	− 3.742 ***
本人月收入	0.096	0.042	2.289 **
本人是否有技术	− 0.026	0.062	− 0.420
家庭耕地面积	0.70	0.051	1.368

指标名称	回归系数	标准差	t 检验
是否有家庭成员参与旅游业	− 0.194	0.025	− 7.827 ***
是否有亲友参与旅游业	− 0.193	0.052	− 3.742 ***
家庭住房现值	− 0.135	0.052	− 2.616 ***
家庭耐用消费品现值	0.122	0.052	2.353 **
是否有借款	− 0.044	0.052	− 0.836
家庭劳动力规模	− 0.003	0.052	− 0.055
家庭劳动力最大受教育年限	0.120	0.052	2.308 **
家庭人口规模	0.037	0.039	0.965
家庭年收入	0.085	0.030	2.780 ***

注：** 表示 $P < 0.05$ ，*** 表示 $P < 0.01$ 。

第一层指标中对旅游扶贫感知产生负向效应的指标有本人年龄（−0.101）、本人是否从事旅游业（−0.194）、是否有家庭成员参与旅游业（−0.194）、是否有亲友参与旅游业（−0.193）和家庭住房现值（−0.135）。被访者在旅游景区从事旅游业的人员无论是自身、家庭成员还是亲友均随着年龄的增长，能够从事相关餐饮、酒店服务人员的机会减少，自身作为旅游相关产业从业人员的服务技能达不到相应标准，因此，对于旅游扶贫意识不强或是不能从事相关旅游工作，产生负向感知。家庭住房现值为负值，因为农户基本不愿意通过变卖住房去投资旅游业，缓解贫困，故农户感知呈现负向。

受访者性别、是否从事农业生产、家庭耕地面积、本人是否有技术、家庭是否有借款、家庭人口数量和家庭劳动力数量，一共 7 个指标与旅游扶贫感知的相关性不显著，主要是由于被访农户以青壮年女性为主，大部分均在家从事农业劳动，耕地数量不足，她们大多没有工作技能，农户家庭劳动力从事旅游业的数量较少，并且大多农户基本通过借款平衡家庭收支，而不是用以参与旅游业。同时，家庭劳动力规模大的家庭，并没有很多地去参与旅游业，反而更多地选择外出打工、经商等，因此，当地瑶族农户对旅游扶贫的感知并不显著。

2. 完整两层线性模型回归结果分析

从连南县农村社区层面的影响因素来看，同一个社区指标对农户个人与家庭层面的指标不仅存在效应系数和正负向影响上的差异，而且存在回归结果是否显著的问题（见表5-6）。总体上看，连南县农户社区层面的指标，除了是否有旅游扶贫项目对当地旅游扶贫感知没有显著影响外，其余

表5-6　　　　　　　　完整两层变模型量回归结果

指标	回归系数	标准差	t检验	指标	回归系数	标准差	t检验
本人年龄—旅游扶贫感知斜率				本人教育—旅游扶贫感知斜率			
是否为贫困村	0.077	0.036	2.150 *	是否为贫困村	0.114	0.051	2.232 *
是否有贫困项目	-0.040	0.043	-0.930	是否有贫困项目	-0.047	0.073	-0.645
距离乡镇集市远近	0.323	0.110	2.930 **	距离乡镇集市远近	0.379	0.126	3.015 **
距离旅游景区远近	-0.347	0.123	-2.828 **	距离旅游景区远近	-0.399	0.145	-2.745 *
是否为纯瑶族村	0.081	0.013	6.396 ***	是否为纯瑶族村	0.116	0.024	4.886 ***
本人是否从事旅游业—旅游扶贫感知斜率				本人月收入—旅游扶贫感知斜率			
是否为贫困村	0.078	0.031	2.505 *	是否为贫困村	0.089	0.039	2.279 *
是否有贫困项目	-0.029	0.036	-0.799	是否有贫困项目	-0.036	0.047	-0.768
距离乡镇集市远近	0.262	0.090	2.916 **	距离乡镇集市远近	0.350	0.107	3.284 **
距离旅游景区远近	-0.294	0.097	-3.034 **	距离旅游景区远近	-0.378	0.123	-3.085 **
是否为纯瑶族村	0.065	0.012	5.604 ***	是否为纯瑶族村	0.085	0.014	5.993 ***
是否有家庭成员参与旅游业—旅游扶贫感知斜率				是否有亲友参与旅游业—旅游扶贫感知斜率			
是否为贫困村	0.086	0.038	2.276 *	是否为贫困村	0.078	0.031	2.505 *
是否有贫困项目	-0.026	0.049	-0.702	是否有贫困项目	-0.029	0.036	-0.799
距离乡镇集市远近	-0.035	0.040	-0.879	距离乡镇集市远近	0.262	0.090	2.916 **
距离旅游景区远近	-0.294	0.097	-3.034 **	距离旅游景区远近	-0.065	0.049	-1.337
是否为纯瑶族村	-0.011	0.041	-0.257	是否为纯瑶族村	0.065	0.012	5.604 ***
家庭住房现值—旅游扶贫感知斜率				家庭耐用消费品现值—旅游扶贫感知斜率			
是否为贫困村	0.094	0.040	2.379 *	是否为贫困村	0.094	0.038	2.493 *
是否有贫困项目	-0.035	0.049	-0.706	是否有贫困项目	-0.026	0.043	-0.608
距离乡镇集市远近	0.364	0.102	3.568 **	距离乡镇集市远近	0.296	0.108	2.749 *
距离旅游景区远近	-0.400	0.118	-3.391 **	距离旅游景区远近	-0.337	0.119	-2.834 **
是否为纯瑶族村	0.082	0.017	4.767 ***	是否为纯瑶族村	0.069	0.017	3.987 **
家庭劳动力最大受教育年限—旅游扶贫感知斜率				家庭年收入—旅游扶贫感知斜率			
是否为贫困村	0.103	0.035	2.953 **	是否为贫困村	0.106	0.045	2.345 *
是否有贫困项目	-0.024	0.051	-0.464 *	是否有贫困项目	-0.062	0.062	-1.000
距离乡镇集市远近	0.320	0.121	2.654 **	距离乡镇集市远近	0.333	0.107	3.125 **
距离旅游景区远近	-0.359	0.143	-2.502 *	距离旅游景区远近	-0.371	0.124	-2.998 **
是否为纯瑶族村	0.079	0.020	3.903 **	是否为纯瑶族村	0.087	0.011	8.055 ***

注：* 表示 P<0.1，** 表示 P<0.05，*** 表示 P<0.01。

变量大多具有显著的影响。主要是由于，很多具体的旅游扶贫项目，大部分当地农户并没有实实在在参与其中，主要是靠旅游带动下从事周边产业获得一定的收入。还有不少旅游扶贫项目刚刚开始，还未真正带来效益，因此，被访者的个人感知不明显。

（1）本人年龄—旅游扶贫感知斜率的影响。社区层面的指标贫困村、距离乡镇集市远近和纯瑶族村正向效应显著，是否有贫困项目不显著。通常贫困村和少数民族村享有国家重点扶持政策，被访者大多为青壮年，多数有在乡镇集市外出务工的经验，也是国家各项政策的主要学习者，感知较为深刻，因此呈现出正向效应。距离旅游景区远近主要是负向效应显著，在旅游景区工作的多数的中老年被访者，文化层次不高，收入增加不多，出现明显的负向感知。

（2）本人教育—旅游扶贫感知斜率的影响。虽然贫困村和瑶族村感知为正向的，但是，贫困村和纯瑶族村自身的教育条件比非贫困村差很多。距离乡镇集市远近呈现出正向效应，而距离旅游景区远近则呈现出负向效应。这主要是由于在当前农村政策扶持下，通村公路基本实现，交通更加便利，距离县城和乡镇中心越近的地方，教育条件和资源越好，因此，农户感知呈现出正向影响。距离旅游景区近的地方受到外来文化冲击较为明显，因此，感知呈现出的负向影响较为明显。

（3）本人是否从事旅游业—旅游扶贫感知斜率的影响。随着当地旅游扶贫政策的推行，贫困村和纯瑶族村能够获得政府支持，帮助当地农户利用本身的农业产品开展农家乐旅游，较好地提高了农户收入和就业水平。同时，距离乡镇集市越近，会受到经济辐射作用越大，吸引更多的县城游客来到村里消费。因此，上述三个指标呈显著的正向效应。距离景区越近地区的农户，则感到游客带来了污染和生活的不便利，因此，呈现负向感知。

（4）本人月收入—旅游扶贫感知斜率的影响。受访者月收入较高的农户多是参与餐饮酒店、景区表演和景区小摊点等相关旅游业，并且获得社区的相关补贴，距离乡镇集市越近，既可以在家从事农业生产，又可以进务工，因此，家庭劳动力的工作机会增加，月收入也增多，因此对贫困村、距离乡镇集市的距离和纯瑶族村指标的感知为正向。距离旅游景区远近呈现出负向影响，通常靠近旅游景区的地方，虽然对于当地农户与旅游业具有距离优势，但是，外来商户竞争压力也大，冲击了本地农产品销量，因此，农户感知为负向效应。

（5）是否有家庭成员参与旅游业—旅游扶贫感知斜率的影响。是否有贫困项目、距离乡镇集市远近和纯瑶族村并无显著影响。贫困村呈现正向效应，距离旅游景区远近因素为负向影响。其中，主要是连南县贫困村家庭成员参与旅游业的平均规模在 1～2 人，更多的家庭成员选择去从事农业生产和外出务工，距离县城近的参与旅游业的农户与外界联系紧密，旅游扶贫感知更深刻。距离旅游景区远近呈现负向效应，家庭成员从事旅游业，距离旅游景区越近，虽然具有参与旅游业的优势，而大多农户没有旅游业服务技能，自身标准达不到就业水平，因此，个人感知呈现出负向影响。

（6）是否有亲友参与旅游业—旅游扶贫感知斜率的影响。拥有亲友参与旅游业的，一定程度上会带动家庭成员参与旅游业，一起联合创业，贫困村和瑶族村，通过旅游扶贫政策一定程度上对当地农户进行了相关技术的培训，具有一定帮助，使得农户家庭能够从事旅游业劳动力数量增多，距离乡镇集市越近，获取的相关信息资源越多，因此，被访者的旅游扶贫感知在是否为贫困村、距离乡镇集市远近和是否为纯瑶族村呈现出正向效应。瑶族传统的刺绣技术需要一个长期过程才能实现可持续传承和发展，本身培训深度缺乏，即使靠近旅游景区的农户也无法短时间学会，在旅游景区多是售卖自家产农产品和小商品，因此，个人感知在距离旅游景区远近指标上没有显著的影响。

（7）家庭住房现值—旅游扶贫感知斜率的影响。贫困村和纯瑶族村，政府补贴建设许多民族风格的住房，对于开发特色旅游民宿具有先天优势，在农户感知中呈正向效应。距离乡镇集市越近，住房现值越高，越是有利于削减贫困风险，呈现正向效应。靠近旅游景区的农户更倾向于在景区售卖小商品，从而造成家中土地抛荒闲置，因此，负向效应明显。

（8）家庭耐用消费品现值—旅游扶贫感知斜率的影响。贫困村、纯瑶族村和距离乡镇集市远近在农户感知中呈现正向效应，贫困村物质资产匮乏，家庭耐用消费品去县城中心变现，用于削减生计风险。距离旅游景区远近为负向影响，越是靠近景区，各项耐用产品购买价格越高，给家庭带来的经济负担越重，加重陷入贫困的风险。

（9）家庭劳动力最大受教育年限—旅游扶贫感知斜率的影响。贫困村和纯瑶族村的家庭劳动力教育水平越高，对旅游扶贫的感知越强烈，因此，以正向感知为主。虽然针对少数民族子女入学教育优惠政策效果显著，但是，瑶族村本身受到瑶族传统文化的影响，对农户教育的重视程度不够，当地农村社区农户文化层次较低，缺乏贫困风险消减的意识，一定程度上对扶贫项目指标的负向感知效应显著。同时，目前，通村公路的修建完善，为家庭劳动力前往县城接受相关的教育和培训提供方便，因此，距离乡镇集市越近，地方正向感知越是明显，家庭劳动力的教育条件也应该越好。然而，农户层面的家庭劳动力最大的受教育年限对社区层面的距离旅游景区远近指标的感知呈现出负向的效应，这反映了越是偏远地区的农户家庭劳动力外出务工的人数越多，这部分劳动力直接在景区工作，反而更容易获得良好教育和职业培训条件。

（10）家庭年收入—旅游扶贫感知斜率的影响。贫困村和纯瑶族村农户的年收入比非贫困村和汉族村低，农户脆弱度较高，因此，参与旅游业后家庭年收入上升幅度更大，且靠近乡镇集市距离越近，越有利于自己的农产品进入流通市场，接触到的外来游客数量也越多，因此，农户个人感知主要为显著的正向效应。靠近旅游景区的农户，虽然收入增加，旅游业本身带来房租、地价上涨，越靠近的农户生活成本越高，贫富差距也更加明显，农户在个人感知层面则呈现出负向影响。

3. 农村社区指标对旅游扶贫感知解释成分分析

由表 5 - 7 所列指标的原始方差与条件方差计算出相应的解释方差，以 0.5 为标准线，可知农户个人和家庭层面对旅游扶贫感知影响较大的指标有本人年龄、本人是否从事旅游业、本人月收入、家庭住房现值和家庭年收入。其他指标对旅游扶贫感知的影响归功于农村社区层面的指标，主要包括本人受教育年限、是否有家庭成员参与旅游业、是否有亲友参与旅游业、家庭耐用消费品现值、家庭劳动力最大受教育年限。农村社区对当地从事农业生产的农户，给予种植农作物、经济作物、养殖牲畜等相关农业生产活动现金补贴,很大程度上支持了当地农业的发展。农村社区通过旅游扶贫增加了农户的就业机会,增加了农户月收入,当月收入提高,增加了农户对家庭耐用消费品的购买欲望,有效降低了当地农户贫困,对已经脱贫的农户降低了他们的返贫率,提高了农户整体生活水平。从事旅游业的农户本身对旅游扶贫的感知能力较强,充分发挥了自己在家庭中的作用,积极带动了家庭其他成员和亲友参与旅游业。关于家庭劳动力最大受教育年限,这是农户家庭人力资本积累的主要方式,教育支出占家庭日常支出的比例较大。农村社区通过支持家庭劳动力教育培训,减轻农户负担,在连南县瑶族农户样本中,外出务工的农户相对于学历层次更高一些。由此可见,农村社区的支持作用对于农户旅游扶贫感知起到相当大的作用。因此,加强当地农村社区的建设,制定相关政策与完善法规十分必要。

表 5-7 指标原始方差、条件方差和解释方差

指标名称	原始方差	条件方差	解释方差
本人年龄	0.00437	0.00123	0.71854
本人受教育年限	0.01448	0.00938	0.35221
是否从事旅游业	0.00712	0.00028	0.97051
本人月收入	0.00657	0.00142	0.78387
是否有家庭成员参与旅游业	0.00709	0.00104	0.85331
是否有亲友参与旅游业	0.00710	0.00014	0.98028
家庭住房现值	0.00765	0.00148	0.80654
家庭耐用消费品现值	0.00528	0.00185	0.64962
家庭劳动力最大受教育年限	0.00935	0.00715	0.23529
家庭年收入	0.00617	0.00291	0.52836

第 6 章

粤北少数民族地区农户旅游扶贫感知效应机制

6.1 旅游扶贫感知效应指标设计与分析

　　旅游扶贫效应既可以分为正效应和负效应，也可以分为对区域经济、文化和生态等综合影响的宏观效应和对贫困人口收益、旅游扶贫效应感知、社区参与等的微观效应，还可以解释为包含地区 GDP、人均收入等经济影响和社会文化、生态环境、思想观念等非经济影响，典型地区农户旅游扶贫感知效应是旅游扶贫微观效应的重要组成。根据已有农户旅游扶贫感知影响因素的研究表明：旅游目的地农户年龄、性别、受教育程度、职业、是否受雇于旅游业、对旅游是否了解、与旅游吸引物的距离等是影响农户旅游扶贫感知的主要因素。此外，有学者研究了农户旅游影响感知与其旅游发展态度和行为之间的关系。农户是典型地区旅游扶贫的参与主体，与旅游扶贫效应之间有密切联系，其对旅游扶贫效应的微观感知状况关系到他们对于本地发展乡村旅游社区的参与情况，如参与意愿和参与能力等。同时，按照上述对连南县农户旅游扶贫感知关键影响因素的进一步提取分析可知，农户个人和家庭层面对旅游扶贫感知影响较大的指标有本人年龄、本人是否从事旅游业、本人月收入、家庭住房现值和家庭年收入。其他指标对旅游扶贫感知的影响归功于农村社区层面，主要包括本人受教育年限、是否有家庭成员参与旅游业、是否有亲友参与旅游业、家庭耐用消费品现值、家庭劳动力最大受教育年限。参考上述研究结果，结合影响贫困的制约因素，本研究将设计如下旅游扶贫效应的评估指标。

6.1.1 农户层面相关指标设计与分析

1. 农户层面相关指标赋值

通常来说，农户的基本人口特征，主要包括性别构成特征、年龄分布特征、文化程度高低等。其他相关指标包括月收入的多寡和是否从事旅游业等，连南县受访样本农户基本层面相关指标的分类与赋值如表6-1所示。根据相关指标的不同会引起农户主观认知上的差异性，进而导致他们在旅游扶贫效应总体感知上具有显著的差异。

表6-1 连南县农户基本人口特征指标赋值

人口特征指标	分类	赋值
性别构成	男	1
	女	2
年龄分布	15~24岁	1
	25~44岁	2
	45~64岁	3
	65岁以上	4
文化程度	文盲=1	1
	小学	2
	初中	3
	高中或中专	4
	大专及以上（大于12年）	5
家庭月收入情况	1000元以下	1
	1001~2000元	2
	2001~4000元	3
	4000元以上	4
是否从事旅游业	是	1
	否	2

2. 农户层面相关指标分析

（1）农户性别构成情况。如图 6-1 所示，连南县样本村受访农户总体上男性比例为 48.92%，女性比例为 51.08%，男性比例略低于女性，各个样本村落的性别构成情况如下：必坑村男性比例为 51.11%、女性比例为 48.89%；大掌村男性比例为 57.14%，女性比例为 42.86%；大竹湾村男性比例为 60.98%，女性比例为 39.02%；黄莲村男性比例为 42.86%，女性比例为 57.14%；军寮村男性比例为 44.00%，女性比例为 56.00%；南岗村男性比例为 55.10%，女性比例为 44.90%；上洞村男性比例为 40.91%，女性比例为 59.09%；油岭村男性比例为 39.53%，女性比例为 60.47%。

必坑村、大掌村、大竹湾村和南岗村的性别构成显示，受访男性比例高于女性，主要由于农户家庭中男性在本地就业比例较高。黄莲村、军寮村、上洞村和油岭村则是受访女性比例高于男性，主要由于大多农户家庭男性外出务工，女性则留守家里务农、照顾老人和小孩。

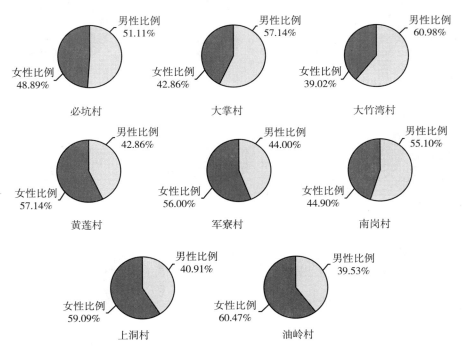

图 6-1　连南县样本村农户的性别构成

（2）农户年龄构成情况。如图6-2所示，根据实际调查情况，连南县受访农户的年龄按照如下标准进行分类，其中，15～24岁=1，25～44岁=2，45～64岁=3和65岁以上=4。必坑村15～24岁占比6.67%，25～44岁占比55.55%，45～64岁占比31.11%，65岁以上占比6.67%。大掌村15～24岁占比6.12%，25～44岁占比34.69%，45～64岁占比48.98%，65岁以上占比10.21%。大竹湾村15～24岁占比4.88%，25～44岁占比51.22%，45～64岁占比39.02%，65岁以上占比4.88%。黄莲村15～24岁占比6.12%，25～44岁占比51.02%，45～64岁占比32.65%，65岁以上占比10.21%。军寮村15～24岁占比10.00%，25～44岁占比42.00%，45～64岁占比36.00%，65岁以上占比12.00%。南岗村15～24岁占比12.25%，25～44岁占比55.10%，45～64岁占比26.53%，65岁以上占比6.12%。上洞村15～24岁占比18.18%，25～44岁占比56.82%，45～64岁占比25.00%，样本中无65岁以上农户。油岭村15～

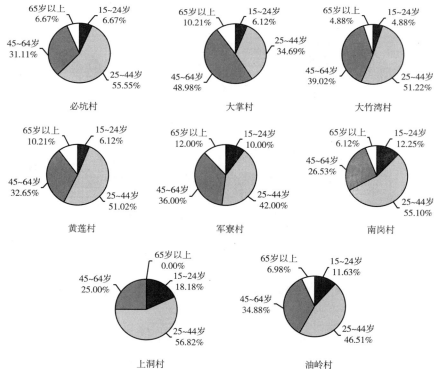

图6-2 连南县样本村农户的年龄构成

24 岁占比 11.63%，25 ~ 44 岁占比 46.51%，45 ~ 64 岁占比 34.88%，65 岁以上占比 6.98%。

必坑村、大竹湾村、黄莲村、军寮村、南岗村、上洞村和油岭村受访农户年龄段是 25 ~ 44 岁所占比例最高，主要以青壮年为主，在本地从事农业、工商业经营等的人员比重较大。仅有大掌村受访农户年龄段是 45 ~ 64 岁所占比例最高，主要以壮中年为主，外出务工的青年劳动力比重较高。

（3）农户文化程度分布情况。如图 6 - 3 所示，根据实际调查情况，连南县受访农户的文化程度（受教育年限）按照如下标准进行分类赋值，其中，文盲 = 1（0 年）、小学 = 2（1 ~ 6 年）、初中 = 3（7 ~ 9 年）、高中

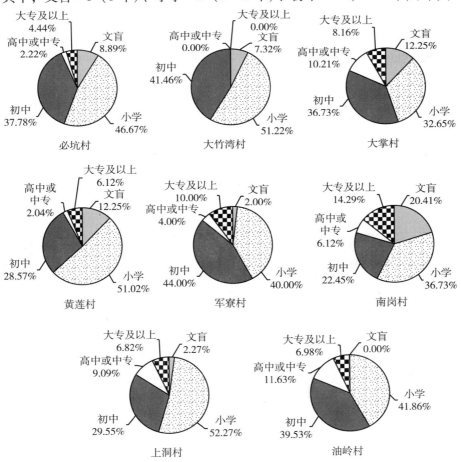

图 6 - 3　连南县样本村的农户文化程度分布

或中专＝4（10～12年）、大专及以上＝5（大于12年）。由图6－3可知，必坑村、大竹湾村、黄莲村、南岗村、上洞村和油岭村的农户主要以小学文化比例较最高，在文化程度五分类中所占比例分别为46.67%、51.22%、51.02%、36.73%、52.27%和41.86%，大掌村和军寮村农户受教育程度相对略高，他们主要以初中文化比例最高，在文化程度五分类中所占比例分别为36.73%和44.00%。由此可见，连南县农户总体文化程度较低。

（4）农户家庭月收入分布情况。如图6－4所示，根据实际调查情况，连南县受访农户的家庭月收入情况根据以下标准进行分类赋值，其中，家庭月收入在1000元以下＝1，1001～2000元＝2，2001～4000元＝3，4000元以上＝4。从分村样本农户家庭月收入情况来看，1000元以下比例由大到小分别为必坑村＞（40.00%）＞大掌村（36.73%）＞油岭村（32.56%）＞军

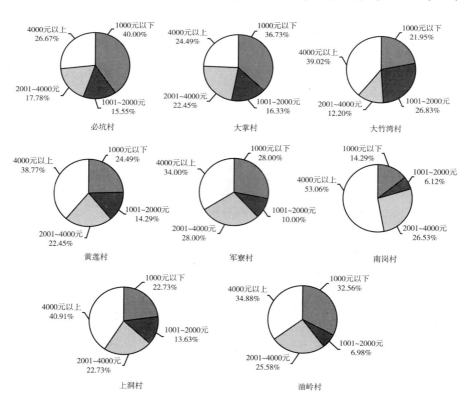

图6－4　连南县样本村农户家庭的月收入分布

寮村（28.00%）＞黄莲村（24.49%）＞上洞村（22.73%）＞大竹湾村（21.95%）＞南岗村（14.29%）。1001～2000 元的比例由大到小分别为大竹湾村（26.83%）＞大掌村（16.33%）＞必坑村＞（15.55%）＞黄莲村（14.29%）＞上洞村（13.63%）＞军寮村（10.00%）＞油岭村（6.98%）＞南岗村（6.12%）。2001～4000 元的比例由大到小分别为军寮村（28.00%）＞南岗村（26.53%）＞油岭村（25.58%）＞上洞村（22.73%）＞黄莲村（22.45%）＝大掌村（22.45%）＞必坑村（17.78%）＞大竹湾村（12.20%）。4000 元以上的比例由大到小分别为南岗村（53.06%）＞上洞村（40.91%）＞大竹湾村（39.02%）＞黄莲村（38.77%）＞油岭村（34.88%）＞军寮村（34.00%）＞必坑村（26.67%）＞大掌村（24.49%）。必坑村、大掌村和油岭村的农户家庭月收入 1000 元以下的比例较高，均达到 30% 以上。除南岗村外，农户家庭月收入在 4000 元以下的比例均在 50% 以下，可见，样本农户的家庭月收入水平依然不高。

（5）是否从事旅游业。如图 6－5 所示，根据实际调查情况，连南县受访农户是否从事旅游业进行分类，其中，从事旅游业为是＝1，不从事旅游业为否＝2。从分村样本农户从事旅游业情况来看，从事旅游业比例由大到小分别为南岗村（55.10%）＞大竹湾村（43.90%）＞上洞村（43.18%）＞黄莲村（40.82%）＞油岭村（39.53%）＞军寮村（38.00%）＞必坑村（33.33%）＞大掌村（32.65%）。没有从事旅游业的比例由大到小分别为大掌村（67.35%）＞必坑村（66.67%）＞军寮村（62.00%）＞油岭村（60.47%）＞黄莲村（59.18%）＞上洞村（56.82%）＞大竹湾村（56.10%）＞南岗村（44.90%）。

由此分析，南岗村从事旅游业的农户比例最高，超过了 50%，大竹湾村、上洞村、黄莲村从事旅游业的农户比例相对较高，均在 40% 以上。油岭村、军寮村、必坑村和大掌村的比例相对低于上述村庄，比例在 30% 以上。没有从事旅游业的农户以大掌村、必坑村、军寮村和油岭村为主，均超过了 60%，上洞村和大竹湾村业超过了一半以上，由此可见，连南县农户从事旅游业的人员比例依然较低，旅游扶贫事业也需要持续推进加强。

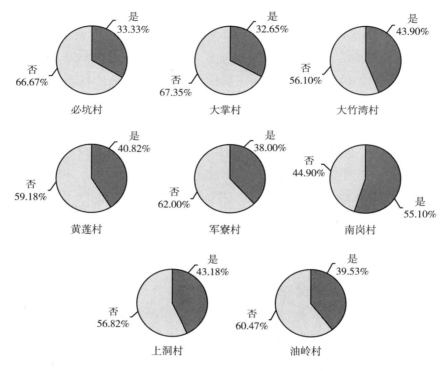

图 6 - 5 连南县样本村的农户是否从事旅游业的比例

6.1.2 旅游扶贫感知指标设计与研究假设

1. 旅游扶贫正向效应指标赋值与研究假设

（1）旅游扶贫经济、文化和社会效应正向感知指标。如表 6 - 2 所示，根据前期的农户访谈和当地旅游扶贫情况，将旅游扶贫经济、文化和社会感知效应（ECS）指标设计如下 9 个题项：发展乡村旅游促进了本地经济发展（ECS_1）；发展乡村旅游带动了相关产业发展（ECS_2）；发展乡村旅游增加了本村农户就业机会（ECS_3）；发展乡村旅游增加了本地女性就业机会（ECS_4）；发展乡村旅游提高了本村农户经济收入（ECS_5）；发展乡村旅游促进了本地文化遗产保护（ECS_6）；发展乡村旅游促进了本地文化多样性（ECS_7）；发展乡村旅游提高了本地知名度，促进了与外界的交流

（ECS_8）；发展乡村旅游促进了民族团结和社区凝聚力（ECS_9）。本研究假设农户对旅游扶贫经济、文化和社会效应感知对他们参与旅游意愿与能力有着十分显著的影响。

表 6 - 2　　　旅游扶贫经济和文化社会感知正向效应指标（ECS）

序号	指标语句	指标符号	指标选项与赋值
1	发展乡村旅游促进了本地经济发展	ECS_1	
2	发展乡村旅游带动了相关产业发展	ECS_2	
3	发展乡村旅游增加了本村农户就业机会	ECS_3	
4	发展乡村旅游增加了本地女性就业机会	ECS_4	非常同意 =5
5	发展乡村旅游提高了本村农户经济收入	ECS_5	同意 =4
6	发展乡村旅游促进了本地文化遗产保护	ECS_6	一般 =3
7	发展乡村旅游促进了本地文化多样性	ECS_7	不同意 =2
8	发展乡村旅游提高了本地知名度，促进了与外界的交流	ECS_8	非常不同意 =1
9	发展乡村旅游促进了民族团结和社区凝聚力	ECS_9	

（2）旅游扶贫环境和人口素质效应的感知指标。如表 6 - 3 所示，旅游扶贫环境和人口素质效应的感知指标（TEP）设计包括 5 个题项：发展乡村旅游改善了本地基础设施（TEP_1）；发展乡村旅游提高了本地的生活质量（TEP_2）；发展乡村旅游提高了本地村民的能力和素质（TEP_3）；发展乡村旅游提高了本地村民的环保意识（TEP_4）；发展乡村旅游改善了本地的自然环境（TEP_5）；发展乡村旅游提高了本地的人口素质（TEP_6）。

表 6 - 3　　　旅游扶贫环境和人口素质感知效应指标（TEP）

序号	指标语句	指标符号	指标选项与赋值
1	发展乡村旅游改善了本地的基础设施	TEP_1	
2	发展乡村旅游提高了本地的生活质量	TEP_2	非常同意 =5
3	发展乡村旅游提高了本地村民的能力和素质	TEP_3	同意 =4
4	发展乡村旅游提高了本地村民的环保意识	TEP_4	一般 =3
5	发展乡村旅游改善了本地的自然环境	TEP_5	不同意 =2
6	发展乡村旅游提高了本地的人口素质	TEP_6	非常不同意 =1

6.1.3 旅游扶贫感知负向效应指标

如表 6-4 所示,旅游扶贫感知负向效应指标(NEG)包括 7 个题项:发展乡村旅游提高了本地物价和生活成本(NEG_1);发展乡村旅游加剧了本地农户的贫富差距(NEG_2);发展乡村旅游干扰了本地农户的日常生活(NEG_3);发展乡村旅游导致了本地户外娱乐设施拥挤(NEG_4);发展乡村旅游造成了本地交通拥堵(NEG_5);发展乡村旅游业破坏了本地生态环境(NEG_6);发展乡村旅游破坏了本地风俗文化(NEG_7)。

表 6-4　　　　　　　　旅游扶贫会感知负向效应指标（NEG）

序号	指标语句	指标符号	指标选项与赋值
1	发展乡村旅游提高了本地物价和生活成本	NEG_1	
2	发展乡村旅游加剧了本地农户的贫富差距	NEG_2	
3	发展乡村旅游干扰了本地农户的日常生活	NEG_3	非常同意 = 5
4	发展乡村旅游导致了本地户外娱乐设施拥挤	NEG_4	同意 = 4 一般 = 3
5	发展乡村旅游造成了本地交通拥堵	NEG_5	不同意 = 2 非常不同意 = 1
6	发展乡村旅游业破坏了本地生态环境	NEG_6	
7	发展乡村旅游破坏了本地风俗文化	NEG_7	

6.1.4 旅游扶贫参与意愿指标赋值与研究假设

如表 6-5 所示,旅游扶贫参与意愿指标(WTP)包括 5 个题项:愿意参与旅游政策制定与决策过程(WTP_1);愿意参与当地旅游业开发与规划(WTP_2);愿意接受景区自主经营的一些旅游接待项目(WTP_3);愿意接受景区或旅游企业的聘用,成为工作人员(WTP_4);愿意参与政府组织的旅游教育培训(WTP_5)。本研究假设农户旅游扶贫参与意愿在其旅游扶贫效应总体感知上有显著差异。

表 6 – 5　　　　　　　　　旅游扶贫参与意愿指标（*WTP*）

序号	指标语句	指标符号	指标选项与赋值
1	愿意参与旅游政策制定与决策过程	WTP_1	非常同意 = 5 同意 = 4 一般 = 3 不同意 = 2 非常不同意 = 1
2	愿意参与当地旅游业开发与规划	WTP_2	
3	愿意接受景区自主经营的一些旅游接待项目	WTP_3	
4	愿意接受景区或旅游企业的聘用，成为工作人员	WTP_4	
5	愿意参与政府组织的旅游教育培训	WTP_5	

6.1.5　旅游扶贫参与能力指标赋值与研究假设

如表 6 – 6 所示，旅游扶贫参与能力指标（*ATP*）包括 5 个题项：对当地旅游扶贫比较了解，有足够知识参与旅游业（ATP_1）；有足够的资金去参与旅游业发展（ATP_2）；有足够的精力去参与旅游业发展（ATP_3）；有足够的时间去参与旅游业发展（ATP_4）；有相关的技能去参与旅游业发展（ATP_5）；家人非常支持本人参与旅游业发展（ATP_6）。本研究假设农户旅游扶贫参与能力在其旅游扶贫效应总体感知上有显著差异。

表 6 – 6　　　　　　　　　旅游扶贫参与能力指标（*ATP*）

序号	指标语句	指标符号	指标选项与赋值
1	对当地旅游扶贫比较了解，有足够知识参与旅游业	ATP_1	非常同意 = 5 同意 = 4 一般 = 3 不同意 = 2 非常不同意 = 1
2	有足够的资金去参与旅游业发展	ATP_2	
3	有足够的精力去参与旅游业发展	ATP_3	
4	有足够的时间去参与旅游业发展	ATP_4	
5	有相关的技能去参与旅游业发展	ATP_5	
6	家人非常支持本人参与旅游业发展	ATP_6	

6.1.6　社区支持感指标设计与研究假设

根据连南县实际情况，将社区支持感（perceived community support，PCS）指标设计以下 8 个题项：村里的人重视您为大家做出的贡献（PCS_1）；

村里的人重视您的想法（PCS_2）；当您遇到困难时，村里能为您提供帮助（PCS_3）；村里的人关心您的家庭（PCS_4）；村里的人关心您的身心健康（PCS_5）；村里的人关心您的工作情况（PCS_6）；您随时能得到村里的支持（PCS_7）；村里的人肯定您对旅游工作的努力（PCS_8）（见表6-7）。研究假设社区支持感在居民旅游扶贫效应感知和社区参与行为之间发挥中介作用。

表6-7　　　　　　　　社区支持感指标（PCS）

序号	指标语句	指标符号	指标选项与赋值
1	村里的人重视您为大家做出的贡献	PCS_1	
2	村里的人重视您的想法	PCS_2	
3	当您遇到困难时，村里能为您提供帮助	PCS_3	非常同意=5
4	村里的人关心您的家庭	PCS_4	同意=4
5	村里的人关心您的身心健康	PCS_5	一般=3
6	村里的人关心您的工作情况	PCS_6	不同意=2
7	您随时能得到村里的支持	PCS_7	非常不同意=1
8	村里的人肯定您对旅游工作的努力	PCS_8	

6.2　农户旅游扶贫效应感知机制分析

6.2.1　旅游扶贫效应感知各个维度的水平分析

1. 旅游扶贫的经济和文化社会效应感知分析

由表6-8可知，连南县农户旅游扶贫经济、文化和社会效应感知的正向效应层面中，$ECS_8(3.84) > ECS_3(3.75) > ECS_1(3.73) > ECS_2(3.72) > ECS_5(3.71) > ECS_9(3.67) > ECS_4(3.65) > ECS_6(3.61) = ECS_7(3.61)$，这表明了当地农户对旅游扶贫经济、文化和社会正向感知效应的认同度较高。农户认为，发展乡村旅游提高了本地知名度，促进与外界的交流，增加了本村农户的就业机会，促进了本地经济发展，带动了相关产业发展，提高了本村农户经济收入，促进了民族团结和社区凝聚力，增加了本地女性就业机会，促进了本地文化遗产保护和本地文化多样性。

表 6-8　　　　　旅游扶贫经济和文化社会效应感知正向效应的描述性分析

指标名称	最小值	最大值	均值	标准差
ECS_1	1.00	5.00	3.73	1.01
ECS_2	1.00	5.00	3.72	0.99
ECS_3	1.00	5.00	3.75	0.97
ECS_4	1.00	5.00	3.65	0.97
ECS_5	1.00	5.00	3.71	0.99
ECS_6	1.00	5.00	3.61	0.87
ECS_7	1.00	5.00	3.61	0.90
ECS_8	1.00	5.00	3.84	0.88
ECS_9	1.00	5.00	3.67	0.91

2. 旅游扶贫的环境和人口效应感知分析

由表 6-9 可知，连南县农户环境和人口效应感知层面中，$TEP_6(4.07) > TEP_5(3.86) > TEP_1(3.83) > TEP_2(3.79) > TEP_4(3.54) > TEP_3(3.53)$，这表明了当地农户对旅游扶贫环境和人口正向感知效应的认同度较高。尤其是在发展乡村旅游提高了本地人口素质这一项上，均值达到 4.07。同时，农户在发展乡村旅游改善了本地的自然环境、改善了本地的基础设施、提高了本地的生活质量、提高了本地村民的环保意识、提高了本地村民的能力和素质等方面也比较赞同。

表 6-9　　　　　旅游扶贫环境和人口效应感知的描述性分析

指标名称	最小值	最大值	均值	标准差
TEP_1	1.00	5.00	3.83	0.90
TEP_2	1.00	5.00	3.79	0.88
TEP_3	1.00	5.00	3.53	0.87
TEP_4	1.00	5.00	3.54	0.94
TEP_5	1.00	5.00	3.86	1.09
TEP_6	1.00	5.00	4.07	0.99

3. 旅游扶贫感知的负向效应分析

由表 6 – 10 可知，连南县农户旅游扶贫感知的负向效应层面，表现在经济、文化和社会效应的负向感知上，$NEG_1(3.22) > NEG_2(2.94) > NEG_5(2.74) > NEG_4(2.61) > NEG_3(2.44) > NEG_6(2.39) > NEG_7(2.37)$。其中，发展乡村旅游提高了本地的物价和生活成本，并加剧了本地农户的贫富差距，这 2 项感知度相对较高，平均值分别为 3.22 和 2.94。而农户对发展乡村旅游干扰了本地农户的日常生活，导致本地户外娱乐设施拥挤，造成本地交通拥堵，破坏本地生态环境和风俗文化等因子尚不敏感，这也一定程度上说明了发展乡村旅游业涉及的负面因素没有太多地影响到当地居民日常出行、居住环境和文化自信。

表 6 – 10 旅游扶贫感知负向效应的描述性分析

指标名称	最小值	最大值	均值	标准差
NEG_1	1.00	5.00	3.22	1.05
NEG_2	1.00	5.00	2.94	1.05
NEG_3	1.00	5.00	2.44	0.99
NEG_4	1.00	5.00	2.61	1.02
NEG_5	1.00	5.00	2.74	1.07
NEG_6	1.00	5.00	2.39	0.98
NEG_7	1.00	5.00	2.37	1.02

4. 旅游扶贫参与现状和参与意愿的分析

（1）旅游扶贫参与现状分析。由表 6 – 11、表 6 – 12 可知，连南县农户旅游扶贫参与现状层面，$SQP_{11}(2.69) > SQP_6(2.64) > SQP_4(2.60) > SQP_5(2.55) > SQP_3(2.52) > SQP_{12}(2.48) > SQP_7(2.07) > SQP_8(1.97) > SQP_2(1.88) = SQP_9(1.88) > SQP_{10}(1.86) > SQP_1(1.73)$，可见，农户目前参与现状普遍不高，尤其是很少参与当地的旅游宣传教育活动，身边很少有人参与过当地的旅游规划决策，也不经常接受当地的旅游培训活动，不经常接受当地的旅游收益分红，曾经参与过当地旅游规划过程的农户也较少。因此，连南县农户参与度有待于进一步提高。

表 6 – 11　　　　　　　　旅游扶贫参与现状指标设计与赋值

类别	指标符号	指标选项与赋值
曾经参与过当地的旅游规划过程	SQP_1	
身边大部分人参与过当地的旅游规划决策	SQP_2	
村里对当地旅游业发展进行了有效监督	SQP_3	
在发展旅游业地过程中，村民的意见被有效采纳	SQP_4	
村里对当地景区的经营权有良好的把控力度	SQP_5	非常同意 = 5
村里能对旅游资源进行较好的管理	SQP_6	同意 = 4
经常参与当地的旅游环境保护与建设活动	SQP_7	一般 = 3
经常参与当地的旅游宣传教育活动	SQP_8	不同意 = 2
经常接受当地的旅游培训活动	SQP_9	非常不同意 = 1
经常接受当地的旅游收益分红	SQP_{10}	
当地旅游收益改善了村里的基础设施	SQP_{11}	
当地旅游收益改善了村里的公共福利	SQP_{12}	

表 6 – 12　　　　　　　　旅游扶贫参与现状描述性分析

指标名称	最小值	最大值	均值	标准差
SQP_1	1.00	5.00	1.73	0.92
SQP_2	1.00	5.00	1.88	0.96
SQP_3	1.00	5.00	2.52	1.08
SQP_4	1.00	5.00	2.60	1.11
SQP_5	1.00	5.00	2.55	1.08
SQP_6	1.00	5.00	2.64	1.09
SQP_7	1.00	5.00	2.07	1.07
SQP_8	1.00	5.00	1.97	1.04
SQP_9	1.00	5.00	1.88	0.98
SQP_{10}	1.00	5.00	1.86	0.96
SQP_{11}	1.00	5.00	2.69	1.24
SQP_{12}	1.00	5.00	2.48	1.15

（2）旅游扶贫参与意愿分析。由表 6 – 13 可知，连南县农户的旅游扶贫参与意愿层面上，WTP_4（3.95）> WTP_5（3.94）> WTP_3（3.91）> WTP_1（3.89）= WTP_2（3.89），这表明受访农户参与旅游扶贫意愿较强。其中，受访农户非常愿意接受景区或旅游企业的聘用，成为工作人员以及

在景区自主经营一些旅游接待项目，就业愿望十分强烈。同时，农户也较为愿意参与政府组织的旅游教育培训，参与旅游政策制定、决策过程和当地旅游业开发与规划中。

表 6 – 13　　　　　　　　　　旅游扶贫参与意愿的描述性分析

指标名称	最小值	最大值	均值	标准差
WTP_1	1.00	5.00	3.89	0.94
WTP_2	2.00	5.00	3.89	0.93
WTP_3	1.00	5.00	3.91	0.94
WTP_4	1.00	5.00	3.95	0.99
WTP_5	1.00	5.00	3.94	0.92

5. 旅游扶贫参与能力的分析

由表 6 – 14 可知，连南县农户的旅游扶贫参与能力层面上，$ATP_6(3.72) > ATP_4(3.23) > ATP_3(3.11) > ATP_5(2.68) > ATP_1(2.64) > ATP_2(2.56)$，可见，农户自己的家人非常支持他们参与旅游业发展，也拥有足够的时间和精力去参与旅游业发展。然而，农户参与旅游扶贫的能力十分有限，他们没有足够的专业技能、知识和资金，农户旅游扶贫的参与能力有待于进一步提升。

表 6 – 14　　　　　　　　　　旅游扶贫参与能力的描述性分析

指标名称	最小值	最大值	均值	标准差
ATP_1	1.00	5.00	2.64	1.08
ATP_2	1.00	5.00	2.56	1.13
ATP_3	1.00	5.00	3.11	1.17
ATP_4	1.00	5.00	3.23	1.18
ATP_5	1.00	5.00	2.68	1.18
ATP_6	1.00	5.00	3.72	1.03

6. 旅游扶贫社区支持感的分析

由表 6 – 15 可知，连南县旅游扶贫社区支持感层面上，$PCS_3(3.43) >$

$PCS_5(3.39) > PCS_4(3.37) > PCS_8(3.33) > PCS_6(3.29) = PCS_7(3.29) > PCS_1(3.26) > PCS_2(3.20)$，总体上来看，农户对社区支持感方面满意度较高，受访农户普遍认为在遇到困难时，能够获得村里的帮助和支持，村里人也很关心自己的身心健康、家庭状况、工作情况，肯定自己对旅游工作的努力，重视自己为大家做出的贡献。

表 6 – 15　　　　　　　旅游扶贫社区支持感的描述性分析

指标名称	最小值	最大值	均值	标准差
PCS_1	1.00	5.00	3.26	0.95
PCS_2	1.00	5.00	3.20	0.94
PCS_3	1.00	5.00	3.43	1.10
PCS_4	1.00	5.00	3.37	1.05
PCS_5	1.00	5.00	3.39	1.05
PCS_6	1.00	5.00	3.29	1.07
PCS_7	1.00	5.00	3.29	1.05
PCS_8	1.00	5.00	3.33	0.97

6.2.2　农户对旅游扶贫效应感知、参与意愿、能力和社区支持感分析

根据农户层面基本指标特征的研究假设，农户在旅游扶贫效应感知、参与意愿、参与能力和社区支持感上有显著差异。研究方法采用独立样本 T 检验和单因素方差分析（one-way ANOVA），并以 Scheffe 法进行事后比较。

1. 性别差异的影响分析

研究表明，从平均值来看，样本农户中，女性在旅游扶贫经济和文化效应感知中的"发展乡村旅游增加了本村农户就业机会"（ECS_3）和"发展乡村旅游促进了民族团结和社区凝聚力"（ECS_9），旅游扶贫环境和人口素质效应的感知中"发展乡村旅游改善了本地的基础设施（TEP_1）"、"发展乡村旅游提高了本地的生活质量（TEP_2）"和"发展乡村旅游提高了本

地的人口素质（TEP_6）"，旅游扶贫感知负向效应中的所有指标 NEG_1 至 NEG_7，参与意愿中"愿意接受景区自主经营的一些旅游接待项目"（WTP_3）和"愿意接受景区或旅游企业的聘用，成为工作人员"（WTP_4）、社区支持感中"当您遇到困难时，村里能为您提供帮助"（PCS_3）和"村里的人关心您的家庭"（PCS_4）中是高于男性的，其余指标男性均是高于女性的。

在旅游扶贫感知负向效应层面，从平均值来看，女性在旅游扶贫感知负向效应中"发展乡村旅游加剧了本地农户的贫富差距"（NEG_2）、"发展乡村旅游干扰了本地农户的日常生活"（NEG_3）、"发展乡村旅游造成了本地交通拥堵"（NEG_5）、"发展乡村旅游业破坏了本地生态环境"（NEG_6）和"发展乡村旅游破坏了本地风俗文化"（NEG_7）是高于男性的，其余指标男性均是高于女性的。这说明女性对日常生活环境感知方面更为敏感一些。

样本农户在旅游扶贫参与意愿上无显著的性别差异，但是在参与能力上，"对当地旅游扶贫比较了解，有足够知识参与旅游业"（ATP_1）和"有足够的资金去参与旅游业发展"（ATP_2），男性和女性具有显著差异，且男性在这两类中的平均值均高于女性，这表明了男性在旅游扶贫中参与能力更强。而在社区支持感层面，男性和女性没有显著差异性。

2. 年龄差异的影响分析

由分析可知，4 个年龄阶段分布的农户对旅游扶贫经济、文化和社会感知正向效应层面和社区支持感层面是没有显著差异性的。而在旅游扶贫环境和人口素质正向效应的感知上，在"发展乡村旅游提高了本地的生活质量"（TEP_2）和"发展乡村旅游改善了本地的自然环境"（TEP_5）在 15 ~ 24 岁和 45 ~ 64 岁的受访者中具有显著差异。15 ~ 24 岁年龄段的农户平均值为 4.11，高于 45 ~ 64 岁农户平均值 3.60，这说明处于 15 ~ 24 岁的受访农户大多受教育程度更高，因此，对外交流显得更为密切，对旅游的作用感知更为综合与全面。

在旅游扶贫感知负向效应上，"发展乡村旅游加剧了本地农户的贫富差距"（NEG_2）在 15 ~ 24 岁和 45 ~ 64 岁的农户感知上具有显著的差异性。其中，15～24 岁年龄段的农户平均值为 3.40，高于 45～64 岁农户平均值 3.12。这是由于 15～24 岁的农户，他们属于最年轻的一批，视野更加宽阔，也是旅游的重要参与者，既是游客，同时也是从事旅游业的主要人群，因此，双重角色的认知对其感知旅游带来的本地农户贫富差距状况会更为敏感。"发展乡村旅游造成了本地交通拥堵"（NEG_5）在 25～44 岁和 45～64 岁的农户感知上具有显著差异性。其中，25～24 岁年龄段的农户平均值为 2.91，高于 45～64 岁农户平均值 2.49。这是由于 25～44 岁的农户，他们是外出务工的主要参与者，是主要的交通出行者，因此，对本地交通状况会显得更为敏感，总体上均感觉到旅游加剧了本地交通拥堵。

在旅游扶贫参与意愿层面，其中"愿意参与政府组织的旅游教育培训"（WTP_5）方面，25～44 岁与 65 岁以上和 45～64 岁与 65 岁以上的农户具有显著的差异性。25～44 岁农户的均值是 4.01，45～64 岁农户的均值是 3.98，65 岁以上的农户均值是 3.33。这表明无论是青年、壮年还是中年的受访农户对于参与旅游扶贫的意愿均较强。参与能力层面，"有足够的精力去参与旅游业发展"（ATP_3）方面，15～24 岁、25～44 岁、45～64 岁与 65 岁以上的农户具有显著的差异性。15～24 岁农户的均值是 3.51，25～44 岁农户的均值是 3.04，45～64 岁农户的均值是 3.27，65 岁以上农户的均值是 2.22。"有足够的时间去参与旅游业发展"（ATP_4），15～24 岁与 65 岁以上，45～64 岁与 65 岁以上的农户具有显著差异。15～24 岁农户的均值是 3.54，45～64 岁农户的均值是 3.39，65 岁以上农户的均值是 2.52。年轻农户参与能力有待通过进一步的教育培训来提升，年轻有足够的时间和精力，因此，参与情绪积极。老年农户则参与旅游扶贫不积极，主要是因为年老体弱，精力不足且对自己的参与能力不自信。

3. 文化程度差异的影响

旅游扶贫经济、文化和社会感知的正向效应中，"发展乡村旅游带动了相关产业发展"（ECS_2）、"发展乡村旅游增加了本村农户就业机会"（ECS_3）、"发展乡村旅游增加了本地女性就业机会"（ECS_4）、"发展乡村旅游提高了本村农户经济收入"（ECS_5）、"发展乡村旅游促进了本地文化遗产保护"（ECS_6）、"发展乡村旅游促进了本地文化多样性"（ECS_7）、"发展乡村旅游提高了本地知名度，促进了与外界的交流"（ECS_8），小学教育程度和大专及以上学历的农户具有显著差异。"发展乡村旅游带动了相关产业发展"（ECS_2）、"发展乡村旅游增加了本村农户就业机会"（ECS_3）和"发展乡村旅游增加了本地女性就业机会"（ECS_4），在文盲组和大专及以上组具有显著差异。可见，文化程度越高，农户对旅游扶贫正向效应的感知越强烈。

农户旅游扶贫环境和人口素质效应的感知中，"发展乡村旅游改善了本地的基础设施"（TEP_1）在文化程度为小学和初中学历的农户中具有显著差异，小学组的平均值为3.70，初中组的平均值为4.06。"发展乡村旅游提高了本地的生活质量"（TEP_2）在文盲和大专及以上的农户中具有显著差异，文盲组平均值为3.42，大专及以上组的平均值为4.22，这表明受教育程度越高，对生活质量的要求越高。"发展乡村旅游提高了本地村民的能力和素质"（TEP_3）在文盲组与大专及以上的农户组、文盲组与初中组以及小学组与初中组上的农户具有显著差异，其中，文盲组的平均值为3.16，小学组为3.38，大专及以上为4.07，这表明能力和素质随着受教育水平的提高而增强。

然而，在农户旅游扶贫感知负向效应层面上，仅在"发展乡村旅游提高了本地物价和生活成本"（NEG_1）上文盲组与小学组具有显著差异，文盲组的平均值为3.68，小学组的平均值为3.04，其他题项上无显著差异，受教育水平不高的农户对于生活物价和生活成本的提高拥有较为深刻的感受。

在农户旅游扶贫参与意愿上，文化程度的高低没有显著差异。但是在参与能力上，"在对当地旅游扶贫比较了解，有足够知识参与旅游业"（ATP_1），小学组和大专及以上组的农户感知具有显著差异，其中，小学组的平均值为2.48，大专及以上组为3.30。学历越高，对旅游扶贫参与能力也越大。

在社区支持感层面，"村里的人重视您为大家做出的贡献"（PCS_1）在小学组和大专及以上组的农户具有显著差异，小学组的平均值为3.14，大专及以上组的平均值为 3.85，在"村里的人肯定您对旅游工作的努力"（PCS_8）在文盲组、小学组和初中组具有显著差异，其中，文盲组平均值为 3.10，小学组平均值为 3.13，初中组平均值为 3.48，由此可见，随着文化程度的升高，社区支持感的程度也越高。

4. 月收入差异的影响

旅游扶贫经济、文化和社会感知正向效应层面，"发展乡村旅游增加了本地女性就业机会"（ECS_4），月收入在 1000 元以下和 2001~4000 元的农户具有显著差异；"发展乡村旅游促进了本地文化多样性"（ECS_7），月收入 1000 元以下和 1001~2000 元的农户，具有显著差异。收入越高的农户感知的正向效应均值越高。1000 元以下收入的满意度均值较低，这是由于本地乡村旅游并未给这些人群带来实际上的经济效益，反而要承担旅游带来的各项负面效应，因此，对旅游发展表现并不积极。农户收入在 2001~4000 元，一定程度上通过参与旅游业来实现生活质量的提高，因此，总体感知上的满意度高于低收入的农户。

旅游扶贫环境和人口素质效应的感知层面，"发展乡村旅游提高了本地村民的能力和素质"（TEP_3），1000 元以下和 1001~2000 元收入组具有显著差异；"发展乡村旅游改善了本地的自然环境"（TEP_5），1000 元以下和 2001~4000 元收入组具有显著差异。收入越高的农户对旅游扶贫环境和人口素质效应的感知均值越高。

旅游扶贫感知负向效应层面，仅在"发展乡村旅游干扰了本地农户的日常生活"（NEG_3）题项上，在 1000 元以下和大于 4000 元收入组上具有显著差异，其他题项上并未有显著差异。其中，小于 1000 元收入组平均值为 2.58，大于 4000 元收入组平均值为 2.24，并且两组均值低于一般水平，这说明农户普遍对负向效应的感知不强烈。

旅游扶贫参与意愿和参与能力层面，"对当地旅游扶贫比较了解，有足够知识参与旅游"（ATP_1）和"有足够的资金去参与旅游业发展"（ATP_2），在 1000 元以下和大于 4000 元收入组中具有显著差异。收入越高，参与旅游教育培训的意愿越强烈，参与旅游业的能力越强。并且两组的均值低于一般水平，这说明目前农户对旅游扶贫的参与能力不足。在社区支持感层面，农户本人月收入没有显著差异，体现了社区支持的公平性。

5. 是否从事旅游业的影响分析

研究表明，农户旅游扶贫经济和文化社会感知层面 9 个题项，在"是否从事旅游业"上均具有显著差异，参与旅游业农户的感知程度平均值皆高于未参与旅游业的农户，这反映了从事旅游业农户对旅游扶贫经济、文化和社会感知更为敏感。

农户旅游扶贫环境和人口素质效应的感知方面，"发展乡村旅游改善了本地的基础设施"（TEP_1）、"发展乡村旅游提高了本地的生活质量"（TEP_2）、"发展乡村旅游提高了本地村民的能力和素质"（TEP_3）和"发展乡村旅游提高了本地村民的环保意识"（TEP_4），在是否从事旅游业上均具有显著差异。参与旅游业的农户对旅游扶贫环境和人口素质效应的感知均值皆高于未参与旅游业的农户。

农户旅游扶贫感知负向效应层面，"发展乡村旅游干扰了本地农户的日常生活"（NEG_3）和"发展乡村旅游破坏了本地风俗文化"（NEG_7）在是否从事旅游业上均具有显著差异，参与旅游业的农户对旅游扶贫环境和人口素质效应的感知均值均低于未参与旅游业的农户。

农户旅游扶贫参与意愿层面，在"愿意参与旅游政策制定与决策过程"（WTP_1）、"愿意参与当地旅游业开发与规划"（WTP_2）、"愿意接受景区自主经营的一些旅游接待项目"（WTP_3）和"愿意参与政府组织的旅游教育培训"（WTP_5）中，从事旅游业的农户感知平均值都是大于未从事旅游业的农户。

农户旅游扶贫参与能力层面，ATP_1 至 ATP_6 的 6 个题项中，从事旅游业的农户感知平均值都是大于未从事旅游业的农户。这说明旅游扶贫带来的效果显著，虽然参与程度与能力不强，但是参与意愿十分强烈，这与当地政府建立旅游扶贫示范景区，大力推行旅游扶贫政策有较大的相关性。

在社区支持感层面，在 PCS_1 至 $PCS_8$8 个题项上，从事旅游业的农户感知平均值都是大于未从事旅游业的农户，这表明了社区支持感对参与旅游业的农户是起到积极作用的。

6.2.3　农户旅游扶贫效应感知与参与意愿的相关性分析

1. 旅游扶贫正向效应感知与参与意愿

通常来说，农户对旅游扶贫效应的感知，会对他们参与旅游扶贫的意愿具有重要影响。本研究对农户旅游扶贫效应的各项感知和参与意愿进行相关性分析。从表 6 - 16 可以看出，连南县农户旅游扶贫的经济、文化和社会效应感知（$ECS_1 \sim ECS_9$）对参与意愿（$WTP_1 \sim WTP_5$）均有显著正向相关性，这表明了旅游扶贫所带来的经济、文化和社会正面影响极大地激发了农户参与旅游扶贫的积极性，刺激了乡村旅游业的蓬勃发展。

表 6 - 16　旅游扶经济和文化正向效应感知与参与意愿的相关性

指标	ECS_1	ECS_2	ECS_3	ECS_4	ECS_5	ECS_6	ECS_7	ECS_8	ECS_9
WTP_1	0.23 **	0.20 **	0.21 **	0.19 **	0.26 **	0.19 **	0.18 **	0.21 **	0.22 **
WTP_2	0.23 **	0.21 **	0.18 **	0.17 **	0.24 **	0.20 **	0.20 **	0.20 **	0.22 **
WTP_3	0.15 **	0.17 **	0.21 **	0.20 **	0.21 **	0.19 **	0.17 **	0.15 **	0.20 **
WTP_4	0.18 **	0.12 *	0.21 **	0.23 **	0.18 **	0.13 *	0.10 *	0.12 *	0.16 **
WTP_5	0.19 **	0.20 **	0.24 **	0.29 **	0.25 **	0.20 **	0.17 **	0.18 **	0.18 **

注：* 表示 $P < 0.05$，** 表示 $P < 0.01$。

从表 6 - 17 可以看出，在连南县农户旅游扶贫的环境和人口素质效应感知指标与参与意愿的相关性中，"愿意参与旅游政策制定与决策过程"（WTP_1）与"发展乡村旅游改善了本地的基础设施"（TEP_1）、"发展乡村旅游提高了本地的生活质量"（TEP_2）、"发展乡村旅游提高了本地村民的能力和素质"（TEP_3）具有显著的正相关。"愿意参与当地旅游业开发与规划"（WTP_2）与"发展乡村旅游改善了本地的基础设施"（TEP_1）、"发展乡村旅游提高了本地的生活质量"（TEP_2）、"发展乡村旅游提高了本地村民的能力和素质"（TEP_3）、"发展乡村旅游提高了本地的人口素质"（TEP_6）具有显著的正相关。"愿意参与当地旅游业开发与规划"（WTP_2）与"发展乡村旅游改善了本地村民的环保意识"（TEP_4）及"发展乡村旅游改善了本地的自然环境"（TEP_5）没有显著相关性。"愿意接受景区自主经营的一些旅游接待项目"（WTP_3）仅与"发展乡村旅游改善了本地的自然环境"（TEP_5）没有显著相关性，其他指标都具有显著的正相关。"愿意接受景区或旅游企业的聘用，成为工作人员"（WTP_4）与"发展乡村旅游改善了本地的基础设施"（TEP_1）和"发展乡村旅游改善了本地的自然环境"（TEP_5）没有显著相关性。"愿意参与政府组织的旅游教育培训"（WTP_5）与"发展乡村旅游改善了本地的自然环境"（TEP_5）、"发展乡村旅游提高了本地的人口素质"（TEP_6）没有显著相关生。总体上来说，旅游扶贫的环境和人口素质效应感知对参与意愿起到了积极作用，一定程度上促使农户愿意参与旅游业中，为脱贫攻坚助力。

表 6 – 17　　旅游扶贫的环境和人口效应感知与参与意愿的相关性

指标	TEP_1	TEP_2	TEP_3	TEP_4	TEP_5	TEP_6
WTP_1	0.19 **	0.12 **	0.17 **	0.10	0.07	0.10
WTP_2	0.19 **	0.21 **	0.19 **	0.09	0.10	0.10 *
WTP_3	0.11 *	0.16 **	0.19 **	0.18 **	0.05	0.11 *
WTP_4	0.09	0.15 **	0.16 **	0.13 *	0.07	0.13 *
WTP_5	0.13 *	0.19 **	0.21 **	0.17 **	0.03	0.10

注：* 表示 P < 0.05，** 表示 P < 0.01。

2. 旅游扶贫负向效应感知与参与意愿

由表 6 – 18 可知，连南县农户旅游扶贫感知负效应对参与意愿的影响中，"愿意参与旅游政策制定与决策过程"（WTP_1）仅仅与"发展乡村旅游破坏了本地的风俗文化"（NEG_7）具有显著的负相关，其余指标不相关。"愿意参与当地旅游业开发与规划"（WTP_2）与"发展乡村旅游业破坏了本地生态环境"（NEG_6）和"发展乡村旅游破坏了本地的风俗文化"（NEG_7）具有显著的负相关。"愿意接受景区自主经营的一些旅游接待项目"（WTP_3）与"发展乡村旅游加剧了本地农户的贫富差距"（NEG_2）、"发展乡村旅游干扰了本地农户的日常生活"（NEG_3）、"发展乡村旅游破坏了本地生态环境"（NEG_6）和"发展乡村旅游破坏了本地风俗文化"（NEG_7）具有显著的负相关。"愿意接受景区或旅游企业的聘用，成为工作人员"（WTP_4）与"发展乡村旅游干扰了本地农户的日常生活"（NEG_3）

和 "发展乡村旅游破坏了本地风俗文化"（NEG_7）具有显著的负相关。"愿意参与政府组织的旅游教育培训"（WTP_5）与 "发展乡村旅游业破坏了本地生态环境"（NEG_6）和 "发展乡村旅游破坏了本地风俗文化"（NEG_7）具有显著的负相关，一定意义上反映了旅游扶贫负向效应感知越小，农户的参与意愿越大。

表 6 - 18　　　　　旅游扶贫感知的负向效应与参与意愿的相关性

指标	NEG_1	NEG_2	NEG_3	NEG_4	NEG_5	NEG_6	NEG_7
WTP_1	0.07	- 0.04	- 0.058	0.03	- 0.006	- 0.10	- 0.10 *
WTP_2	0.06	- 0.05	- 0.091	- 0.02	- 0.009	- 0.15 **	- 0.13 *
WTP_3	0.02	- 0.14 **	- 0.26 **	- 0.06	- 0.07	- 0.18 **	- 0.21 **
WTP_4	0.01	- 0.04	- 0.10 *	- 0.01	- 0.06	- 0.07	- 0.11 *
WTP_5	0.07	- 0.08	- 0.10	0.03	- 0.06	- 0.11 *	- 0.18 **

注：* 表示 P < 0.05，** 表示 P < 0.01。

3. 旅游扶贫参与意愿与社区支持感的相关性

由表 6 - 19 可知，在连南县农户旅游扶贫参与意愿和社区支持感的相关性中，"愿意参与旅游政策制定与决策过程"（WTP_1）、"愿意参与当地旅游业开发与规划"（WTP_2）与 PCS_1 至 PCS_8 均具有显著的正相关。"愿意接受景区自主经营的一些旅游接待项目"（WTP_3）与 PCS_1 至 PCS_7 均具有显著的正相关，只和 "村里的人肯定您对旅游工作的努力"（PCS_8）不相关。"愿意接受景区或旅游企业的聘用，成为工作人员"（WTP_4）仅与 "当您遇到困难时，村里能为您提供帮助"（PCS_3）显著正相关。"愿意参与政府组织的旅游教育培训"（WTP_5），仅与 "村里的人关心您的家庭"

表 6 - 19　　　　　社区支持感与参与意愿的相关性

指标	PCS_1	PCS_2	PCS_3	PCS_4	PCS_5	PCS_6	PCS_7	PCS_8
WTP_1	0.19 **	0.15 **	0.18 **	0.18 **	0.19 **	0.15 **	0.17 **	0.24 **
WTP_2	0.21 **	0.17 **	0.17 **	0.20 **	0.20 **	0.17 **	0.19 **	0.24 **
WTP_3	0.14 **	0.14 **	0.15 **	0.12 *	0.12 *	0.11 *	0.12 *	0.08
WTP_4	0.10	0.09	0.16 **	0.04	0.07	0.08	0.10	0.06
WTP_5	0.16 **	0.14 **	0.17 **	0.08	0.12 *	0.10 *	0.14 **	0.20 **

注：* 表示 P < 0.05，** 表示 P < 0.01。

（PCS_4）不相关，与 PCS_1、PCS_2、PCS_3、PCS_5、PCS_6、PCS_7 和 PCS_8 均显著正相关。社区支持感和旅游扶贫参与意愿呈现出相互促进的局面。

6.2.4 农户旅游扶贫效应感知与社区支持感的相关性分析

1. 旅游扶贫正向效应感知与社区支持感相关性

农户旅游扶贫效应的感知离不开社区支持，因此，分析两者之间的关系，对进一步开展旅游扶贫具有较大的参考价值。本研究对农户旅游扶贫效应的各项感知与社区支持感进行相关性分析。由表 6 – 20 可知，农户旅游扶贫的经济、文化和社会效应感知与社区支持感均有显著正向相关性，由表 6 – 21 可知，农户旅游扶贫的环境和人口效应感知与社区支持感均有显著正向相关性，这表明了旅游扶贫的经济、文化、社会以及环境和人口效应感知带来的正面影响与社区支持感相得益彰。

表 6 – 20　　　　旅游扶贫经济和文化正向效应感知与社区支持感的相关性

指标	ECS_1	ECS_2	ECS_3	ECS_4	ECS_5	ECS_6	ECS_7	ECS_8	ECS_9
PCS_1	0.22 **	0.20 **	0.15 **	0.15 **	0.19 **	0.17 **	0.16 **	0.15 **	0.15 **
PCS_2	0.19 **	0.18 **	0.15 **	0.17 **	0.21 **	0.27 **	0.23 **	0.20 **	0.21 **
PCS_3	0.21 **	0.21 **	0.25 **	0.21 **	0.27 **	0.19 **	0.21 **	0.29 **	0.25 **
PCS_4	0.24 **	0.20 **	0.20 **	0.17 **	0.24 **	0.23 **	0.24 **	0.20 **	0.23 **
PCS_5	0.24 **	0.18 **	0.18 **	0.17 **	0.24 **	0.21 **	0.19 **	0.16 **	0.18 **
PCS_6	0.19 **	0.15 **	0.19 **	0.19 **	0.21 **	0.21 **	0.21 **	0.20 **	0.22 **
PCS_7	0.21 **	0.19 **	0.21 **	0.27 **	0.25 **	0.22 **	0.25 **	0.23 **	0.24 **
PCS_8	0.30 **	0.22 **	0.23 **	0.26 **	0.31 **	0.28 **	0.27 **	0.25 **	0.24 **

注：** 表示 P < 0.01。

表 6 – 21　　　　旅游扶贫的环境和人口效应感知与社区支持感的相关性

指标	TEP_1	TEP_2	TEP_3	TEP_4	TEP_5	TEP_6
PCS_1	0.150 **	0.122 *	0.261 **	0.142 **	0.096	0.146 **
PCS_2	0.146 **	0.153 **	0.236 **	0.123 *	0.125 *	0.153 **
PCS_3	0.262 **	0.241 **	0.199 **	0.141 **	0.097	0.264 **
PCS_4	0.225 **	0.211 **	0.196 **	0.129 *	0.143 **	0.217 **

指标	TEP_1	TEP_2	TEP_3	TEP_4	TEP_5	TEP_6
PCS_5	0. 197 **	0. 202 **	0. 187 **	0. 103 *	0. 143 **	0. 184 **
PCS_6	0. 221 **	0. 195 **	0. 219 **	0. 103 *	0. 156 **	0. 214 **
PCS_7	0. 200 **	0. 232 **	0. 241 **	0. 132 *	0. 145 **	0. 238 **
PCS_8	0. 267 **	0. 240 **	0. 280 **	0. 169 **	0. 134 *	0. 187 **

注：＊表示 P < 0. 05，＊＊表示 P < 0. 01。

2. 旅游扶贫负向效应感知与社区支持感相关性

由表 6 – 22 可知，在农户旅游扶贫的负向效应感知与社区支持感的相关性中，"村里的人重视您为大家做出的贡献"（PCS_1）与"发展乡村旅游干扰了本地农户的日常生活"（NEG_3）具有显著负向相关性，与其余指标不相关。"村里的人重视您的想法"（PCS_2）、"当您遇到困难时，村里能为您提供帮助"（PCS_3）与"发展乡村旅游干扰了本地农户的日常生活"（NEG_3）、"发展乡村旅游业破坏了本地生态环境"（NEG_6）和"发展乡村旅游破坏了本地风俗文化"（NEG_7）具有显著负向相关性。"村里的人关心您的家庭"（PCS_4）与"发展乡村旅游加剧了本地农户的贫富差距"（NEG_2）、"发展乡村旅游干扰了本地农户的日常生活"（NEG_3）、"发展乡村旅游业破坏了本地生态环境"（NEG_6）和"发展乡村旅游破坏了本地风俗文化"（NEG_7）具有显著负向相关性。"村里的人关心您的身心健康"（PCS_5）与"发展乡村旅游干扰了本地农户的日常生活"（NEG_3）和"发展乡村旅游业破坏了本地生态环境"（NEG_6）具有显著负向相关性。"村里的人关心您的工作情况"（PCS_6）与"发展乡村旅游干扰了本地农户的日常生活"（NEG_3）、"发展乡村旅游业破坏了本地生态环境"（NEG_6）和"发展乡村旅游破坏了本地风俗文化"（NEG_7）具有显著负向相关性。"您随时能得到村里的支持"（PCS_7）与"发展乡村旅游干扰了本地农户的日常生活"（NEG_3）、"发展乡村旅游导致了本地户外娱乐设施拥挤"（NEG_4）、"发展乡村旅游业破坏了本地生态环境"（NEG_6）和"发展乡村旅游破坏了本地风俗文化"（NEG_7）具有显著负向相关性。"村里的人肯定您对旅游工作的努力"（PCS_8）与"发展乡村旅游业破坏了本地生态环境"（NEG_6）和"发展乡村旅游破坏了本地风俗文化"（NEG_7）具有显著负向相关性。这表明农户在村里参与乡村旅游得到村里人的肯定越高，自身的成就感越高，那么认为发展旅游干扰到自身日常生活的感受就越小。社区的重视与困难帮助，一定程度上消解掉了发展旅游带来的日常生活、生态环境和风俗文化的负面影响。

表 6 - 22　　旅游扶贫感知的负向效应与社区支持感的相关性

指标	NEG_1	NEG_2	NEG_3	NEG_4	NEG_5	NEG_6	NEG_7
PCS_1	0.079	- 0.038	- 0.111 *	- 0.038	0.038	- 0.090	- 0.075
PCS_2	0.022	- 0.056	- 0.120 *	- 0.063	- 0.007	- 0.144 **	- 0.123 *
PCS_3	0.053	- 0.092	- 0.144 **	- 0.096	- 0.077	- 0.167 **	- 0.140 **
PCS_4	0.051	- 0.105 *	- 0.114 *	- 0.057	- 0.042	- 0.143 **	- 0.137 **
PCS_5	0.039	- 0.091	- 0.105 *	- 0.047	- 0.054	- 0.115 *	- 0.074
PCS_6	0.066	- 0.070	- 0.139 **	- 0.081	- 0.053	- 0.143 **	- 0.194 **
PCS_7	0.036	- 0.060	- 0.165 **	- 0.122 *	- 0.084	- 0.162 **	- 0.172 **
PCS_8	0.061	- 0.020	- 0.082	- 0.069	- 0.079	- 0.158 **	- 0.139 **

注：* 表示 $P < 0.05$，** 表示 $P < 0.01$。

第 7 章

粤北少数民族地区旅游扶贫系统协调机制与可持续发展路径

粤北少数民族地区旅游扶贫发展经验表明，旅游精准扶贫依托强劲的造血功能和巨大的带动作用，不仅成为减贫事业的重要力量，而且提供了比较有益的经验。发展旅游业已经成为当地人民摆脱贫困的主要途径，通过发展旅游业和扩大旅游交流，不仅推动了粤北少数民族地区的经济发展，改善了基础设施和人居环境，而且还提高了当地人的文化素质和受教育程度，提高了他们社会参与能力、对社区发展的控制能力、对传统文化和地方特色文化的保护能力等，促进人的全面发展。

粤北少数民族地区通过发展休闲农业和乡村旅游，很多地区居民点的农田、水域、屋舍、农作物及村寨环境等生产和生活资源的利用效率进一步提高，功能得到优化。当地农户通过自营、租赁、流转、合作和入股等形式，开发出高附加值的产品和服务，这也促进了乡村地区以第一产业为主导的传统农业经济向以旅游业为主导的现代服务经济转型发展，为少数民族村寨的发展注入了新活力和可持续发展能力，减贫效果突出。在脱贫模式上，启用了具有不同适应性的精准扶贫，主要包括整村搬迁脱贫、特色产业脱贫、就业扶贫、以企业租赁和承包经营为主要形式的"公司＋农户"金融信贷扶贫，以及景区带动周边村庄农户发展农家乐为主体的"景区带村"脱贫等。这些模式适用于不同地区和不同贫困类型的农户，扶贫的规模效应显著。

在粤北少数民族地区旅游扶贫大系统中，包含若干个子系统，主要包括旅游扶贫政策与法律子系统、旅游资源与产品开发子系统、民族村寨与贫困农户参与子系统和旅游企业与非政府组织子系统。实现各个子系统的相互协调发展是实现整个旅游扶贫机制体系健康发展的重要路径，实现经济、文化和人的素质综合脱贫。粤北少数民族地区农户的旅游扶贫一直将经济扶贫与扶志、扶智紧密结合，通过旅游产业、文化教育、专业培训和参观考察等手段，让贫困人群实现综合素质的全面提高，即通过旅游扶贫促进贫困人群全面发展。

从中央到地方，各级政府、各个部门和广泛的社会组织、民间机构采取了各种措施，从政策、资金、物资、人力等方面集中资源，通过产业发展、劳动就业、异地安置、生态补偿、福利保障等手段，帮助贫困地区完善基础设施、发展经济、促进教育、传承文化、提高生活品质。旅游扶贫要以政府为主导，因地制宜发挥区位优势，突出当地农户的主体地位，在注重平衡区域发展差异的同时，加强文旅融合，注重效率与效应的平衡，充分发挥民俗风情文化，保护当地的物质与非物质文化遗产，注重旅游产品多元化，展望未来，扶贫工作的重点要从解决绝对贫困转向解决相对贫困，从经济扶贫转向多维扶贫，从基于战略的宏大叙事转向对人民美好生活的微观关怀，促进民族地区高质量、可持续发展。

7.1 粤北少数民族地区旅游扶贫系统协调机制

7.1.1 旅游扶贫政策与法律子系统的相互协调

政策层面上，旅游精准扶贫已被纳入国家战略，政府和相关部门制定一系列相关旅游扶贫政策和旅游扶贫发展规划，发挥政府的主导作用，实行政策倾斜，各方主体配合。准确识别我国粤北少数民族地区旅游扶贫战略发展重点，集中优势力量开发优势资源。选取基础条件较好、资源价值较高的地区建立一批旅游开发示范区，以点带面，滚动发展。同时，加大政策推动，出台与旅游扶贫有关的土地、税收和投资等优惠政策、旅游扶贫人才培训政策、资金扶植政策、区域经济发展政策等，制定相关的旅游扶贫制度法规。

建立旅游扶贫政策与法律子系统的协调机制，需要多部门配合调度与发展。例如，旅游、计划、财政、交通、教育等部门共同参加，发挥政府部门的行业管理优势，促使多方努力，形成合力，共同推动旅游扶贫发展。交通方面，要优先解决旅游扶贫的交通通达性，主干道道路升级，达到旅游交通标准。增加地方游客承载力，同时对于每年确定的旅游扶贫重点项目要予以优先扶持，尽量使其通往主干道路的公路达到旅游交通标准。税务方面，要尽量在税收管理上给予优惠。环保方面，要加大对于贫困地区绿化、生态补偿的支持力度。旅游商品方面，对于土特产、食品和工艺品加工要予以倾斜，要鼓励开发地方特色产品，积极发展各类乡村民宿非标产品，例如家庭旅馆、青年旅舍、短租公寓等。银行金融方面，提供小额贷款，鼓励当地农户从事旅游服务行业。培训就业方面，使得贫困地区农户获得实际的教育和岗前技能培训，与旅游部门合作从贫困家庭招收学员，培训旅游企业员工，提高旅游服务水平，帮助解决群众就业。各个政府部门需要鼓励贫困地区的旅游业与其他产业协同发展，用行政力量和制度优势，优化和整合社会资源进行脱贫攻坚，这样为旅游扶贫提供有力的政策、制度和法律保障。

7.1.2　旅游资源与产品开发子系统的相互协调

旅游资源向产品开发通常是两种不同的转化过程，实际上反映了两种不同的模式。一种是"资源—产品共生型"，主要是以低投入、低风险和高产出为主要特征，所要做的是基础设施建设和旅游者直接使用的旅游接待设施建设，而非产品或吸引物本身的建设。一种是"资源—产品提升型"，旅游已经变成高投入、高风险和高产出的产业结构，旅游接待设施和基础设施已经不是制约旅游发展的关键，而产品本身性价比如何，需投入建设资金数量成为关注的重点。因此，建立粤北少数民族地区旅游资源与产品开发系统协调机制，在实施旅游扶贫战略时，要重点关注以上两种模式，对旅游扶贫目标区域的选择要实行序列化，短期目标与长远计划相结合。具体投资领域包括：提供基础设施；基本设施建设的信贷；设计旅游扶贫活动、丰富旅游供给；旅游扶贫的商业化、信息化；选择建筑项目；保护地方文化；补贴、免税、低利率信贷、职业培训；创建和管理旅游扶贫的旅游企业等。

7.1.3 民族村寨与贫困农户参与子系统的相互协调

少数民族村寨主要是在各个参与者之间起到催化剂和联络沟通作用：贫困农户在培训、自身能力建设、技术支持等方面获得资助，增加他们对旅游业的了解，为小企业和旅游就业提供资源；为小企业和贫困者之间架起桥梁，为他们排忧解难，提高效率和防范风险；向政府制定者反映贫困农户的意愿，大力支持旨在加强扶贫的各类旅游活动。

贫困农户既是扶贫的对象，又是旅游扶贫开发的重要参与者。山区少数民族地区在实施旅游扶贫战略时应充分调动贫困农户的积极性，这是需要关注的核心问题。他们作为独立劳动者或创业者，同时也作为社区成员或股东直接参与旅游规划和收益管理。在参与旅游扶贫的基础上，提升专业素质，在旅游业和小企业就业中发展技能，探索发展文化产品，为市场提供商品。在透明管理共同资产和收益，与小业主以及政府的合作过程中，强化社区组织功能。通过提高对资源和环境的认识，主动积极地起到保护环境和文化的作用。

建立民族村寨与贫困农户参与子系统的协调机制使得贫困农户通过旅游业的发展实现减贫，就必须鼓励他们积极参与旅游就业。（1）旅游直接就业，通常包括直接面对游客的，如航空公司、旅游宾馆、出租车、餐馆、零售商店和娱乐场所等方面的服务工作。（2）旅游间接就业，通常包括与旅游相关的辅助性工作，如食品供应、洗涤服务、批发销售、金融服务等。（3）旅游业供给者的直接就业，通常包括政府代理商、滋补品制造业、建筑业和出口旅游商品的行业等。（4）旅游业供给者的间接就业，通常包括为旅游业供给者提供各种服务，如钢材、木材、石油化工产品等生产资料的行业。这四类中有的对就业人员技术要求较高，在贫困地区的贫困人口大多以"体力"及简单脑力劳动者居多，尤其是农村贫困地区居民文化整体素质水平较低的情况下，在实施旅游扶贫战略之初，可有针对性地分批对贫困人口进行就业培训，使"物质扶贫"与"精神扶贫"双管齐下。加快创业人才培训步伐，在贫困地区市、县建立旅游人才培训基地，对贫困地区旅游管理人员、技术人员和服务人员进行培育。针对高级人才不足的情况，可调动社会各界的积极性，鼓励参与旅游扶贫工作，推动旅游扶贫深入持久发展。

7.1.4　旅游企业与非政府组织子系统的相互协调

旅游企业向游客提供旅游扶贫信息，定点帮扶当地民族村寨和旅游景区、景点等。向非政府和政府可持续旅游活动提供商业咨询，鼓励供应链合作伙伴根据当地文化和习俗来培训当地农户，开发当地旅游商品和服务。引导游客到景区或相关贫困的民族村寨，鼓励游客举止行为文明，扶植传统工艺品和文化，向社区捐助建立学校、医院等。向打算建立自营工商业、个体户的当地居民提供商业建议，积极建立与当地农户的合资企业或其他形式合作方式，确保当地居民能有效利用能源和资源，不造成环境污染和资源浪费。还有一些私业营业主在当地可找到许多商业发展机会，形成产业供应链，最大限度地使用当地居民作为劳动力的供给，培育市场，为旅游市场组织客源，反馈信息，提供技术咨询，与当地社区居民建立合作股份经营，开发基础设施，包括水电、通信及其他服务。在旅游扶贫的相关开发活动中，促进贫困农户和政府机构、非政府组织之间的理解和沟通。

非政府组织是指那些代表和保护公众利益的社团机构，他们的积极参与将对农村贫困地区旅游扶贫战略的深入发展提供有力的宣传和支持作用。通过组织和参与各种公共教育活动，在社会各界、各层面广泛宣传旅游扶贫的内涵及现实价值，号召全社会关注并支持旅游扶贫战略的实施。同时，非政府活动还可以对政府起到监督作用，邀请相关专家进行旅游扶贫效益评估研究，综合评估当地旅游业对少数民族地区环境、文化的影响以及贫困农户经济收益情况，建立信息反馈机制，监督政府部门制定相关有效措施。

7.2 粤北少数民族地区可持续性旅游扶贫路径

7.2.1 坚持以人为本，完善体制机制和政策保障

1. 坚持统一思想，注重以人文本

（1）坚持统一思想是前提。粤北少数民族地区旅游扶贫工作具有全局性、综合性和战略性特点，政府层面及各类社会组织需要统一思想，更新观念，提高认识。依据习近平总书记"六级书记抓扶贫、全党动员促攻坚"的总体要求，全国家、省、市、县（区）、乡（镇）、村六级乡村旅游发展大体制，建立六级乡村旅游领导小组和管理机构，进一步完善六个层级乡村旅游自律组织。管理体制适应于乡村旅游发展与旅游扶贫工作，行业自律组织充分发挥在乡村旅游扶贫中的积极作用，政府、市场、社会协同发力，形成一体化推进的大格局。

（2）注重以人为本是核心。粤北少数民族地区的旅游扶贫必须从当地居民角度出发进行旅游开发，提高当地群众脱贫致富的自信心和责任感。鼓励居民参与旅游规划与开发的相关过程，积极了解当地居民的意见和想法，发挥他们在脱贫攻坚中的主体地位和市场化运作的主体力量，实现贫困群众物质与精神"双脱贫"。

2. 完善体制机制，增强政策保障

完善体制机制，进行制度创新，进一步建立旅游扶贫的党政统筹，旅游考核和旅游综合协调与监管机制，深化旅游管理体制改革，突出旅游综合治理效果。需要在党政领导统筹下统一规划部署，通过资源整合、部门联动，协调发展，综合治理，合力支撑旅游扶贫的新发展。

需要建立强有力的政策保障，明确产业定位、统筹规划编制，实现多规融合，通过财政金融支持、土地保障和旅游人才相关政策，明确当地产业定位，充分发挥当地主导产业，编制全域旅游规划及配套实施方案，完

善专项规划体系，建立旅游规划督导评估机制，使得全域旅游符合国土空间规划，并与相关规划融合。通过设立旅游发展专项资金，政府贷款贴息或金融机构提供金融服务，统筹各部门资金支持全域旅游建设。制定旅游发展奖励或补助，开放性金融融资，保障旅游用地和人才引进等相关政策，粤北少数民族地区需要通过整合分散于农业产业化、农产品加工、农产品流通、休闲农业开发等领域的扶持政策，发挥资金合力的作用，全方位支持推动旅游扶贫的发展。

7.2.2　坚持因地制宜，完善旅游公共服务与供给体系

1. 因地制宜，引导资本

政府层面需要积极引导各类资本，例如民间资本、工商资本、外资等参与旅游扶贫，因地制宜，平衡县域内各地区发展。政府应结合县域内各地区的地理位置、资源禀赋和发展历史等，分析各地区的优势和特色，科学合理规划，发展旅游业、农业等相关产业，实现地区差异化的经济可持续发展。利好政策，调动乡村社区、居民参与旅游业的积极性。通过支持旅游业发展、经济补贴等鼓励社区进行旅游开发，同时对参与旅游业中的居民分级提供补贴，对于没有直接参与旅游业但因旅游开发需要受到限制的居民提供相应补偿；加强培训，建设专业的旅游业基层管理团队。为旅游业基层管理者和创业者提供内部学习和外出交流的机会，不断提升基层管理团队的综合素质。

加大投入，增加政策供给精准性和有效性。各地各部门要加强政策供给的精准性，出台相关政策要因地制宜，加强针对性，符合农村实际，进一步向贫困地区倾斜。重点帮助具有条件发展旅游业的贫困村完善基础设施、公共服务体系建设、开发旅游富民项目、培训旅游带头人。同时，要提高政策供给的有效性，用足用好国家、省、市、县（区）各类支农惠农政策。争取上级项目支持，完善基础配套设施，提升贫困地区的可进入性和环境，让游客在游玩过程中感受到舒适、安全。

引导和鼓励中介组织为乡村旅游发展提供资金融通、信用担保、融资租赁、项目融资、信托投资等服务，探索推行动产抵押、权益抵押、林权

抵押、土地使用权抵押等担保形式，依法建立和完善乡村旅游融资担保体系。鼓励农民以土地使用权、固定资产、资金、技术等多种形式入股发展乡村旅游，享有薪金、租金和股金等稳定长期的收益回报。

2. 完善旅游公共服务与供给的相关配套

完善的旅游公共服务体系以及相关配套设施对旅游扶贫综合效应的充分发挥起到至关重要的作用。例如，粤北少数民族地区内部与外部交通通达性不强，公路服务区和旅游集散中心的功能不够完善，停车场的配备、旅游标识系统和相关服务设施不够齐全，智慧旅游方面的发展个性化略显不足，运行效率不高。因此，要结合粤北少数民族地区当地的资源禀赋、人文历史、区位特点、产业特色、消费能力和消费习惯，创新规划理念，突出产业特色，优化功能布局，这既是解决布局简单雷同、项目同质同构的前提，又是降低发展成本、适应消费习惯的关键，也是提升竞争力、增强持续吸引力的核心。同时，建立比较完备的旅游供给体系，配套游客中心、标识系统、骑行通道等设施，满足多目标人群的各项旅游要求。

7.2.3 保护旅游资源、优化社会环境

1. 合理规划，经济效益与环境效益并重

在对贫困地区进行旅游扶贫时，必然要以经济效益为核心，但与此同时，更应该注重旅游开发的环境效益，贫困地区本身因为较为偏远等原因，历史、文化、生态等资源保存较好，具有更高的价值。乡村旅游在贫困地区的发展尤为重要。乡村旅游功能在很大程度上来源于乡村优美的环境、清新的空气、纯净的水质、健康的食品，因此，进行旅游开发之前，先对贫困村进行合理规划，在进行旅游开发过程中要尽可能地减小对旅游资源的破坏，可以通过建立旅游资源环境保护体系，有针对性地保护自然生态和文化资源，有效地引导和控制旅游产业发展，从而达到规避风险，合理布局的目的。

在提升城乡建设水平的同时，要加强农业生态保护，实施农业生物多样性保护工程，开展生态环境监测，实施美丽乡村和农村生态文明建设工

程，开展农村人居环境综合整治，使贫困地区能够长久地保持活力，取得更大的经济效益，优化社会环境。旅游扶贫在前期需要投入较多的资源与资金，而后期投入的人力和财力相应减少，通过维修和创新，就能长久地获得巨大收益。此外，在旅游高峰期时，应当注意控制游客人数不能超过当地的环境容量，从而保证贫困地区的可持续发展。总之，旅游扶贫，不仅要注重短期收益，更要注重长远利益。

2. 规范旅游秩序，注重旅游安全

结合粤北少数民族地区的实际特点，制定较为齐全的旅游服务标准，针对山区旅游存在的相关风险，制定安全制度、风险管控规范及旅游救援体系，旅游市场管理运行良好，及时有效处理投诉，提升旅游志愿者服务质量，营造文明旅游环境，共同维护全域旅游的秩序与安全。

7.2.4　发挥社区支持作用，营造良好的社区氛围

1. 实现社区支持与原住民的良性互动

社区要充分认识自身在旅游开发中的重要作用，积极提升原住民社区支持感。加强培训，提高村民旅游参与程度；增强意识，积极参与村内事务。由于当地原住民文化水平相对较低，民主意识薄弱，大多没意识到自身在旅游开发过程中的地位和作用，因此，应通过普法讲座等增强居民参与意识，同时建立健全基层民主制度；日常互动，让原住民感受到来自社区的关心和支持。针对贫困户、旅游经营户等定期家访，了解他们生产生活中遇到的困难，及时提供物质和情感支持。同时，定期通过村民大会、讲座等方式加强原住民之间、原住民与社区之间的沟通交流，形成良好的社区氛围。

原住民应积极响应号召，不断提升自身综合素质，更好地参与当地旅游业发展中。首先，明确主人翁地位，积极参与村内日常决策、旅游发展等相关事务；其次，加强学习意识，积极参加政府、社区组织的各类培训活动，提升综合素质；最后，结合自身实际情况，通过合适的方式参与旅游业发展中，个体受益的同时促进社区经济发展。

2. 建立"和谐旅游社区"，完善利益联结机制

从目前粤北少数民族社区发展的旅游业与多业态融合情况来看，相关利益联结机制并不完善。例如，贫困地区出现资本对农户的"挤出"现象；贫困地区发展乡村旅游过程中，一些知名度高、规模大的餐厅、客栈等大多是外地人经营的，通常服务标准和对从业人员的要求高，给当地人的就业机会有限，大部分增值收益外流。还有些地区以景区的形式进行开发，农户进行农业生产维持了美丽景观，却没有从旅游开发中获得相应的补偿。农村宅基地、集体建设用地等相关制度改革滞后，金融市场发展不足，农户利用房屋和土地等抵押贷款的权能受限。

因此，要完善利益联结，保护原住民利益，建立氛围和谐的旅游社区。在就业和创业机会上更多地让当地少数民族地区原住民参与其中，提升原住民的服务意识和旅游接待水平，让其在旅游扶贫的发展中真正得到实惠。旅游产业组织形式上需要创新，发挥旅游企业对农户的带动作用，同时协调产业部门之间、上下游之间的利益关系，对基础产业和弱势群体进行适度补偿。通过创新旅游扶贫发展的组织模式，可以在政府主导下，发挥村集体经济组织的作用，建立旅游合作社，用以协调处理开发商与当地居民之间的利益分配问题，使其相互合作，提供不同类型、不同层次的旅游产品，达到共赢的目的。

7.2.5 创新旅游扶贫模式，多业态融合发展

1. 多种旅游扶贫模式百花齐放

通常来说，旅游带动农村贫困人口脱贫的方式和途径主要有五种：一是直接参与乡村旅游经营，如开办农家乐和经营乡村旅馆等；二是在乡村旅游经营户中参与接待服务，取得农业收入之外的其他劳务收入；三是通过发展乡村旅游出售自家的农副土特产品，不少地区由于发展了乡村旅游，当地种养殖户的农产品出售给游客的价格比直接销售价格要高出 30% ~ 50%；四是可以参加乡村旅游合作社和土地流转获取租金；五是还可以通过资金、人力、土地参与乡村旅游经营获取入股分红。

如何让更多乡村旅游成果惠及民生、促进扶贫和主客共享，主要是通过创新旅游扶贫模式，多业态融合发展来实现。例如，要鼓励引导各类社会资本和投资主体采取独资、合资、合作、联营、购买、承包、租赁、股份合作等多种形式参与旅游扶贫，真正培育一批市场化运作能力强的企业主体，全面提高乡村旅游扶贫社会化程度和市场化水平，推广并创新"特色小镇辐射""公司＋农户""合作社＋农户""能人带户""景区带村"等扶贫开发方式，带动当地贫困人口就地实现脱贫。结合粤北少数民族地区实际情况编制旅游扶贫发展规划，明确旅游资源开发、产业融合发展、基础设施建设等方面的发展思路和方法，形成粤北少数民族地区发展特色路径。例如，清远市连山县，是全省三个少数民族县之一，也是全国唯一的壮族瑶族自治县，民族资源丰富，传统民俗节庆多。积极探索"旅游＋文化"融合发展模式，大力发展电商产业，依托县农村电商服务中心、"云上连山"数字平台等载体，以及通过"网红＋短视频＋直播"的模式、建立 5G 云店等措施，广泛宣传全域旅游创建工作、旅游产品，拓宽了旅游产品及农产品销售渠道，有效推动了县域经济发展。创建氛围较浓，城景合一，县城打造成为广东省首个以县城为主体的国家 3A 级景区，整体绿化、美化协调，支持返乡创业学生参加乡村旅游开发，带动村民、集体致富的模式也是清远市少数民族乡村发展的一种创新和探索。

2. 明确产业定位，研发特色旅游产品

当前，粤北少数民族地区的相关旅游产品相似性大，品牌效应不强，缺乏知名度和市场影响力，旅游业态不够丰富，与相关产业融合不到位等问题较为凸出。同时，高品质旅游吸引物数量偏少，较难满足旅游市场日趋多层次、多样化和高品位的需求。因此，针对上述问题实际情况，首先，应明确当地旅游产业定位，实现多个业态融合，例如文旅融合、城乡旅游融合等。其次，粤北少数民族地区开发创意旅游产品，主要包括已有旅游产品的深度打造和新产品的研发两个方面。已有旅游产品方面，针对特点鲜明、区域性和民族个性较强的旅游产品，进一步建立研发和生产基地，拓宽销售渠道，突出产品异质性，形成旅游品牌，创造当地的核心吸引力，增强市场活跃度，增加客源丰富度。针对新旅游产品的开发，在明确本身优势旅游资源的基础上，应当结合当地质朴的民俗风情，融入当地原生文化元素，例如，少数民族文化风俗、建筑风格、饮食习惯和服饰特色等。地域上依托少数民族村寨和传统村落基础上研发出具有创意性和标志性的旅游产品。还可以通过一系列的节事活动、民俗体验活动、非物质文化遗产的工艺传承和旅游纪念品制作和销售，带动贫困村民增加收入。政府通过利好政策支持这类旅游产品成为少数民族地区的旅游亮点和经济增长点。同时，需要在旅游产品开发中，注重文化传承与商业化的博弈平衡，通过文旅融合发展，实现旅游的经济发展和历史文化传承。

3. 突出品牌效应，加强品牌影响

根据粤北少数民族地区当地的民俗传统文化和景区特色，打造特色旅游产品品牌。针对不同目标人群，建立比较完善的营销保障体系，加大营销投入，主体、部门多渠道联动营销，提升品牌知名度和美誉度，注重品牌效应，扩大市场影响力，满足人民日益增长的美好生活需要。例如，粤北少数民族地区充分利用互联网、物联网等新技术以及互联网金融、众筹、PPP 等新工具和新模式，完善旅游基础设施，提升旅游道路、旅游接待、旅游服务等建设水平，重点关注地方文化保护与文创开发。农耕文化方面，建立集农产品生产、加工、休闲观光、特色产品销售等为一体的产业集群，在品牌推介、市场开拓、资金支持等方面给予企业一定的优惠和扶持政策。促进农产品变旅游产品，鼓励企业面向市场，提高科技水平和研发能力，开发差异化产品和功能性产品，提高市场竞争力。尤其需要注重活化物质与非物质文化遗存，制作出特色系列文创产品、纪念品和一些实用旅游小商品。此外，根据当地旅游资源，串联相关景点，优化完善旅游路线，建设相关旅游体验项目。

4. 加强"诗和远方"文旅融合发展

随着文旅融合大时代的到来，顺应时代潮流，实现文化与旅游的结合，文化可以更好地走向"远方"，旅游也更有"诗"意。2009 年 9 月，文化部与国家旅游局联合发布的《关于促进文化与旅游结合发展的指导意见》中指出："文化是旅游的灵魂，旅游是文化的重要载体。"文旅融合已

成社会共识，文化与旅游的融合已成为今后休闲与旅游发展的潮流。但是，必须同时遵循文化传承与旅游发展的规律，并使两者有机融合，文化才有活力、旅游才有灵气。旅游与文化的融合既丰富了旅游产品，又扩大了文化产品，带动了文化产业的壮大，文化旅游业成为文化产业与旅游产业共同发展的生力军与增长极。

由此可见，文化与旅游有众多共同之处、重合之处，可以融合，然而，文化和旅游两者分属于不同的范畴，内涵与外延均有不同，并不能完全融合。例如，有些少数民族的风俗习惯和宗教仪式等并不能全面向游客开放。所以，文旅融合需要因地、因时推进，并不是适合所有的文化与旅游行业、企业、机构和项目，应当在注重文旅融合效果的前提下，能融则融，尽融多融。

7.2.6　加强科学指导，强化人才和智力支持

在进行旅游扶贫过程中，人才是必不可少的一项。目前，相关专业领域的人才依然比较缺乏，各级政府都要高度重视旅游扶贫方面的人才规划、培养、培训，建立乡村旅游扶贫人才培养和激励机制，引进外来人才到本地发展，积极引导和支持返乡农民工、大学毕业生、专业技术人员等利用创客基地平台实现自主创业。人才的帮扶尤其重要，可以通过旅游发达地区和旅游扶贫地区之间旅游人才及干部互派，加强旅游企业专业人才、经营人才与经营业主之间的交流帮扶指导，让其对当地旅游从业人员进行培训，提升整体素质。同时，还可以与高校进行合作，让其输送专业的旅游管理人才以此加强贫困地区人才建设。

第8章

结论与讨论

8.1 主要研究结论

本书通过对国内研究的归纳和梳理旅游扶贫理论与实践，以粤北少数民族地区——连南县为例，参照现有的研究框架，利用问卷调查法和计量经济模型，对当地农户的生计资本进行定性分析和定量测度，并对农户旅游扶贫感知关键影响因素进行识别，分析农户旅游扶贫感知效应机制，探讨粤北少数民族地区旅游扶贫系统协调机制与可持续发展路径。通过上述研究分析，可以得出如下结论。

第一，连南县典型样本村总体上说农户生计资本不高，从样本村农户的生计资本综合指数来看，大竹湾村农户户均生计资本综合总指数最高，南岗村则最低。按照从大到小排列依次：大竹湾村、黄莲村、大掌村、上洞村、油岭村、军寮村、必坑村和南岗村。

第二，通过对当地农户在个人、家庭与农村社区旅游扶贫感知关键影响因素的识别可知，受访农户性别、是否从事农业生产、家庭耕地面积、本人是否有技术、家庭是否有借款、家庭人口数量和家庭劳动力数量与旅游扶贫感知的相关性不显著。（1）农户层面的关键影响因素是农户本人年龄、本人是否从事旅游业、本人月收入、是否有家庭成员与亲友参与旅游业、家庭住房现值、家庭耐用消费品现值和家庭年收入。（2）所在村庄的关键影响因素为是否为贫困村、是否为纯瑶族村、距离乡镇集市远近和距离旅游景区远近。其中，距旅游景区远近影响为负向效应，其余指标都为正向效应。（3）通过对农户和所在村庄两个层面同时测度和跨层面相互作用分析，本人受教育年限、是否有家庭成员参与旅游业、是否有亲友参与旅游业、家庭耐用消费品现值、家庭劳动力最大受教育年限共五个指标对旅游扶贫感知的影响归功于农村社区层面，其他指标对旅游扶贫感知的影响归功于农户个人与家庭层面。

第三，通过农户旅游扶贫感知效应机制的探索，农户旅游扶贫的总体感知是认为本村发展乡村旅游扶贫效果正面影响高于负面影响，对本村发展乡村旅游现状满意度较高，自身也十分支持本村发展乡村旅游。（1）从性别差异上来看，旅游扶贫经济、文化、社会、人口与环境的正向效应感知中和旅游扶贫感知负向效应层面具有显著差异，女性对日常生活环境感知更为敏感一些。样本农户在旅游扶贫的参与意愿上无显著差异，但是，在参与能力上，男性和女性具有显著差异，男性在旅游扶贫中参与能力更强。（2）从年龄差异上看，农户对旅游扶贫经济、文化和社会效应感知上并无显著差异。而在旅游扶贫环境和人口素质效应感知上，尤其是15～24岁的受访农户大多受教育程度更高，因此，对外交流显得更为密切，对旅游作用的感知更为综合与全面。在旅游扶贫参与意愿和参与能力层面，年龄偏年轻的农户参与意愿强烈，有足够的时间和精力，参与能力有待通过进一步的教育培训来提高，而老年农户随着年龄的增长，生理上体质大不如前，精力不足，心理上对自身参与能力不自信，则参与旅游扶贫的情绪不积极。（3）从文化程度差异上看，旅游扶贫经济、文化、社会、人口素质和环境感知的正向效应中，文化程度越高，农户对旅游扶贫正向效应的感知越强烈。旅游扶贫的负向效应中，对受教育水平不高的农户影响较大，他们对于旅游业带来当地物价水平和生活成本的提高拥有较为深刻的感受。农户旅游扶贫参与意愿上，文化程度的高低没有显著差异，但是，文化程度越高的农户，旅游扶贫的参与能力越大。（4）从月收入差异上看，旅游扶贫经济、文化、社会、人口素质和环境感知的正向效应中，收入越高的农户感知的正向效应均值越高。旅游扶贫感知负向效应层面，农户感到发展乡村旅游干扰了本地农户的日常生活在1000元以下和大于4000元收入组上具有显著差异，这说明了贫富差距带来的负面影响显著。（5）旅游扶贫参与意愿和参与能力层面，收入越高，参与旅游教育培训的意愿越强烈,参与旅游业的能力越强。(6) 在社区支持感层面,性别、年龄和月收入上均无显著差异,反映了社区支持的公平性。随着文化程度的升高,社区支持感的程度越高。从事旅游业的农户感知平均值都是大于未从事旅游业的农户,这表明社区支持感对参与旅游业的农户起到积极作用。

第四,农户旅游扶贫的正向效应感知对农户的参与意愿显著正相关,这表明了旅游扶贫所带来的经济、文化、社会、人口素质和环境的正面影响极大地激发了农户参与旅游扶贫的积极性,刺激了乡村旅游业蓬勃发展,为脱贫攻坚助力,与社区支持感相得益彰。而在旅游扶贫负向效应感知层面,负向感知越小,农户的参与意愿越大,与此同时,社区支持感层面,农户感到得到所在社区的支持越多,自身的成就感越高,对发展旅游带来的日常生活、生态环境和风俗文化的负面影响感知度越低。

综上所述,针对提高旅游扶贫感知的正向效应,降低负向效应的影响,探讨粤北少数民族地区旅游扶贫系统协调机制与可持续发展路径的建议如下。

政府层面,坚持以人为本,完善体制机制和政策保障,坚持因地制宜,完善旅游公共服务与供给体系,保护旅游资源、优化社会环境,发挥社区支持作用,营造良好的社区氛围,创新旅游扶贫模式,多业态融合发展,加强科学指导,强化人才和智力支持。

社区层面,农村社区的支持力十分显著,在乡村振兴战略支持下,充分利用政府部门和非政府部门(NGO)的有效资金和各项资源,积极增加教育资金投入,提升农户个人和家庭劳动力的受教育水平。积极通过乡村旅游扶贫政策带动农户就业,实现农村农户脱贫,增加农户个人收入和所在家庭收入。增加家庭直接参与乡村旅游经营,如开办农家乐和经营乡村家庭民宿,这样农户既可以在家继续从事农业生产,兼顾家务,又可以从旅游业中获得收益,从而提高旅游扶贫的效果。

农户层面,积极鼓励农村农户参与乡村旅游接待服务,去景区工作,通过发展乡村旅游出售自家的农副土特产品,扩大农产品的销售渠道,提高农产品的销售价格,通过参加乡村旅游合作社和土地流转获取租金,通过资金、人力、土地参与乡村旅游经营获取入股分红。通过参加培训参与旅游业中,学习瑶族文化表演和刺绣技能,进一步保护和传承瑶族文化。

从社区对农户作用层面看,距离乡镇集市远近和距离旅游景区远近直接影响了农户的感知，农户从乡镇集市中心和旅游景区务工获得收入，这表明交通通达性对粤北少数民族地区旅游扶贫相对重要，通过加快高速公路与旅游景区连接线的建设，尤其是不同旅游景区之间交通网的建设，形成便利、快速、安全的旅游路网。以乡镇集市中心和旅游景区为核心区，加快各类餐饮、住宿和商贸配套设施建设，使得当地旅游从业人员切实地享受到旅游扶贫带来的效益。

8.2　研究特色与创新

8.2.1　丰富少数民族地区旅游扶贫理论的认知维度

针对连南县乡村地区的特殊性，包括"过山瑶"聚居区，"排瑶"聚居区、"瑶汉混居"等类型，从连南县农户自身旅游扶贫感知出发，探索农户生计资本与生计策略选择之间在农户家庭和农村社区两个层面的相互影响。不同于以往只从单一的家庭层面或者农村社区层面上的研究，本书研究实现系统性研究，既拓宽了当地少数民族地区旅游扶贫理论的维度，也较为符合该地区农户所面临的实际生计问题。

8.2.2　衍生民族地区农户旅游扶贫感知与可持续生计发展的新视角

将可持续生计分析框架和旅游扶贫感知理论相结合，探索其相互作用机制，诠释微观尺度上人地关系揭示的新视角。以往的研究通常把旅游扶贫感知作为一种结果来看待，而缺乏从微观农户视角生计资本和生计策略的角度去探讨其感知程度及两个层面上的交互影响。因此，本书视角与研究思路、理论构架比较新颖。

8.2.3　综合分析农户个人、家庭和农村社区三者的嵌套关系

不同于以往各类研究也一般是从微观的农户层面或是宏观的社区层

面，比较单一，割裂了农户个人、家庭和农村社区中的嵌套关系，不能对农户家庭和农村社区作为一个整体进行系统全面的分析。因此，本书以连南县农村农户为研究对象，从农户自身感知的微观视角切入，在前人研究的基础上，通过文献查阅、问卷调查和实地访谈相结合的基础上，了解他们对旅游扶贫的总体感知程度，通过建立完整分层线性模型，剖析从影响其总体感知的关键影响因素。分层线性模型的优势在于不仅可以较好地处理数据间的相关性，不平衡性及面板数据的缺失问题，而且截面数据同样适用，使得估计结果更加稳定和精确。

8.2.4　拓展典型民族地区农户可持续生计、旅游扶贫与高质量发展研究

就研究区域而言，由于连南县地处粤北少数民族地区，县域内乡村地区的自然环境、民族构成均具有特殊性，包括"过山瑶"聚居区，"排瑶"聚居区、"瑶汉混居"等类型。通过当地农户样本的科学选取，展开旅游扶贫感知测度及效应机制研究，并对农户生计资本与贫困、旅游的各项系统协调展开深入剖析，进而总结和提炼旅游可持续发展的路径，对粤北少数民族地区乃至全国少数民族地区的农户旅游扶贫、可持续生计与少数民族地区高质量发展研究具有一定的拓展价值。

8.3　未来问题讨论

未来需要重点关注粤北少数民族地区的文旅融合。伴随市场化、技术化、生态化、消费化和个性化时代的到来，互联网技术将给农村旅游带来新的发展机遇，旅游消费将对旅游精品的需求更加强烈，产品市场竞争将更多地体现为文化内涵的竞争。对于粤北少数民族地区农户来说，旅游产品种类丰富，文物古迹、山水风光、民族风情、非物质文化遗产传承等具有独特性和丰富性，使得该地区旅游产品具有核心竞争力，度假产品将获得较快发展。生活水平的提高和闲暇时间的增加，为大众化度假产品的发

展创造了条件，家庭度假、城郊度假、乡间度假、周末度假以及节日度假等度假产品将有广阔的市场，粤北少数民族地区在建立国家级、省级和国际度假市场上具有区域和民族特色的度假产品优势，专项产品和生态旅游产品将迅速发展。文旅融合已成为旅游的新热点，需要充分发挥发展专项旅游和生态旅游的资源旅游功能。大力倡导和促进专项旅游和生态旅游产品开发既符合国际潮流，也符合我国环境保护的国策，有利于旅游业可持续发展。

旅游扶贫是一种造血式扶贫，具有源源不断的强大市场动力支撑，农村山清水秀的生态环境越来越成为一种稀缺资源，为旅游业的发展提供了巨大空间。未来粤北少数民族地区应该采取建设核心景区带动就业脱贫、发展乡村旅游带动创业脱贫、开发旅游商品带动造血脱贫和通过资源入股、投工、投劳带动创收脱贫的途径，使得旅游成为推动区域经济社会发展的支柱产业。各级旅游部门要注意引导贫困村适应现代旅游消费需求，发展个性化、特色化、差异化的旅游业态，防止一哄而起、千村一面。要完善贫困村旅游基础设施和服务设施，统筹搞好农村环境卫生治理，使村容村貌更好更美，增加游客好感度。

未来需要重点关注粤北少数民族地区的扶贫权力的提高。随着旅游扶贫项目的不断发展促进农户劳动分工的角色由家庭领域走向公众领域，未来需要重点关注少数民族农户扶贫权力在旅游扶贫后是否会有所提高，同时发挥农户在民族文化资源的保护、继承与发展民族传统手工艺品等方面的重要作用。通过建立以旅游扶贫为基础，以利益分享为核心的农村社区参与机制来保障贫困农户利益，预防返贫。旅游扶贫成为一种富有尊严的扶贫方式，利于相互尊重、平等交流，能真正让贫困群众有参与感、成就感、尊严感。希望景区能够不断创新丰富旅游产品，提升景区的吸引力，把智慧旅游做起来，线上线下精准营销，做大客源市场，提升景区的知名度。旅游扶贫是物质、精神的"双扶贫"，持续性强、返贫率低。充分实施好乡村旅游人力资源开发，让贫困户增强脱贫信心、致富能力，发挥好景点景区的辐射性、带动性，以旅游产业的繁荣，促进更多贫困户实现经济和精神的"双脱贫"。

性别视角的旅游扶贫感知也是一个重要关注点。中国少数民族女性贫困的多重交叉脆弱性十分突出，测度女性旅游扶贫感知的影响因素是实现旅游扶贫项目带动当地农户可持续生计发展和生计选择多元化的基础。由上述分析结果可知，该地区的贫困女性在地域、年龄和身份归属上存在交叉重合，在中国户籍制度及文化传统影响下，农村名义上女性户主家庭并不多，但受劳务经济影响，大量留守女性成为事实上的女户主。因此，运用分层模型来探讨少数民族女性的收入贫困和经济参与、就业状况是未来研究的方向。由于缺乏文化素质和相关培训，少数民族女性难以走出山区到城市中竞争那些技术性的岗位，而且她们更难获得那些体力型的就业机会，这些都导致少数民族女性大多就业于效益较低的农业部门和产业。

参 考 文 献

［1］2014 年三成游客选择乡村旅游［EB/OL］. 人民网，2015 - 02 - 03.

［2］安强，杨兆萍，徐晓亮等. 南疆三地州贫困与旅游资源优势空间关联研究［J］. 地理科学进展，2016，35（4）：515 - 525.

［3］白凤峥，李江生. 旅游扶贫试验区管理模式研究［J］. 经济问题，2002（9）：23 - 25.

［4］包月英，张海永，高飞. 欠发达地区农村扶贫开发问题及政策建议［J］. 中国农业资源与区划，2009（6）：25 - 28.

［5］蔡雄，程道品. 开发一方景区 繁荣地方经济 致富周边百姓——安顺地区旅游扶贫的功能与模式［J］. 桂林理工大学学报，1999，19（4）：375 - 381.

［6］蔡雄，连漪，程道品等. 旅游扶贫的乘数效应与对策研究［J］. 社会科学家，1997（3）：4 - 16.

［7］蔡运龙. 生态旅游：西南喀斯特山区摆脱"贫困陷阱"之路［J］. 中国人口·资源与环境，2006，16（1）：113 - 116.

［8］陈广汉. 珠江三角洲的农村股份合作制创新［J］. 南方经济，1995（1）：37 - 38.

［9］陈国阶，方一平，陈勇. 中国山区发展报告：中国山区聚落研究［M］. 北京：商务印书馆，2007.

［10］陈静，王丽华. 旅游经济影响研究回顾与展望［J］. 旅游论坛，2009（2）：264 - 269.

［11］陈丽华，董恒年. 可持续旅游扶贫开发模式研究——社区参与乡村旅游［J］. 淮海工学院学报（社会科学版），2008，6（1）：76 - 79.

［12］陈丽华，董恒年. 乡村旅游发展中社区参与的必要性与主要障碍及解决方案研究［J］. 重庆科技学院学报（社会科学版），2008（6）：

73 – 74.

[13] 陈祥碧,唐剑. 长江上游少数民族地区旅游扶贫实施现状及问题研究——以重庆石柱土家族自治县为例 [J]. 贵州民族研究,2016,37 (4):147 – 152.

[14] 陈勇,徐小燕. BOT 模式在我国西部旅游扶贫项目中的应用 [J]. 商业研究,2005 (7):167 – 169.

[15] 陈友华. 我国旅游扶贫模式转型升级新思路 [J]. 资源开发与市场,2014,30 (6):717 – 721.

[16] 陈友莲. "旅游飞地"对旅游扶贫绩效的影响及其防范 [J]. 市场论坛,2011 (12):39 – 40.

[17] 陈友莲. 基于民族关系视角的民族地区旅游扶贫绩效感知调查与分析——以湖南省吉首市德夯苗寨为例 [J]. 农村经济与科技,2011,22 (12):63 – 64.

[18] 楚义芳. 旅游经济空间分析 [M]. 西安:陕西人民出版社,1992.

[19] 崔治文,徐芳,李昊源. 农户多维贫困及致贫机理研究——以甘肃省 840 份农户为例 [J]. 中国农业资源与区划,2015,36 (3):91 – 97.

[20] 戴宏伟. 对我国贫困地区"旅游脱贫"的思考——兼析美国的相关经验及启示 [J]. 西北师大学报:社会科学版,2017,54 (2):13 – 19.

[21] 单德启,王小斌. 风景区生态园的规划设计理念探索——兼论欠发达地区的旅游经济扶贫 [J]. 清华大学学报:哲学社会科学版,2003,18 (3):74 – 78.

[22] 党红艳,金媛媛. 旅游精准扶贫效应及其影响因素消解——基于山西省左权县的案例分析 [J]. 经济问题,2017 (6):108 – 113.

[23] 邓维杰. 精准扶贫的难点、对策与路径选择 [J]. 农村经济,2014 (6):78 – 81.

[24] 邓小海,曾亮,罗明义. 产业链视域下旅游扶贫问题诊断及对策研究 [J]. 当代经济管理,2014,36 (11):56 – 59.

[25] 邓小海,曾亮,罗明义. 精准扶贫背景下旅游扶贫精准识别研究 [J]. 生态经济,2015,31 (4):94 – 98.

［26］邓小海．旅游精准扶贫研究［D］．昆明：云南大学，2015．

［27］邓祝仁，程道品．旅游扶贫亟待解决的若干问题［J］．社会科学家，1998（2）：46－54．

［28］邱明慧，郑凡，徐宁等．河北省环京津贫困县旅游扶贫适宜模式选择［J］．地理与地理信息科学，2015（3）：123－126．

［29］丁建军，周书应．武陵山片区城镇化减贫效应的空间异质性——基于 SDE 与 GWR 的视角［J］．中南民族大学学报（人文社会科学版），2018，38（2）：78－83．

［30］段应碧．中国农村扶贫开发：回顾与展望［J］．农业经济问题，2009（11）：4－9．

［31］方劲．合作博弈：乡村贫困治理中政府与社会组织的互动关系——基于社会互构论的阐释［J］．华中农业大学学报（社会科学版），2018（3）：13．

［32］冯旭芳，徐敏聪，王红．基于贫困人口发展的旅游扶贫效应分析——以锡崖沟为例［J］．生产力研究，2011（5）：91－92．

［33］高舜礼．旅游开发扶贫的经验，问题及对策［J］．旅游学刊，1997（4）：7－10．

［34］耿选珍．乡村旅游的异化及本质回归［J］．农业经济，2014（6）：84－85．

［35］郭清霞．旅游扶贫开发中存在的问题及对策［J］．经济地理，2003，23（4）：558－560．

［36］郭舒．基于产业链视角的旅游扶贫效应研究方法［J］．旅游学刊，2015，30（11）：31－39．

［37］郝冰冰，罗盛锋，黄燕玲等．国内外旅游扶贫效应文献量化分析与研究综述（2000～2016 年）［J］．中国农业资源与区划，2017（9）：190－198．

［38］何红，王淑新．集中连片特困区域旅游扶贫绩效评价体系的构建［J］．湖北文理学院学报，2014，35（8）：74－79．

［39］何星，覃建雄．ST－EP 模式视域下的旅游精准扶贫驱动机制——以秦巴山区为研究对象［J］．农村经济，2017（10）：86－90．

［40］胡锡茹．云南旅游扶贫的三种模式［J］．经济问题探索，2003（5）：109－111．

［41］黄国庆．连片特困地区旅游扶贫模式研究［J］．求索，2013，（5）：101－106．

［42］黄洁，吴赞科．目的地居民对旅游影响的认知态度研究——以浙江省兰溪市诸葛，长乐村为例［J］．旅游学刊，2003，18（6）：84－89．

［43］黄梅芳，于春玉．民族旅游扶贫绩效评价指标体系及其实证研究［J］．桂林理工大学学报，2014，34（2）：406－410．

［44］姬丹．乡村旅游·扶贫致富·政府行为［D］．贵阳：贵州大学，2007．

［45］贾芳．对旅游扶贫的再思考［J］．甘肃社会科学，2000（2）：81－82．

［46］江晓云．少数民族村寨生态旅游开发研究——以临桂东宅江瑶寨为例［J］．经济地理，2004，24（4）：564－567．

［47］姜蕾．旅游扶贫成为贫困地区新的经济增长点［EB/OL］．中国社会科学网，2015－07－23．

［48］蒋焕洲．贵州民族地区旅游扶贫实践：成效、问题与对策思考［J］．广西财经学院学报，2014，27（1）：34－37．

［49］蒋焕洲．贵州乡村旅游低碳化发展对策研究［J］．安徽农业科学，2011，39（36）：22508－22509，22653．

［50］蒋辉．集中连片特困区跨域公共事务治理模式研究——以武陵山区为例［J］．甘肃社会科学，2012（5）：228－232．

［51］蒋莉，黄静波．罗霄山区旅游扶贫效应的居民感知与态度研究——以湖南汝城国家森林公园九龙江地区为例［J］．地域研究与开发，2015，34（4）：99－104．

［52］雷慧平．贫困人口在旅游开发中的收益研究［D］．西安：西北大学，2008．

［53］黎筱筱，马秋芳．西部贫困山区生态旅游开发适宜性评价——以川西高山高原区为例［J］．西北大学学报（自然科学版），2006，36（3）：489－492．

[54] 李柏槐. 四川旅游扶贫开发模式研究 [J]. 成都大学学报（教育科学版），2007，21（6）：86－89.

[55] 李刚，徐虹. 影响我国可持续旅游扶贫效益的因子分析 [J]. 旅游学刊，2006，21（9）：64－69.

[56] 李国平. 基于政策实践的广东立体化旅游扶贫模式探析 [J]. 旅游学刊，2004，19（5）：56－60.

[57] 李会琴，侯林春，杨树旺. 国外旅游扶贫研究进展 [J]. 人文地理，2015，30（1）：26－32.

[58] 李会琴，李晓琴，侯林春. 黄土高原生态环境脆弱区旅游扶贫效应感知研究——以陕西省洛川县谷咀村为例 [J]. 旅游研究，2012，4（3）：1－6.

[59] 李佳，成升魁，马金刚等. 基于县域要素的三江源地区旅游扶贫模式探讨 [J]. 资源科学，2009（11）：1818－1824.

[60] 李佳，田里. 连片特困民族地区旅游扶贫效应差异研究——基于四川藏区调查的实证分析 [J]. 云南民族大学学报（哲学社会科学版），2016，33（6）：96－102.

[61] 李佳，钟林生，成升魁. 民族贫困地区居民对旅游扶贫效应的感知和参与行为研究——以青海省三江源地区为例 [J]. 旅游学刊刊，2009，24（8）：71－76.

[62] 李佳，钟林生，成升魁. 中国旅游扶贫研究进展 [J]. 中国人口·资源与环境，2009，19（3）：156－162.

[63] 李佳. 中国连片特困地区反贫困研究进展 [J]. 贵州社会科学，2013（12）：87－91.

[64] 李江帆，李冠霖，江波. 旅游业的产业关联和产业波及分析——以广东为例 [J]. 旅游学刊，2001，16（3）：19－25.

[65] 李江帆，李美云. 旅游产业与旅游增加值的测算 [J]. 旅游学刊，1999（5）：16－19.

[66] 李乐为，岑乾明. 区域公共产品协同供给：西部连片贫困区反贫困新思路——对湘鄂龙山，来凤"双城一体"的观察与思考 [J]. 农业经济问题，2011（12）：91－96.

[67] 李力, 闫海霞. 旅游扶贫效用分析——基于广东省梅州市的实证调查 [J]. 安徽农业科学, 2010 (27): 15353 – 15355.

[68] 李清娥. 5·12 震后旅游扶贫的实践效应——北川羌族自治县旅游开发模式分析 [J]. 西南民族大学学报 (人文社会科学版), 2012 (5): 128 – 132.

[69] 李永文, 陈玉英. 旅游扶贫开发的 RHB 战略初探 [J]. 经济地理, 2004, 24 (4): 560 – 563.

[70] 廖晶晶. 云南旅游扶贫的社区参与模式研究 [J]. 经济师, 2008 (5): 174 – 174.

[71] 林丹, 李丹. 乡村旅游精准扶贫中贫困人口的受益机制研究 [J]. 中南林业科技大学学报 (社会科学版), 2018 (1): 50 – 56.

[72] 林红. 对 "旅游扶贫" 论的思考——兼议西部旅游开发 [J]. 北京第二外国语学院学报, 2000 (5): 49 – 53.

[73] 林同智, 唐国强, 罗盛锋等. 基于改进熵值赋权法和 TOPSIS 模型的综合评价应用 [J]. 桂林理工大学学报, 2015, 35 (3): 622 – 627.

[74] 刘宝巍. 旅游扶贫理论研究及在黑龙江省应用的实证分析 [D]. 哈尔滨: 东北农业大学, 2004.

[75] 刘斐, 骆丽梅. 空间生产视角下的旅游扶贫乡村空间转型与变迁——基于开化县龙门村的实证研究 [J]. 城市建筑, 2018 (20): 78 – 81.

[76] 刘培哲. 可持续发展理论与《中国 21 世纪议程》 [J]. 地学前缘, 1996, 3 (1): 1 – 9.

[77] 刘蕊. 清江流域旅游扶贫可持续发展战略与评价研究 [D]. 武汉: 中国地质大学, 2010.

[78] 刘向明, 杨智敏. 对我国 "旅游扶贫" 的几点思考 [J]. 经济地理, 2002, 22 (2): 241 – 244.

[79] 龙梅, 张扬. 民族村寨社区参与旅游发展的扶贫效应研究 [J]. 农业经济, 2014 (5): 48 – 50.

[80] 隆学文, 马礼. 坝上旅游扶贫效应分析与对策研究——以丰宁县大滩为例 [J]. 首都师范大学学报: 自然科学版, 2004, 25 (1): 74 – 80.

[81] 卢松，张捷，李东和等．旅游地居民对旅游影响感知和态度的比较——以西递景区与九寨沟景区为例 [J]．地理学报，2008，63（6）：646－656．

[82] 吕君丽．民族地区村寨旅游扶贫路径选择 [J]．贵州民族研究，2015，36（4）：132－135．

[83] 罗明义．旅游业税收贡献的分类测算方法 [J]．旅游学刊，2001，16（2）：16－19．

[84] 罗盛锋，代新洋，黄燕玲．生态旅游扶贫研究动态及展望 [J]．桂林理工大学学报，2015，35（3）：642－648．

[85] 罗盛锋，黄燕玲．滇桂黔石漠化生态旅游景区扶贫绩效评价 [J]．社会科学家，2015（9）：97－101．

[86] 罗盛锋，刘永丽，黄燕玲等．西南民族地区旅游影响调控研究——基于游客感知视角 [J]．中国农业资源与区划，2015，36（5）：50－59．

[87] 马创．旅游投资及旅游投资扶贫效应研究 [D]．昆明：云南师范大学硕士学位论文，2005．

[88] 马冬梅．宁夏六盘山区旅游扶贫开发思路及对策研究 [D]．西安：西安建筑科技大学，2006．

[89] 马梅芳．三江源地区生态旅游扶贫模式的探讨 [J]．青海师范大学学报（哲学社会科学版），2009（5）：18－21．

[90] 马亚妮．延安市旅游扶贫效应评价 [J]．现代经济信息，2014（18）：474－474．

[91] 马勇，周霄．旅游学概论 [M]．北京：旅游教育出版社，2004．

[92] 毛峰．乡村旅游扶贫模式创新与策略深化 [J]．中国农业资源与区划，2016（10）：212－217．

[93] 潘焕辉．浅谈旅游扶贫的融资渠道 [J]．旅游论坛，1999（S1）：39－40．

[94] 祁洪玲，刘继生，梅林．国内外旅游地生命周期理论研究进展 [J]．地理科学，2018，38（2）：264－271．

[95] 乔波，严贤春，王伟等．社区参与型生态农业旅游及真扶贫效用

研究 [J]. 资源与产业, 2008, 10 (3): 56 - 59.

[96] 饶勇, 黄福才, 魏敏. 旅游扶贫, 社区参与和习俗惯例的变迁——博弈论视角下的可持续旅游扶贫模式研究 [J]. 社会科学家, 2008 (3): 88 - 92.

[97] 饶勇, 徐圆. 旅游扶贫开发背景下的村民直选, 社区增权与联合治理机制研究——以广东省新丰县利坑村为例 [J]. 中国集体经济, 2016 (1): 10 - 12.

[98] 荣莉. 西南连片特困区的农村扶贫模式创新与思考 [J]. 中国农业资源与区划, 2015, 36 (5): 110 - 114.

[99] 申葆嘉. 国外旅游研究进展 (连载之一) [J]. 旅游学刊, 1996 (1): 62 - 67.

[100] 宋德义, 李立华. 国外旅游减贫研究述评——基于经济学理论研究和旅游减贫实践的视角 [J]. 地理与地理信息科学, 2014, 30 (3): 88 - 92.

[101] 苏芳, 徐中民, 尚海洋. 可持续生计分析研究综述 [J]. 地球科学进展, 2009, 24 (1): 61 - 69.

[102] 苏洁, 李军. 基于竞合理论的旅游资源发展潜力评价——以武陵山片区为例 [J]. 中国农业资源与区划, 2016 (9): 165 - 171.

[103] 苏玉卿. 乡村旅游社区主导型经营模式形成机理与优化策略研究 [D]. 福州: 福建农林大学, 2016.

[104] 粟娟. 武陵源旅游扶贫效益测评及其优化 [J]. 商业研究, 2009 (9): 205 - 208.

[105] 孙猛, 刘娜, 张政等. 基于低碳经济背景下的低碳旅游扶贫模式构建研究——以莫莫格国家级自然保护区为例 [J]. 经济研究导刊, 2011 (14): 101 - 104.

[106] 覃峭. 民营旅游经济扶贫效益评价 [D]. 南宁: 广西大学, 2008.

[107] 谭芳, 黄林华. 广西百色市的旅游扶贫 [J]. 广西大学学报 (哲学社会科学版), 2000 (S1): 68 - 69.

[108] 唐建兵. 旅游扶贫效应研究 [J]. 成都大学学报 (社会科学

版），2007（2）：71 – 75.

［109］唐顺铁. 生态旅游与扶贫开发 ［J］. 中国贫困地区，1999（3）：42 – 44.

［110］田翠翠，刘黎黎，田世政. 重庆高山纳凉村旅游精准扶贫效应评价指数模型 ［J］. 资源开发与市场，2016，32（12）：1436 – 1440.

［111］田喜洲. 试论生态旅游资源的脆弱性及其保护 ［J］. 生态经济，2001（12）：56 – 58.

［112］汪侠，甄峰，沈丽珍，吴小根. 基于贫困农户视角的旅游扶贫满意度评价 ［J］. 地理研究，2017，36（12）：2355 – 2368.

［113］王炳武，白凤峥，李江生. 旅游扶贫试验区管理模式初探 ［J］. 山西旅游，2002（3）：23 – 25.

［114］王丛丛，王仕佐. 论旅游在民族地区的扶贫功能——以西江千户苗寨为例 ［J］. 中国市场，2010（28）：101 – 102.

［115］王孔敬. PPT 战略视野下民族山区旅游扶贫开发模式研究——以湖北武陵山区为例 ［J］. 湖北民族学院学报：哲学社会科学版，2015，33（6）：35 – 38.

［116］王立剑，叶小刚，陈杰. 精准识别视角下产业扶贫效果评估 ［J］. 中国人口·资源与环境，2018，28（1）：113 – 123.

［117］王茗，喻晔. 生态农业旅游是我国西部地区旅游扶贫的最佳模式 ［J］. 农村经济，2009（10）：84 – 85.

［118］王晴. 民族地区旅游扶贫机制选择与绩效评价 ［D］. 成都：西南财经大学，2013.

［119］王颖. 中国农村贫困地区旅游扶贫 PPT（Pro-Poor Tourism）战略研究 ［D］. 上海：上海社会科学院，2006.

［120］王永莉. 旅游扶贫中贫困人口的受益机制研究——以四川民族地区为例 ［J］. 经济体制改革，2007（4）：92 – 96.

［121］吴巧红. 后现代视角下的乡村旅游 ［J］. 旅游学刊，2014，29（8）：7 – 9.

［122］吴忠军，曹宏丽，侯玉霞等. 旅游精准扶贫机制调适与路径研究 ［J］. 中南林业科技大学学报：社会科学版，2017（3）：40 – 46.

［123］吴忠军. 论旅游扶贫［J］. 广西师范大学学报（哲学社会科学版），1996（4）：18 - 21.

［124］席建超，赵美风，李连璞等. 旅游诱导下乡村能源消费模式转型与综合效益评估——六盘山旅游扶贫试验区的案例实证［J］. 自然资源学报，2013，28（6）：898 - 910.

［125］向延平. 基于 CVM 法的凤凰古城旅游扶贫生态绩效评价［J］. 贵州农业科学，2010（10）：234 - 236.

［126］向延平. 民族地区旅游扶贫对民族关系影响的模糊分析——以湖南省吉首市德夯苗寨为例［J］. 湖南工程学院学报：社会科学版，2011，21（4）：1 - 4.

［127］向延平. 贫困地区旅游扶贫经济绩效评价研究——以湖南省永顺县为例［J］. 武陵学刊，2008，33（6）：58 - 60.

［128］向延平. 武陵山区旅游扶贫生态绩效模糊分析——以湘鄂渝黔6 个市州为例［J］. 湖南农业科学，2012（7）：131 - 133.

［129］向延平. 湘鄂渝黔边区旅游扶贫绩效评价感知调查研究——以德夯苗寨为例［J］. 资源开发与市场，2009，25（7）：655 - 657.

［130］肖建红，肖江南. 基于微观经济效应的面向贫困人口旅游扶贫（PPT）模式研究——以宁夏六盘山旅游扶贫实验区为例［J］. 社会科学家，2014（1）：76 - 80.

［131］肖剑，祁黄雄，唐笑梦. 区域旅游漏损研究述评及其对策研究［J］. 企业导报，2012（4）：86 - 87.

［132］肖胜和. 论我国贫困区发展旅游业的基础［J］. 云南师范大学学报，1997，17（3）：79 - 83.

［133］肖星. 中西部贫困地区旅游扶贫开发探索［J］. 开发研究，1999（2）：50 - 51.

［134］邢慧斌. 国内旅游扶贫绩效评估研究述评［J］. 商业经济研究，2015（33）：127 - 129.

［135］邢慧斌. 国内旅游扶贫绩效评估理论及方法研究述评［J］. 经济问题探索，2017（7）：47 - 53.

［136］徐玮. 浅析我国现阶段旅游扶贫效益的影响因子［J］. 商业文

化，2012（1X）：201 –201.

[137] 徐燕，殷红梅. 贵州省贫困地区乡村旅游村寨扶贫建设模式研究 [J]. 安徽农业科学，2012，40（8）：4744 –4746.

[138] 徐致云，陆林. 旅游地生命周期研究进展 [J]. 安徽师范大学学报（自然科学版），2006，29（6）：599 –603.

[139] 许振晓，张捷，曹靖等. 居民地方感对区域旅游发展支持度影响——以九寨沟旅游核心社区为例 [J]. 地理学报，2009，64（6）：736 –744.

[140] 阎小培，欧阳南江，许学强. 迈向二十一世纪的中国城市发展与城市地理学 [J]. 经济地理，1994（4）：1 –6.

[141] 杨洪，贺喜，袁开国. 湖南地质公园旅游开发研究 [J]. 经济地理，2014，34（8）：180 –185.

[142] 杨建春，肖小虹. 贵州旅游扶贫效应动态分析 [J]. 商业研究，2011（7）：212 –216.

[143] 杨效忠，陆林. 旅游地生命周期研究的回顾和展望 [J]. 人文地理，2004，19（5）：5 –10.

[144] 姚云浩. 旅游扶贫中贫困人口受益问题研究 [J]. 农村经济与科技，2011，22（10）：46 –49.

[145] 叶俊. 大别山试验区旅游扶贫效应评估——以麻城龟峰山风景区为例 [J]. 湖北农业科学，2014，53（13）：3187 –3190.

[146] 银马华，王群，杨兴柱等. 区域旅游扶贫类型与模式研究——以大别山集中连片特困区 36 个县（市）为例 [J]. 经济地理，2018（4）：215 –224.

[147] 余兵. 提升我国乡村旅游竞争力路径研究 [J]. 农业经济，2015（2）：70 –71.

[148] 余书炜. "旅游地生命周期理论"综论——兼与杨森林商榷 [J]. 旅游学刊，1997（1）：32 –37.

[149] 袁智慧，王东阳. 海南省旅游发展与城乡居民收入差距关系的研究——基于面板数据的实证分析 [J]. 中国农学通报，2014，30（8）：96 –99.

[150] 曾本祥. 中国旅游扶贫研究综述 [J]. 旅游学刊，2006，21

（2）：89 – 94.

[151] 曾瑜皙，杨晓霞．渝东南民族地区旅游扶贫的战略路径选择 [J]．重庆文理学院学报，2014，33（3）：91 – 98.

[152] 张矫．旅游扶贫模式和扶贫效应研究——基于海南省贫困地区的调查数据分析 [J]．技术经济与管理研究，2016（11）：124 – 128.

[153] 张静，朱红兵，刘婷．基于利益相关者理论的乡村旅游精准扶贫机制研究 [J]．佳木斯大学社会科学学报，2018，36（1）：54 – 57.

[154] 张军，时朋飞．美丽乡村视域下的旅游扶贫模式与效应研究——以湖北省十堰市张湾区为例 [J]．湖北社会科学，2017（6）：60 – 68.

[155] 张伟，张建春，魏鸿雁．基于贫困人口发展的旅游扶贫效应评估——以安徽省铜锣寨风景区为例 [J]．旅游学刊，2005，20（5）：43 – 49.

[156] 张小利．西部旅游扶贫的乘数效应分析 [J]．商业时代，2007（7）：89 – 91.

[157] 张晓明，张辉，魏伟新．基于旅游扶贫战略的效应分析及创新对策研究——以星子县为例 [J]．生态经济，2010（5）：138 – 141.

[158] 张笑薇．西部地区旅游扶贫机制选择与绩效评价 [J]．改革与战略，2016，11（32）：101 – 106.

[159] 张志刚，肖建红，陈宇菲．面向贫困人口旅游扶贫的国外研究述评 [J]．资源开发与市场，2016，32（4）：484 – 488.

[160] 赵小芸．旅游投资在西部旅落扶贫中的效用分析 [J]．旅游学刊，2004，19（1）：16 – 20.

[161] 郑百龙，黄颖，黄欣乐等．生态农业产业精准扶贫模式及对策——以福建原中央苏区县为例 [J]．福建论坛（人文社会科学版），2018（5）：153 – 159.

[162] 郑本法，郑宇新．甘肃旅游扶贫开发研究 [J]．开发研究，1999（4）：44 – 47.

[163] 周建华，沈国琪．乡村旅游扶贫成效评估体系及其影响因素研究 [J]．湖州师范学院学报，2016，38（11）：1 – 9.

［164］周歆红．关注旅游扶贫的核心问题［J］．旅游学刊，2002（1）：17－21．

［165］朱汉民．信息不对称与腐败的经济分析［J］．武汉理工大学学报（社会科学版），2001，14（2）：108－112．

［166］朱京曼．略论西南地区旅游扶贫开发与可持续发展［J］．管理世界，2003（9）：138－139．

［167］朱明芳．旅游扶贫的可行性研究工作［J］．旅游论坛，1999（3）：65－67．

［168］朱璇．PPT 战略与背包旅游——以滇西北为例［J］．人文地理，2006，21（3）：62－66．

［169］左冰．旅游竞争优势战略：旅游业发展的新战略观［J］．云南财贸学院学报，2001，17（5）：62－65．

［170］Akyeampong O A. Pro-poor tourism: resident expectations, experiences and perceptions in the Kakum national park area of Ghana［J］. Journal of Sustainable Tourism, 2011, 19（2）：197－213.

［171］Ashley C, Roe D. Pro-poor tourism strategies: making tourism work for the poor: A review of experience［M］. Iied, 2001.

［172］Beeton S. Community development through tourism［M］. Landlinks Press, 2006.

［173］Bennett O, Roe D, Ashley C. Sustainable tourism and poverty elimination: a report for the Department of International Development［J］. London: Deloitte & Touche, IIED and ODI. Retrieved February, 1999, 4: 2015.

［174］Blake A, Arbache J S, Sinclair M T et al. Tourism and poverty relief［J］. Annals of Tourism Research, 2008, 35（1）：107－126.

［175］Burrai E, Font X, Cochrane J. Destination stakeholders' perceptions of volunteer tourism: an equity theory approach［J］. International Journal of Tourism Research, 2015, 17（5）：451－459.

［176］Butler R W. The concept of a tourist area cycle of evolution: implications for management of resources［J］. Canadian Geographer/Le Géographe canadien, 1980, 24（1）：5－12.

［177］ Butler R. The evolution of tourism and tourism research ［J］. Tourism Recreation Research, 2015, 40 （1）: 16 – 27.

［178］ Campbell L M. Ecotourism in rural developing communities ［J］. Annals of Tourism Research, 1999, 26 （3）: 534 – 553.

［179］ Chase L C, Amsden B, Phillips R G. Stakeholder engagement in tourism planning and development ［M］. Handbook of Tourism and Quality-of-Life Research. Springer, Dordrecht, 2012: 475 – 490.

［180］ Chok S, Macbeth J, Warren C. Tourism as a tool for poverty alleviation: a critical analysis of ' pro-poor tourism' and implications for sustainability ［J］. Current Issues in Tourism, 2007, 10 （2 – 3）: 144 – 165.

［181］ De Araujo L M, Bramwell B. Partnership and regional tourism in Brazil ［J］. Annals of Tourism Research, 2002, 29 （4）: 1138 – 1164.

［182］ Deaden P, Harron S. Alternative tourism and adaptive change ［J］. Annals of Tourism Research, 1994, 21 （1）: 81 – 102.

［183］ Deller S. Rural poverty, tourism and spatial heterogeneity ［J］. Annals of Tourism Research, 2010, 37 （1）: 180 – 205.

［184］ DFID U K. Sustainable livelihoods guidance sheets ［J］. London: DFID, 1999.

［185］ Dimoska T. Sustainable tourism development as a tool for eliminating poverty ［J］. Facta Universitatis-Economics and Organization, 2008 （2）: 173 – 178.

［186］ Fortanier F, Van Wijk J. Sustainable tourism industry development in sub-Saharan Africa: consequences of foreign hotels for local employment ［J］. International Business Review, 2010, 19 （2）: 191 – 205.

［187］ Gascón J. Pro-poor tourism as a strategy to fight rural poverty: a critique ［J］. Journal of Agrarian Change, 2015, 15 （4）: 499 – 518.

［188］ Glasmeier A K, Farrigan T. Understanding community forestry: a qualitative meta-study of the concept, the process, and its potential for poverty alleviation in the United States case ［J］. Geographical Journal, 2005, 171 （1）: 56 – 69.

[189] Goodwin H. Taking responsibility for tourism [M]. Woodeaton: Goodfellow Publishers Limited, 2011.

[190] Goodwin H. Tourism, local economic development, and poverty reduction [J]. Applied Research in Economic Development, 2008, 5 (3): 55 – 64.

[191] Guzmán T J L G, Cañizares S M S. Turismo comunitario y generación de riqueza en países en vías de desarrollo. Un estudio de caso en El Salvador [J]. Revesco. Revista de Estudios Cooperativos, 2009 (99): 85 – 103.

[192] Hall C M. Pro-poor tourism: do 'tourism exchanges benefit primarily the countries of the south'? [J]. Current Issues in Tourism, 2007, 10 (2 – 3): 111 – 118.

[193] Hampton M P. Heritage, local communities and economic development [J]. Annals of Tourism Research, 2005, 32 (3): 735 – 759.

[194] Job H, Paesler F. Links between nature-based tourism, protected areas, poverty alleviation and crises—The example of Wasini Island (Kenya) [J]. Journal of Outdoor Recreation and Tourism, 2013 (1): 18 – 28.

[195] Job H, Paesler F. Links between nature-based tourism, protectedareas, poverty alleviation and crises—The example of Wasini Island (Kenya) [J]. Journal of Outdoor Recreation and Tourism, 2013 (1): 18 – 28.

[196] Kennedy K, Dornan D A. An overview: Tourism non-governmental organizations and poverty reduction in developing countries [J]. Asia Pacific Journal of Tourism Research, 2009, 14 (2): 183 – 200.

[197] Kiernan K. The nature conservation, geotourism and poverty reduction nexus in developing countries: a case study from the Lao PDR [J]. Geoheritage, 2013, 5 (3): 207 – 225.

[198] Kieti D M, Jones E, Wishitemi B. Alternative models of community tourism: balancing economic development and the aspirations of the poor [J]. Tourism Review International, 2008, 12 (3 – 4): 275 – 290.

[199] Kontogeorgopoulos N, Churyen A, Duangsaeng V. Success factors in community-based tourism in Thailand: the role of luck, external support, and

local leadership [J]. Tourism Planning & Development, 2014, 11 (1): 106 – 124.

[200] Kozak M, Martin D. Tourism life cycle and sustainability analysis: profit-focused strategies for mature destinations [J]. Tourism Management, 2012, 33 (1): 188 – 194.

[201] Kwaramba H M, Lovett J C, Louw L et al. Emotional confidence levels and success of tourism development for poverty reduction: the South African Kwam eMakana home-stay project [J]. Tourism Management, 2012, 33 (4): 885 – 894.

[202] Lapeyre R. Community-based tourism as a sustainable solution to maximize impacts locally? The Tsiseb Conservancy Case, Namibia [J]. Development Southern Africa, 2010, 27 (5): 757 – 772.

[203] Lewis J, Lewis S A V. Processes of vulnerability in England? Place, poverty and susceptibility [J]. Disaster Prevention and Management, 2014.

[204] Manyara G, Ndivo R M. Stakeholders' perspectives on the adoption of a regional framework for tourism development within the horn of Africa [J]. Tourism Planning & Development, 2016, 13 (2): 236 – 247.

[205] Mathieson A, Wall G. Tourism, economic, physical and social impacts [M]. Longman, 1982.

[206] Mayer M, Müller M, Woltering M et al. The economic impact of tourism in six German national parks [J]. Landscape and Urban Planning, 2010, 97 (2): 73 – 82.

[207] Medina Muñoz Diego R, Medina Muñoz Rita D, Gutiérrez-Pérez F J. A sustainable development approach to assessing the engagement of tourism enterprises in poverty alleviation [J]. Sustainable Development, 2016, 24 (4): 220 – 236.

[208] Meyer D. Exploring the duality of structure and agency—the changing dependency paradigms of tourism development on the Swahili coast of Kenya and Zanzibar [J]. Current Issues in Tourism, 2013, 16 (7 – 8): 773 – 791.

[209] Meyer D. Pro-poor tourism: from leakages to linkages. A conceptual framework for creating linkages between the accommodation sector and 'poor' neighboring communities [J]. Current Issues in Tourism, 2007, 10 (6): 558 – 583.

[210] Mitchell J, Faal J. Holiday package tourism and the poor in the Gambia [J]. Development Southern Africa, 2007, 24 (3): 445 – 464.

[211] Mitchell R K, Agle B R, Wood D J. Toward a theory of stakeholder identification and salience: defining the principle of who and what really counts [J]. Academy of Management Review, 1997, 22 (4): 853 – 886.

[212] Moli G P. Promotion of peace and sustainability by community based heritage eco-cultural tourism in India [J]. International Journal of Humanities and Peace, 2003, 19 (1): 40 – 46.

[213] Moore W, Whitehall P. The tourism area lifecycle and regime switching models [J]. Annals of Tourism Research, 2005, 32 (1): 112 – 126.

[214] Mtapuri O, Giampiccoli A. Interrogating the role of the state and nonstate actors in community-based tourism ventures: toward a model for spreading the benefits to the wider community [J]. South African Geographical Journal, 2013, 95 (1): 1 – 15.

[215] Navas-Camargo F, Zwerg-Villegas A M. Community based Tourism: is this progress? [J]. Revista Ciencias Estratégicas, 2014, 22 (32): 249 – 259.

[216] Norman D. Things that make us smart: defending human attributes in the age of the machine [M]. Diversion Books, 2014.

[217] Nyaupane G P, Poudel S. Linkages among biodiversity, livelihood, and tourism [J]. Annals of Tourism Research, 2011, 38 (4): 1344 – 1366.

[218] Phi G T, Whitford M, Reid S. What's in the black box? Evaluating anti-poverty tourism interventions utilizing theory of change [J]. Current Issues in Tourism, 2018, 21 (17): 1930 – 1945.

[219] Pillay M, Rogerson C M. Agriculture-tourism linkages and pro-poor impacts: the accommodation sector of urban coastal KwaZulu-Natal, South Africa [J]. Applied Geography, 2013 (36): 49 – 58.

[220] Poirier R A. Political risk analysis and tourism [J]. Annals of Tourism Research, 1997, 24 (3): 675 – 686.

[221] Poitras L, Donald G. Sustainable wine tourism: the host community perspective [J]. Journal of Sustainable Tourism, 2006, 14 (5): 425 – 448.

[222] Pratt S. Economic linkages and impacts across the TALC [J]. Annals of Tourism Research, 2011, 38 (2): 630 – 650.

[223] Priskin J. Assessment of natural resources for nature-based tourism: the case of the Central Coast Region of Western Australia [J]. Tourism Management, 2001, 22 (6): 637 – 648.

[224] Reed M G. Power relations and community-based tourism planning [J]. Annals of Tourism Research, 1997, 24 (3): 566 – 591.

[225] Richardson R B, Fernandez A, Tschirley D et al. Wildlife conservation in Zambia: impacts on rural household welfare [J]. World Development, 2012, 40 (5): 1068 – 1081.

[226] Rid W, Ezeuduji I O, Pröbstl-Haider U. Segmentation by motivation for rural tourism activities in The Gambia [J]. Tourism Management, 2014, 40: 102 – 116.

[227] Rogerson C M. Pro-poor local economic development in south Africa: the role of Pro-poor tourism [J]. Local Enviromnent, 2006, 11 (1): 37 – 60.

[228] Rogerson C M. Tourism and local economic development: the case of the Highlands Me Meanderr [J]. Development Southern Africa, 2002, 19 (1): 143 – 167.

[229] Rogerson C M. Tourism – agriculture linkages in rural South Africa: evidence from the accommodation sector [J]. Journal of Sustainable Tourism, 2012, 20 (3): 477 – 495.

[230] Ruiz E, Hernández M, Coca A. Turismo comunitario en Ecuador. Comprendiendo el community-based tourism desde la comunidad [J]. Pasos Revista de Turismoy Patrimonio Cultural, 2008, 6 (3): 399 – 418.

[231] Sautter E T, Leisen B. Managing stakeholders a tourism planning model [J]. Annals of Tourism Research, 1999, 26 (2): 312 – 328.

[232] Scheyvens R, Momsen J H. Tourism and poverty reduction: issues for small island states [J]. Tourism Geographies, 2008, 10 (1): 22 -41.

[233] Scheyvens R, Russell M. Tourism and poverty alleviation in Fiji: comparing the impacts of small-and large-scale tourism enterprises [J]. Journal of Sustainable Tourism, 2012, 20 (3): 417 -436.

[234] Scheyvens R, Russell M. Tourism, land tenure and poverty alleviation in Fiji [J]. Tourism Geographies, 2012, 14 (1): 1 -25.

[235] Schilcher D. Growth versus equity: the continuum of pro-poor tourism and neoliberal governance [J]. Current Issues in Tourism, 2007, 10 (2 -3): 166 -193.

[236] Singh S. The tourism area 'life cycle': a clarification [J]. Annals of Tourism Research, 2011, 38 (3): 1185 -1187.

[237] Smith K. The influence of weather and climate on recreation and tourism [J]. Weather, 1993, 48 (12): 398 -404.

[238] Spenceley A, Habyalimana S, Tusabe R et al. Benefits to the poor from gorilla tourism in Rwanda [J]. Development Southern Africa, 2010, 27 (5): 647 -662.

[239] Suntikul W, Bauer T, Song H. Pro-poor tourism development in Viengxay, Laos: current state and future prospects [J]. Asia Pacific Journal of Tourism Research, 2009, 14 (2): 153 -168.

[240] Torres R, Momsen J H. Challenges and potential for linking tourism and agriculture to achieve pro-poor tourism objectives [J]. Progress in Development Studies, 2004, 4 (4): 294 -318.

[241] Wattanakuljarus A, Coxhead I. Is tourism-based development good for the poor?: a general equilibrium analysis for Thailand [J]. Journal of Policy Modeling, 2008, 30 (6): 929 -955.

[242] Williams P W, Penrose R W, Hawkes S. Shared decision-making in tourism land use planning [J]. Annals of Tourism Research, 1998, 25 (4): 860 -889.

[243] Williams T. A classified bibliography of recent research relating to

project risk management [J]. European Journal of Operational Research, 1995, 85 (1): 18 – 38.

[244] Yuksel F, Bramwell B, Yuksel A. Stakeholder interviews and tourism planning at Pamukkale, Turkey [J]. Tourism Management, 1999, 20 (3): 351 – 360.

[245] Zapata M J, Hall C M, Lindo P, Vanderschaeghe M. Can community-based tourism contribute to development and poverty alleviation? Lessons from Nicaragua [J]. Current Issues in Tourism, 14 (8): 725 – 749.

[246] Zarandian A, Baral H, Yavari A R et al. Anthropogenic decline of ecosystem services threatens the integrity of the unique Hyrcanian (Caspian) forests in Northern Iran [J]. Forests, 2016, 7 (3): 51.

[247] Zhao W, Ritchie J R B. Tourism and poverty alleviation: an integrative research framework [J]. Current Issues in Tourism, 2007, 10 (2 – 3): 119 – 143.

图书在版编目（CIP）数据

粤北少数民族地区农户旅游扶贫感知研究／曹梦甜，
张伟强，桂拉旦著．—北京：经济科学出版社，2021.4
（现代服务管理研究丛书）
ISBN 978 – 7 – 5218 – 2527 – 5

Ⅰ.①粤…　Ⅱ.①曹…　②张…　③桂…　Ⅲ.①民族地区 – 乡
村旅游 – 作用 – 扶贫 – 研究 – 广东　Ⅳ.①F592.765②F127.65

中国版本图书馆 CIP 数据核字（2021）第 076936 号

责任编辑：齐伟娜　赵　芳
责任校对：王京宁
责任印制：范　艳　张佳裕

粤北少数民族地区农户旅游扶贫感知研究
曹梦甜　张伟强　桂拉旦　著
经济科学出版社出版、发行　新华书店经销
社址：北京市海淀区阜成路甲 28 号　邮编：100142
总编部电话：010 – 88191217　发行部电话：010 – 88191540
网址：www.esp.com.cn
电子邮箱：esp@ esp.com.cn
天猫网店：经济科学出版社旗舰店
网址：http://jjkxcbs.tmall.com
北京季蜂印刷有限公司印装
710×1000　16 开　15 印张　240000 字
2021 年 5 月第 1 版　2021 年 5 月第 1 次印刷
ISBN 978 – 7 – 5218 – 2527 – 5　定价：66.00 元
（图书出现印装问题，本社负责调换。电话：010 – 88191510）
（版权所有　翻印必究　举报电话：010 – 88191586
电子邮箱：dbts@ esp.com.cn）